JN085540

EDUCATIONAL
ADMINISTRATION
STUDY

第**4**版

教育行政学

子ども・若者の未来を拓く

横井敏郎 編著

辻村貴洋
高嶋真之
伊藤健治
岡部 敦
横関理恵
眞鍋優志
安宅仁人
篠原岳司
大沼春子
津田紗希子
粟野正紀
明田川知美
市原 純

八千代出版

執筆者一覧

横井　敏郎（北海道大学大学院教育学研究院教授）
第1章、第4章、第6章第5節、第9章第1節1・3・第2節、第12章コラム（「高校内居場所カフェ」）、資料・年表（戦後教育行政関連年表）

辻村　貴洋（上越教育大学大学院学校教育研究科准教授）
第2章、第3章

高嶋　真之（藤女子大学人間生活学部講師）
第4章コラム（「教育支出の国際比較」）、第6章第1節2

伊藤　健治（東海学園大学教育学部准教授）
第5章、第10章第4節・第5節

岡部　敦（札幌大谷大学社会学部准教授）
第6章第1節1・第3節、資料・年表（各国の学校体系図）

横関　理恵（拓殖大学北海道短期大学保育学科准教授）
第6章第2節・コラム（「夜間中学校」）、資料・年表（戦後教育行政関連年表）

眞鍋　優志（北海道大学大学院教育学院博士後期課程）
第6章第4節・コラム（「合理的配慮」）

安宅　仁人（小樽商科大学商学部教授）
第6章コラム（「先住民族アイヌと教育」）、第11章第1節2・3、第12章

篠原　岳司（北海道大学大学院教育学研究院准教授）
第7章第1節〜第3節・コラム（「教師の日常的な授業研究を支える学校組織」）、第8章

大沼　春子（北海道大学大学院教育学院博士後期課程）
第7章第4節・コラム（「離島小規模高校の魅力ある学校づくり」）、第9章第1節4

津田　紗希子（北海道大学大学院教育学院修士課程修了、自治体職員）
第9章第1節2

粟野　正紀（北海道教育大学教育学部札幌校准教授）
第10章第1節〜第3節・コラム（「柔道事故」）

明田川　知美（北海道武蔵女子短期大学教養学科准教授）
第11章第1節1

市原　純（北翔大学教育文化学部講師）
第11章第2節

〈コラムのみ執筆者〉

王　佳寧（北海道大学大学院教育学院博士後期課程）
第4章コラム（「広域人事制度」）

倉田　桃子（北海道大学大学院教育学院修士課程修了、自治体職員）
第5章コラム（「PISA調査」）

王　婷（北海道大学大学院教育学院博士後期課程）
第8章コラム（「教員の地位に関する勧告」）

はしがき

　本書は主として教育行政学を学ぶ初学者、教職を目指す学生、現職教職員、さらには学校教育と教育行政に関心をもつ方々に向けて編集されたものである。現代日本の学校教育を形づくっている行財政のしくみ、教育制度と法規、近年の改革政策、子ども・若者支援の現状と課題などを紹介し、広く学校教育と子ども・若者の育ちに関心をもつ人々に学ぶ材料を提供することを目的としている。

　現在の日本の教育行政・制度は、戦後教育改革によって基本的骨格がつくられた。国民主権、基本的人権の尊重、平和主義を原則とした日本国憲法に基づき、新しい教育行政のしくみと学校教育制度が生み出されたのである。

　この教育行政・制度のもとで日本の学校教育は広く普及し、発展を遂げてきた。現在では高校進学率は98％に達し、高校卒業者の半分が大学に進学している。国民のほとんどが青年期までの多くの時間を学校ですごした後に社会に出ていくようになっている。学校で学ぶ期間は人生の一部でしかないが、生涯にわたって学んでいく力の基礎を培うことはむしろ重視されつつある。

　他方で、近年は国・地方自治体の財政難や家庭と地域社会の不安定化のもと、学校教育と子ども・若者の育ちは大きな困難にも直面している。戦後教育改革によって出発した教育行政・制度にも時代的制約や不備があり、近年の社会変化に十分対応できていない面がある。学校教育には多くの改革策が降ろされており、学校が背負う課題はますます大きくなっている。

　学校と子ども・若者を支えるためには、教育制度が適切に設計され、教育行政が効果的に遂行される必要がある。本書は、今日の学校教育がどのような教育行政のしくみや教育制度によってつくられているのか、その意義はどのようなものであり、今日、いかなる課題を抱えているのかを主要な制度やテーマ・領域ごとに明らかにしていくことを目指している。

　本書の特色は以下の点にある。

第一に、本書は初学者向けではあるが、教育行政・制度を丁寧に紹介し、解説している。教職課程のテキストには分かりやすさを追求している分、内容がかなり簡略にされているものが見受けられるが、本書は丁寧な記述を心がけ、多くのことが学べるようにしている。わが国の教育行政のしくみや教育制度をしっかりと理解するためには、その概要だけでなく、それらの形成過程と制度理念、変化と課題をきちんと学ぶ必要がある。

　第二に、本書は、現在の教育行政・制度を固定したものとも完成されたものとも見ず、常に揺らいでいるものと捉えている。どんな時代にも行政・制度は課題や不足を抱えているのが通常の姿である。時代によって制度が変わったり、制度自体は変わらなくても機能が変化したりすることもある。本書は時代の変化を踏まえ、ときには海外の類似制度を紹介して現代日本の教育行政・制度を相対化するよう努めている。

　第三に、本書は学校教育を中心に置いて幅広く制度やテーマ・領域を取り上げている。学校教育は、憲法・教育基本法を根本理念とし、そのもとで多くの制度が組み合わさって成り立っている。文部科学省や教育委員会といった中央・地方の教育行政機構と政策決定のしくみ、幼稚園から大学までの公教育制度とその中核をなす義務教育制度、教育財政、教科書・教育課程、学校設置と教職員配置、学校管理・運営と教職員人事などのほか、子どもの権利に関わる法規や子どもの貧困等に関わる児童福祉、不登校・高校中退問題と若者支援についても取り上げている。近年の社会格差の拡大や雇用の流動化は子どもと若者の生活自体を困難にしており、教育行政学もこうした面を視野に入れ、守備範囲を拡大していく必要がある。

　本書を通じて、多くの学生・院生、学校教職員、市民にわが国の教育行政のしくみと教育制度を知ってもらい、その意義と課題をともに考えてもらうことで、ささやかながら学校教育の充実につながることを期待している。

　　2022 年 8 月

　　　　　　　　　　　　　　　　　　　編著者　横 井 敏 郎

目　　次

第1部

憲法・教育基本法と教育行財政制度

第1章

憲法と教育基本法

〈本章のポイント〉

第二次世界大戦において日本は海外諸国に甚大な被害を与え、国内外の多くの人命が失われた。また、戦前は国民の諸権利が十分には尊重されない社会でもあった。そこで国民主権、基本的人権の尊重、平和主義を基本原則とする憲法を制定するとともに、教育の根本方針を定め直すため、1947年に教育基本法が制定された。憲法には教育を受ける権利が定められ、教育基本法にはこれからの教育の理念・目的や方針、教育のあり方に関する基本原則が書かれた。同法は2006年に改正されたが、同法は依然として重要な理念等を示しており、同法を読み継いでいくことが求められている。

第1節　憲法における教育関係条項

憲法の制定と三原則　1945年8月14日、日本政府はポツダム宣言を受託し、第二次世界大戦は終結した。連合国最高司令官総司令部（GHQ）の示唆を受けて、10月に日本政府は憲法問題調査委員会を設置し、憲法改正の検討を開始した。民間有識者の間でも憲法草案が作成され、各政党も草案を公表した。しかし、同委員会の草案が保守的なものであったため、翌年2月にGHQは自ら草案を起草して日本政府に提示する。1946年6月には帝国議会衆議院に憲法改正案が上程され、貴族院の審議を経て、10月7日に衆議院本会議で可決される。こうして「日本国憲法」は制定され、11月3日に公布、翌1947年5月3日に施行された（古関 1995）。

　日本国憲法は国民主権、基本的人権の尊重、平和主義の３つを基本原則としている。戦前の欽定憲法体制、広範囲にわたる人権抑圧体制、軍国主義政治は大きく見直された。特に憲法の前文にその趣旨がよく示されている。

教育を受ける権利と受けさせる義務（26条）　憲法26条は「教育を受ける権利と受けさせる義務」を定めている。戦前において教育は臣民の義務とされていたが、これにより教育は国民の権利として明確にされることとなった。また教育は「その能力に応じて、ひとしく」享受しうるものとされ、教育の機会均等の原則も明示された。

　教育を受ける権利は通常、社会権の１つとみなされる。しかし、教育は国家から一方的に押しつけられるべきものではなく、教育を受ける側の意思や要求に応じて行われなければならない。その意味では教育を受ける権利は自由権的な側面ももっている。つまり憲法26条の教育を受ける権利は25条生存権と13条幸福追求権と深く関わる権利であり、社会権と自由権の複合的な性格をもつ権利として捉えられる（山崎 1994）。

　26条２項では、「国民は……保護する子女に普通教育を受けさせる義務を負ふ」とされている。これは国民主権を前提とした上で、子の教育を受ける権利を保障するために保護者に課す義務である（就学義務）。また同項には義務教育の無償が規定された。また大きな学費がかかっては子に教育を受けさせることはできないため、義務教育は無償とされている。

その他の教育関係条文　そのほかに憲法には次のような教育に関わる条文がある。1つは14条である。同条は法の下の平等を定め、国民は「人種、信条、性別、社会的身分又は門地により、政治的、経済的又は社会的関係において、差別されない」としている。これは教育の機会均等を保障するものであり、教育基本法にも同様の規定がある。

　また、複数の自由権に関わる条文がある。すなわち、13条の個人の尊重と生命、自由および幸福追求に関する権利、19条の思想・良心の自由、20条の信教の自由と宗教的中立性、23条の学問の自由である。

　13条は上述の通り、教育を単に上から与えるものとせず、個々人の幸福追求の面から捉えることにつながる。19条の思想・良心の自由は、戦前のよう

な思想統制や弾圧が起こらないよう国民に広く内面の自由を保障しようとするものである。これは学校など教育の場でも重要な意味をもち、特定の思想や考え方を強制されないよう歯止めをかける根拠となる。20条は国民に信教の自由を保障するとともに、国およびその機関に制約をかけ、「宗教教育その他いかなる宗教的活動もしてはならない」としている。これは教育基本法の教育の宗教的中立性の規定に関わる。

　23条の学問の自由は学問や大学が国家に従属させられることのないよう、その自由を保障しようとするものである。戦前は学問が軍国主義に支配されたことから、憲法の平和主義とも強く結びつく重要な条文である。これは学者・研究者のみの権利ではなく、教員や広く国民の権利でもある。

　ほかに、公務員を規定する15条（全体の奉仕者）は教員（教育公務員）にも適用される。89条は公の支配に属しない教育への公金の支出を規制している。8章地方自治は教育行政のあり方も規定するものである。

　憲法の基本原則やこれらの規定を教育に反映し、それにふさわしい教育を実現するため、憲法を教育法に媒介する重要な法律が教育基本法である。次節では教育基本法について見ることにしよう。

第2節　教育基本法の制定と内容

1．教育基本法の制定過程

教育刷新委員会の設置　　1945年8月の敗戦後、文部省は直ちに新しい教育方針「新日本建設ノ教育方針」を作成した（1945年9月）。しかし、GHQはそれでは不十分であるとして、10～12月に四大教育指令を発出した（第2章参照）。

　翌1946年3月にアメリカから教育使節団が来訪し、短期間に集中的な調査を行って報告書を提出した（第一次米国教育使節団報告書）。これは教育目的・内容から教育行政制度、教授法と教師教育、成人教育、高等教育にまでわたる総合的な教育改革案であり、戦後日本の教育の基本形がここには見られる。

こうした GHQ およびアメリカの意向を受けながら戦後教育改革は進められていく。

　1946 年 8 月、戦後教育改革の重要事項を調査・審議するための組織として、教育刷新委員会が設置された（1949 年教育刷新審議会と改称）。これは米国教育使節団に協力した日本側教育委員会を母体とし、文部省の影響を排除するために内閣に設置された。同委員会は 1952 年まで約 6 年間をかけて、教育基本法や学校教育法などの重要法規の作成、六・三・三制の導入、大学教育から社会教育、教員養成、教科書、教育行財政に至るまで、幅広い分野にわたって 35 本の建議を提出し、戦後教育の基本骨格の設計を担った重要な機関である。当初の委員長は哲学者で前文部大臣の安倍能成であったが、1947 年に副委員長であった東京帝国大学総長の南原繁が委員長となり、議論をリードした。委員は 38 人で、務台理作（東京文理科大学長）、芦田均（衆議院議員）、天野貞祐（第一高等学校長）、河井道（恵泉女学園園長）、島田孝一（早稲田大学総長）、関口鯉吉（東京帝国大学教授）、羽渓了諦（元龍谷大学長）、森戸辰男（衆議院議員）、城戸幡太郎（文部省教育研修所所員）など、当時の著名な識者のほか、小中学校校長や女性委員が加わった。

｜教育基本法の制定　敗戦後、大きな問題の 1 つとなったのが教育勅語の取り扱いであった。1946 年 6 月の帝国議会において、衆議院議員森戸辰男は教育勅語は新時代にふさわしくない、憲法に教育の根本方針を置くべきと主張したが、田中耕太郎文部大臣は教育勅語は廃止せず、むしろ昂揚する必要があり、教権の確立を憲法に入れるのは複雑化を招くので別に教育に関する根本法を制定したいと答弁した（古野 1993）。この田中の議会答弁は占領軍や連合国から強く問題視され、教育基本法制定へと事態は動いていく。教育刷新委員会では同年 9 月から翌 1947 年 3 月にかけて、教育基本法案について審議が行われた。全文一括ではなく、条文ごとの逐条審議の方式で行われ、総会審議 8 回、特別委員会審議 12 回を経て、1946 年 11 月 29 日の第 13 回総会で教育基本法案がまとまった。帝国議会の審議を経て、1947 年 3 月 31 日に同法は公布施行された（鈴木 1987）。

2. 教育基本法の法的特徴

教育基本法の読み方　教育基本法は 1947 年に制定された。2006 年に改正が行われたが、1947 年法の文言を多く受け継いでおり、2006 年法を理解するにも 1947 年法を理解しておかねばならない。また、教育基本法の捉え方や評価において対立する意見があるが、まず 1947 年法の前文や各条文の言葉がどのような意味内容で書かれたかを読み取ることが必要である。そこで、本章では教育基本法制定後に文部省調査局審議課内の教育法令研究会が作成した解説書『教育基本法の解説』（国立書院、1947 年、以下、『解説』）を参照しながら同法を読んでいきたい。

教育憲法と理念法　教育基本法は次のような 2 つの性格をもっている。すなわち、①教育宣言としての理念法という性格と②教育に関する諸法律の中の基本法、すなわち教育憲法という性格の 2 つである。『解説』は同法を「教育勅語に代わるべき教育宣言的な意味と教育法の中における基本法即ち教育憲法的な意味とを兼ね有するもの」としている。

　憲法には前文があり、その制定の由来や基本的な理念が示されているが、通常の法律に前文はない。しかし敗戦後、これまでの教育のあり方を規定していた教育勅語を払拭し、教育の根本的な理念と方針を定め直すことが求められたことから、他の法律では見られない前文を付すこととなった。

　　本法は新しい教育理念を宣明する教育宣言であり、今後制定されるべきすべての教育法令の根拠法、教育憲法ともいうことのできる点から、まったく新しい、極めて重要な法律である……したがって、本法制定の由来と目的とを明らかにし、及び本法の基調をなしている主義と理想とを宣言するために前文を付すことが必要と考えられたのである（『解説』）。

　このように教育基本法は理想や主義を宣言することをねらいとしており、教育に関して全部を網羅するのではなく、①憲法との関連で法律的に意味のある問題だけを、②学校教育法をはじめ他の具体的な諸法律へのつながりを法律的につけるために条文を策定している（同上）。

図表 1-1　教育基本法の法的位置

憲法　→　教育基本法　→　各教育法（学校教育法、社会教育法、……）

憲法の敷衍　　上から分かるように教育基本法は憲法を敷衍する役割をもっている。教育刷新委員会で教育基本法案を提案した田中耕太郎文部大臣は「憲法改正草案の精神の教育上に於ける発展という意味をもっている」と述べている（第三回総会）。教育基本法の前文冒頭には、「われらは、さきに、日本国憲法を確定し、……この理想の実現は、根本において教育の力にまつべきものである」とある。また教育基本法は、他の教育に関する法律に対する「架橋的な一般的原理的規定」の役割ももっている。つまり、憲法を受けてその理念を教育に反映させる役割をもち、教育に関する諸法律の上位にあって各法律を規定する役割をもつものが教育基本法である。

3. 1947 年教育基本法の構成と内容

構成と基本理念・目的　　1947 年教育基本法は本法制定の趣旨と教育の基本理念および目的を示す前文と1条、教育の方針と教育の実施に関する基本原則を示す2〜5条、教育の4つの領域のあり方を示す6〜9条、教育行政のあり方の基本原則を示す 10 条の4つから構成されている（11 条は補則）。

● **1947 年教育基本法の構成**

［前文・1 条］本法制定趣旨、教育の基本理念と目的（憲法の理想の実現、個人の尊厳と真理と平和を希求する人間育成、普遍的で個性ゆたかな文化の創造、人格の完成、平和的な国家・社会の形成者、真理と正義、個人の価値、勤労と責任、自主的精神、健康）

［2〜5 条］教育の方針と教育の実施に関する基本原則（あらゆる機会と場所、学問の自由、自他の敬愛と協力、機会均等、義務教育、男女共学）

［6〜9 条］教育の4つの領域のあり方（学校教育、社会教育、政治教育、宗教教育）

[10条] 教育行政のあり方 （不当な支配に服しない、教育条件の整備）

前文の第一段落には憲法と教育基本法の関係、そして国家建設における教育の役割が書かれている。『解説』は以下のように説明する。

　　憲法が制定され、民主主義、平和主義を基調とする文化的な国家建設の政治的法律的基礎が築かれた……その基礎の上に新しい国家理想を実現していくためには、国民一人ひとりの教養と徳性の向上が不可欠の要件であるとともに、その向上こそがまさに国家理想である……この国民の教養と徳性の向上のためには、……外的な条件を整えることも必要であるが、根本においては、直接人間の教養と徳性の向上を目指す教育の力によらなければならない（一部改変）。

民主的で文化的な国家を実現するには、国民の教養と徳性を高めることが必要であり、それは教育によって初めて可能となるというのである。

こうした国家を建設するには、真、善、美、すなわち国民の知性、意志、感性にわたる「文化的価値」が発展しなければならない。国家は文化発展の所産ともいえ、そうした意味での文化の発展した国家が「文化的な国家」である。自国の発展のみを目指す国家は「権力国家」でしかない（『解説』）。

前文の第二段落はこれから実現していくべき新しい教育の基調を示している。

まず「個人の尊厳」を重んじる人間の育成が謳われる。戦前は個人が国家によって圧殺されていたが、それに対して人間は他の何物にも代え難い存在（『解説』）であることを明確にし、それを理解する人間を育てる教育が目指される。

次に「真理と平和」を希求する人間の育成が謳われる。戦前は科学的精神が見失われ、学問と大学は国家に従属することとなった。これによって自国優先となり、平和を尊重する精神は失われた（『解説』）。真理と平和はただ重要な言葉として並べられているのではなく、不可分なものとして捉えられている。こうした真理と平和を求める人間こそ教育が目指すべきものである。

次いで「普遍的にしてしかも個性ゆたかな文化の創造」が謳われる。文化

を形成するのは個々の民族や国民であり、それはそれぞれの伝統の上に築き上げられるべきものである。しかし、それが偏狭な自国中心の文化になってはならない。普遍的な課題に我を忘れて取り組むことで、結果として個性的な文化を築くことができるのであり、そうした文化の創造を目指す教育が求められている（『解説』）。

▎旧法1条（教育目的）　1条は教育の目的を明示している。その第一として「人格の完成」があげられ、続いて「平和的な国家及び社会の形成者」が示される。

「人格の完成」について『解説』は次のように説明している。人格とは「自己意識の統一性又は自己決定性をもって統一された人間の諸特性、諸能力」を意味する。これの完成のためには、まず個人の尊厳と価値が認められなければならない。しかし、人格の完成は単に「個人のために個人を完成する」にとどまるものではない。同時に「国家及び社会を形成するよい人間」となるように教育が行われなければならない。ただし、また人格の完成が国家および社会の形成者の育成のみを考えてなされてはならない。人格の完成とは、国家および社会の形成者の根本にありながら、それより広い領域をもっている。広い領域で育てられた人間であってこそ国家および社会のよい形成者となることができる。

「国家及び社会の形成者」とは単に国家社会の歯車となる人間を育てるという意味ではない。教育刷新委員会では当初、「形成者」は「成員」であったが、国家への従属という面が出るとして、国民が主体的に国家社会をつくっていくという「形成者」になった。「民主主義の国家及び社会において、国民並びに個人は、造られた社会に消極的に順応してゆくにとどまってはならない。積極的にそれを形成していかなければならない」のである（『解説』）。

教育基本法のいう「人格の完成」とは個人の尊厳と価値を前提にしているが、それは単に個人的な利益や私的な面での成長だけをいうのではない。また、「平和的な国家及び社会の形成者」とは単に国家に従属する人間の育成を目指すものではない。広い領域で自らを形づくりながら、同時に国家社会に意識的に参与する人間を育てること、それが教育基本法の目指す教育の目

的である。こうした教育を通じて初めて平和な世界と人類の福祉に貢献する人間が生まれるのである。

　1条の後段は、「平和的な国家及び社会の形成者」となるよう、いかなる人間と国民を育成するかを示している。まず学問が国家目的に奉仕させられ、個人が抑圧された戦前を反省し、「真理と正義」を愛し、「個人の価値」を尊重する国民の育成が求められる。また社会の維持発展は構成員の勤労によって可能となることから「勤労と責任」を重んじる人間の育成が期待される。さらに民主主義社会の担い手として何事にも自主的、主体的に行動する健康な国民の育成が望まれた（『解説』）。

■■■■　コラム：1947 年教育基本法 1 条「人格の完成」をめぐる議論　■■■●

　教育刷新委員会では 1 条の「人格の完成」という言葉をめぐって意見の対立が生じた。哲学者の務台理作はこれを倫理的な言葉だとして批判し、「人間性の開発」という言葉を対置した。務台は「ほんとうに公に仕える人間を作るには個人を確立することが大事だ」として以下のように述べている。

　　人格の完成というと非常に基準的な感じがする。……この基準というものはどうもいつも上から決まってくるのだという感じがありますし、人間性の開発というと自ら自立性、自主性という感じが出て……内容が少し違ってくるのではないか（教育刷新委員会第一特別委員会第五回会議、一部改変）。

　当時文部大臣であった田中耕太郎は「人格の完成」を主張している。後年、田中は下記のように述べている。

　　個性はいわば自然的なもので、価値盲目的である。個性は……「与えられたもの」である。これに反して人格は人生の目的を前提とし、価値概念に関係している。それは単に存在するものではなく……「課題とされたもの」である。……教育的努力の標的である人格は、理想的な人間類型でなければならない。……これを人間性の開発という言葉でもって表現することは適当とはいえないのである（田中 1961）。

　田中は個性をただ伸ばすだけでは教育とはいえず、何らか理想を目指して人を育てることが教育というのである。ただし、田中も国が道徳の徳目や綱領のようなものを決定してはならず、あくまで教育者が教育哲学と自己の識見によって解釈を与えねばならないという（同上）。

　教育基本法に対して個人主義的とする批判がしばしばなされるが、1 条の教育目的の「人格の完成」は個人主義を目指すものではない。

　「人格の完成」とは単に個人的な欲求を満たすことではなく、また国家社会の目標に合わせて人間を育成するということでもない。個々人の国家社会への意識的な関わり、国家社会を形成する人間の育成を目指すが、しかし、何に価値を置いて関わり、参加するかは、個々人の自主性に委ねられている。教育基本法制定者たちが議論していたことは、個人と国家・社会（個と公）をいかに統一できるかという人類の普遍的な問いであり、これは現代においても考え続けなければならない課題でもある。

【引用・参考文献】
古野博明（1995）「憲法第 26 条の成立基盤と教育基本法体制の意義」鈴木英一
　　編『教育改革と教育行政』勁草書房
田中耕太郎（1961）『教育基本法の理論』有斐閣
林量俶（1998）「教育基本法の教育目的」川合章・室井力編『教育基本法　歴史
　　と研究』新日本出版社

旧法 2 条（教育の方針）

旧法 2 条から 5 条は教育の実施に関する基本原則を示している。

　まず、2 条は教育の方針を示している。第一文の「あらゆる機会に、あらゆる場所において」とは、学校と学齢期を中心に考えられてきたことに対して、生涯を通して、家庭や地域社会、職場においても教育を広げて行おうという精神的風土の醸成の必要性を示しており、特に社会教育の振興が期待されている（『解説』）。

　第二文は教育を行うに当たってのより実質的な方針を示している。まず「学問の自由」の尊重である。民主主義の多数決政治は多数者圧政の手段と化しかねないため、学問の自由、すべての人の真理探究の自由が保障されなければならない。「実際生活に即し」た教育とは役に立つ教育という意味ではなく、人間生活の実際と教育が相互に発展し合えるような関係を目指すものである。教育や学問は実際生活を基礎としてそこから出発し、その成果が実際生活に浸透していくことが期待されている。学問研究は自発的に行われなければならず、そうした態度が「自発的精神」である。「自他の敬愛と協力」とは、教える側と学ぶ側がそれぞれ相手を道具のように考えては真の教

育も学問も成り立たないので、お互いを敬愛し、また自らも敬愛することが大切であり、相互の協力があって初めて文化の創造は可能であることを説いている（『解説』）。

| 旧法3条（教育の機会均等）

3条は憲法14条を受けて、「すべて国民は、ひとしく、その能力に応ずる教育を受ける機会を与えられなければならないものであつて、人種、信条、性別、社会的身分、経済的地位又は門地によつて、教育上差別されない」とし、教育の機会均等を定めている。「ひとしく」とは、人種、信条、性別、社会的身分、経済的地位または門地にかかわらずひとしくという意味であって（『解説』）、すべての人が差別を受けることなく教育を受ける機会をもっていることを示している。

では「その能力に応ずる」とは、どのような意味か。教育刷新委員会ではこれをめぐって異なる意見が出された。芦田均（衆議院議員）は虚弱で役に立たない者を教育の狭い門戸に収容する必要はなく、本当に心身ともに健全な人間にまず教育の権利を与えるべきとして、能力ある者のための教育が必要だと述べた。これに対して、城戸幡太郎（文部省教育研修所所員）はこれまで能力による差別があったが、これからは個性を尊重し、それを相互扶助的に協力させていくような教育が重要だという。川本宇之介（東京聾唖学校長）は各々能力に応じて普通教育を受ける権利があり、教育における人権を伸ばしていくという考え方に立つべきだと主張した。このように制定時には①能力主義、②個性尊重と協同、③能力（障害）に応じた適切な教育の3つの考え方があり、意見が1つにまとまったわけではなかった。

教育を受ける権利が憲法に定められ、機会均等が謳われたが、戦後も障害のある子どもたちの中には義務教育を猶予や免除されたケースが多かった。しかし、1979年には養護学校義務制も導入され、次第に充実が図られている。本条の理解についても、人間の「発達の法則性」に適った真に教育専門性の高い指導がなされればすべての子どもはそれぞれに能力を伸ばしていくことができるのであり、能力の発達のしかたに応じてなるべく能力発達ができるような教育を保障されなければならないとする「能力発達保障説」が打ち出

されるようになっている (兼子 1978)。教育の機会均等は形式的な平等でなく、「発達可能態としての人間」という視座から捉えられる必要がある。

┃ **旧法4条（義務教育）・5条（男女共学）**　旧法4条は憲法26条を受けながら、保護者は子に9年の普通教育を受けさせる義務 (就学義務) と無償の具体化としての授業料不徴収を定める (第6章参照)。

　旧法5条は性別による差別を禁止した憲法14条を受け、教育における男女平等を明確にするとともに、民主主義社会における男女の相互尊重と協力の意義を踏まえ、男女共学を推奨している (『解説』)。

┃ **旧法6~9条（学校教育、社会教育、政治教育、宗教教育）**　旧法6~9条は学校教育、社会教育、政治教育、宗教教育という4つの領域の教育のあり方に関する基本指針や原則を示している。

　6条は学校と教員について定めている。学校は「公の性質」をもつものとされ、学校設置者は国、地方公共団体および法律に定める法人 (私学) に限定している。同条2項は憲法15条を受け、教員について「全体の奉仕者」としてその使命・職責を明確にするとともに、戦前のような教員統制が行われないよう「教員の身分」の尊重と「待遇の適正」を記している。

　7条は「家庭教育及び勤労の場所その他社会において行われる教育」を推奨し、社会教育奨励の方針を示している (2条〔教育の方針〕参照)。

　8条は国民主権と民主主義政治を真に実現するため、国民の「政治的教養」と政治的道徳を高める政治教育の重要性を述べている。ただし、一党一派の政治的な思想や政策が学校に持ち込まれることを防ぐために、学校による党派的な政治教育を禁止し、政治的中立性の尊重を求めている。

　9条は憲法20条の「信教の自由」を受けて、多様な宗派への「寛容の態度」の保持とその歴史的な役割 (「社会生活における地位」) の理解を求めている。また、同20条の国とその機関による宗教教育の禁止を受け、国公立学校での「特定の宗教のための宗教教育その他宗教的活動」の禁止を定めている (『解説』)。

┃ **旧法10条（教育行政）**　10条は教育行政のあり方について、「不当な支配に服することなく、国民全体に対し直接に責任

を負つて行われるべきものである」と規定している。戦前は教育行政が内務省のもとに置かれ、教育内容にも干渉して国家主義、軍国主義の教育が行われた。これを改め、一部の者の利益のためではなく、国民全体の意思に基づいて教育を行うことを求めている。同条2項では、「教育行政は、この自覚のもとに、教育の目的を遂行するに必要な諸条件の整備確立を目標として行われなければならない」としている。教育行政は教育の外にあって教育を守り育てるための条件整備が本務とされる（『解説』）。ここでは教育と教育行政が区別され、教育行政の任務と限界が示されている（教育行政については第3章参照）。

第3節　教育基本法の改正

改正理由　1947年教育基本法に対してはしばしば批判がなされ、改正を主張する政治的潮流もあったが、その理念や原則を評価する意見も多く、同法は改正されることなく存続してきた。しかし、2000年に内閣に設置された教育改革国民会議において同法の改正が提言され、改正について諮問を受けた中央教育審議会は同法改正を求める答申を提出した（「新しい時代にふさわしい教育基本法と教育振興基本計画の在り方について」2003年）。これを受けて2006年、第一次安倍内閣のもとで同法は改正される。

　中教審答申は少子高齢化社会の進行と家族・地域の変容、高度情報化の進展と知識社会への移行、産業・就業構造の変貌、グローバル化の進展、科学技術の進歩と地球環境問題の深刻化、国民意識の変容といった歴史的変動の中で直面する困難な諸課題に立ち向かい、自ら乗り越えていく力を育てていくことが教育には求められるとし、「21世紀を切り拓く心豊かでたくましい日本人の育成」を目指すことが必要だと改正の必要性を提起した。

新法の理念・原則　今回の改正により、教育基本法はどのように変わったのか。

　前文および1条、2条では、旧法の「日本国憲法の精神に則り」「民主的で文化的な国家」「世界の平和と人類の福祉」「個人の尊厳を重んじ」「人格の

完成」「平和的な国家及び社会の形成者」「個人の価値をたつとび」といった普遍的な理念や原則はそのまま残っている。しかし、「この理想の実現は、根本において教育の力にまつべきものである」「普遍的にしてしかも個性ゆたかな文化の創造」「教育の目的を明示して」といった文言は削除された。

　一方、「公共の精神を尊び、豊かな人間性と創造性を備えた人間の育成を期するとともに、伝統を継承し、新しい文化の創造を目指す教育を推進する」「我が国の未来を切り拓く教育の基本を確立し、その振興を図るため」「必要な資質を備えた心身ともに健康な国民の育成」といった文言が加えられた。

　また、2条は「教育の方針」から「教育の目標」へと大きく書き換えられた。旧法の「あらゆる機会に、あらゆる場所において」といった社会教育奨励の文言は新設された3条（生涯学習の理念）に移された。新法2条には5つの教育目標が書き込まれ、「豊かな情操と道徳心を培う」「能力を伸ばし、創造性を培い」「公共の精神に基づき、主体的に社会の形成に参画し、その発展に寄与する態度を養うこと」「生命を尊び、自然を大切にし、環境の保全に寄与する態度を養うこと」「伝統と文化を尊重し、それらをはぐくんできた我が国と郷土を愛するとともに、他国を尊重し、国際社会の平和と発展に寄与する態度を養うこと」といった新たな文言が加えられている。

新たな条項の追加と削除　今回の改正は以上のような理念や目的・目標の改正を行っただけでなく、障害者教育の支援（4条2項）、大学（7条）、私立学校（8条）、家庭教育（10条）、幼児期の教育（11条）、学校・家庭・地域住民等の相互の連携協力（13条）など、制定当時にはまだ十分発達していなかったり、現代において重要とされるようになった教育に関する条項が加えられた。

　また、教育行政も大きく書き替えられている。旧法10条の「不当な支配に服することなく」は残されたが、「教育は、……国民全体に対し直接に責任を負つて行われるべきもの」「教育行政は、この自覚のもとに、教育の目的を遂行するに必要な諸条件の整備確立を目標として行われなければならない」といった文言は削除され、「国と地方公共団体との適切な役割分担及び

相互の協力」が加えられた（16条1項）。旧法では教育と教育行政の区別が重視され、国民の意思に基づいて教育を行うという理念と原則が明確にされていたが、その部分はなくなり、代わって国と地方公共団体の教育施策の策定と実施、また財政上の措置の責務に関する条項が加えられた（16条2～4項）。

　さらに、「教育振興基本計画」が新たに加えられた（17条）。政府は教育振興に関する基本的な計画を定め、国会に報告するとともに、公表しなければならないとされ、また地方公共団体は国の計画を参酌して地域の教育振興に関する基本的な計画を定めなければならないとされた。

　そのほかには、旧法4条の義務教育における「9年の普通教育を受けさせる義務」が新法では「別に法律で定めるところにより、普通教育を受けさせる義務」とされ、9年が削除された（新法5条）。旧法5条の男女共学は削除され、新法2条の教育の目標に「男女の平等」が新たに加えられている。

▌**改正教育基本法の特徴**　今回の改正教育基本法は、憲法の精神、平和、個人の尊厳、民主的な国家などの理念を維持している。しかし、旧法が徳目のような目標を規定せず、「漠然と抽象的に『人格の完成』といっている」（田中 1961）のに対して、新法は「目的」「目標」として個人に特定の「資質」や「態度」を求めるようになった（1条、2条）。特に「豊かな情操と道徳心」や「公共の精神」、「我が国と郷土を愛する」態度といった道徳性に関わる目標が書き込まれたことが大きな特徴である。

　基本法という名称をもつ法律はほかにも多数ある。その多くは政府の施策推進を主要な目的とし、政府や地方公共団体等の責務や施策の枠組みを示している。これに対して、教育基本法は数少ない前文をもつ法律であり、理念法という特徴をもっている。しかし、今回の改正により、政府等の施策推進を規定する通常の基本法に近づいたことも新法の特徴である。

▌**教育基本法を読み継ぐ**　改正教育基本法には旧法と比較して重要な変更点があるが、旧法の理念や原則は多く残っており、旧法の部分修正として捉えられる（西原 2015）。したがって、上述したように新法を理解するにも旧法の制定趣旨や理念・原則等をよく理解しなければならない。

　教育基本法は、国内外の多くの人々に被害をもたらした戦争に教育が大きく関わっていたことを問い返す必要から生み出された。そのような行為を2度と行わず、世界平和に貢献する国家・社会を形成するために真理を見抜き、正義を判断する力、自主的精神・見識をもった人間を育てることを目指した。「人格の完成」の議論においては個を尊重しながら平和的な国家及び社会の形成者をいかに育てるかという普遍的な課題が議論された。戦後、長く時間が経過したが、私たちは旧法・新法合わせて教育基本法を読み継ぎ、今後も教育のあり方について議論していくことが求められている。

〈考えてみよう〉
1.　1947年に制定された教育基本法はどのような世界を目指そうとしたのか。法律と解説をよく読んで考えてみよう。
2.　1947年制定の教育基本法と2006年に改正された教育基本法はどう違うのか、比べてみよう。

【引用・参考文献】
兼子仁（1978）『法律学全集　教育法（新版）』有斐閣
教育法令研究会編、辻田力・田中二郎監修（1947）『教育基本法の解説』国立書院
古関彰一（1995）『日本国憲法の誕生』中公文庫
古野博明（1993）「教育基本法成立の始原」『北海道教育大学紀要　第一部　C　教育科学編』第43巻第2号
鈴木英一（1987）「教育基本法はどのように制定されたか」国民教育研究所編『教育基本法読本』労働旬報社
田中耕太郎（1961）『教育基本法の理論』有斐閣
西原博史（2015）「総説教育基本法」荒牧重人・小川正人・窪田眞二ほか編『新基本法コンメンタール　教育関係法』日本評論社
民主教育研究所編（2000）『いま、読む「教育基本法の解説」』民主教育研究所
山崎真秀（1994）『憲法と教育人権』勁草書房
＊教育基本法の詳細な解釈については下記のコンメンタールを参照してください
荒牧重人・小川正人・窪田眞二ほか編（2015）『新基本法コンメンタール　教育関係法』日本評論社
日本教育法学会編（2021）『コンメンタール教育基本法』学陽書房
＊新旧教育基本法の条文、および改正経過に関する資料は文部科学省ホームページ「教育基本法資料室へようこそ！」を参照してください
https://www.mext.go.jp/b_menu/kihon/index.htm

第2章

文部科学省と教育政策形成

〈本章のポイント〉

　教育に関する権利を保障するためには、制度をつくったり、今後の方向性を議論したりする教育行政機関が必要である。戦前からの歴史的な経緯も含め、日本の教育改革の展開を見ていくと、文部省（当時）や中央教育審議会が教育政策形成を担ってきたが、近年は官邸主導で進みつつある。また、省庁間や官民の連携・再編も進みつつあり、新たな枠組みが模索されている。

第1節　戦後初期の教育行政機関と教育政策

1. 戦前の教育行政システム

文部省の創設と教育政策　日本の中央教育行政機構である文部省は、教育・学問に関する事務管理を任務として、1871年に創設された。翌年、文部省はフランスの学区制度を手本とした学制を頒布し、藩校や寺子屋などに代えて学校を設置した。これにより、各地で自由に展開していた教育機関を、教育内容等も含めて、文部省が中央で一元的に管理・統制できるようになったのである（海後 1975）。

　1885年、伊藤博文内閣で初代文部大臣に就任した森有礼は、国民の教育は各個人のためよりも国家興隆のために行うべきだとした。翌年に教育令を改正し、小学校令・中学校令・師範学校令・帝国大学令などを公布し、学校系統の改革を行った。大日本帝国憲法下の文部省は、天皇の委任により一定の

範囲において国家の事務を処理する機関として位置づけられていた。先にあげた各種の学校令も、天皇の勅令として出されている。戦前の日本では、教育に関する事項のほとんどを勅令で定めており、これを勅令主義と呼ぶ。

┃ 内務省との二重行政　学制の頒布当初、全国を 8 つの大学区、1 大学区を 32 中学区、1 中学区を 210 小学区に分割して各学校を設置した。そして、地方に督学局と学区取締を置き、学区内の学校および児童生徒の状況を視察・検査させていた。しかし学制は、教育令（1879）をもって廃止となる。このとき学区も廃止となり、一般の行政区画と同じ単位で教育行政が行われるようになり、学務委員が町村の学校事務を担当した。当初は住民の選挙によって選出されたが、翌年、府県知事の任命に変わった。さらに、1899 年の地方官官制の改正で、学校を監督する視学官・視学・郡視学らは、知事・上官・郡長の命を受けて職務に従事する地方官として位置づけられた。この地方官らが、教員の任免権や学校の教育内容について強い権限を有しており、学校教員はいわば末端の存在であった。このため、学校制度や教育内容全般についての中央教育行政は文部省が担ったが、実際の地方

図表 2-1　戦前における教育行政構造の概要

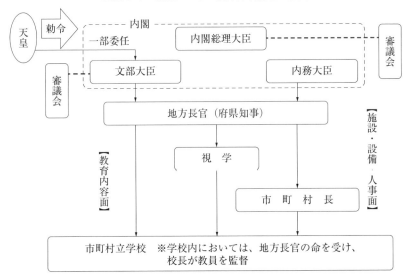

教育行政、たとえば学校の施設・設備や教職員の給与などの条件整備においては、内務省の強い影響下に置かれていた（鈴木 1970）（図表 2-1）。

2. 占領期教育改革における文部省と審議会

終戦直後の教育方針　　文部省は 1945 年 8 月 15 日、「大東亜戦争終結に際し文部大臣訓令」を発し「国体護持の教育政策」を当面の方向として示した。同年 9 月 15 日の「新日本建設の教育方針」では軍国主義を払拭し、平和国家の建設を目指すという一般的な方針が示された。また、占領軍の指揮命令を受ける前から、学徒動員の解除や戦時中に短縮された修業年限をもとに戻すなどの制度改正が迅速に行われた（鈴木 1970）。

　1945 年 10 月 15 日の新教育方針中央講習会にて前田多門文相は、個性の完成を教育の目標とすることと同時に、自由に伴う責任を強調した。民衆が政治に責任をもたなければならないとし、日本再建に必要な教育として、公民教育の強化および内容の一新が必要だと述べている。さらに、画一教育の打破、女子教育・社会教育・科学教育の刷新が目指された。

　また、後に文部大臣となる田中耕太郎は、教育勅語の「自然法的意義の顕揚」を図る必要があることや、教育を政治から分離すべきこと、文部省の活動を事務的方面に限定することなどの考えを示した。さらに、学区庁構想と呼ばれる、①全国を 9 つの学区に分け、②学区に学区庁を置き、中等学校以下の学校教育および社会教育を管掌させ、③学区に学区庁長官を置き（帝国大学総長を想定）、④学区には調査審議機関として学区教育委員会を置き、⑤都道府県に学区庁の支庁（学区支庁）および支庁教育委員会を置くという改革案を提唱した。内務省と文部省および都道府県と市町村による二重行政の弊害を取り除くべく、教育行政を一般行政から切り離し、教育および教育者の自主権を確保するという教権の独立が目指された。

占領軍の四大教育指令　　文部省が自らの改革案を独自に練っていた一方で、GHQ の民間情報教育局 CIE（Civil Information and Education Section）は、日本の教育に関する 4 つの指令を発している。教育内容・教職追放についての基本方針や文部省に対する占領軍との連絡の指示な

どを示した「日本教育制度ニ対スル管理政策」(1947.10.22)、教員適格審査機構の設置を指示する「教員及教育関係官ノ調査、除外、認可ニ関スル件」(同10.30)、国家神道を禁止する「国家神道、神社神道ニ対スル政府ノ保証、支援、保全、監督並ニ弘布ノ廃止ニ関スル件」(同12.15)、修身・日本史・地理の授業停止と教科書回収を命じる「修身、日本歴史及ビ地理停止ニ関スル件」(同12.31) の4つである。これらは一般に、四大教育指令と呼ばれる。

米国教育使節団の派遣と報告書　さらにCIEは、日本の教育改革について研究し助言・勧告する専門家チームを派遣することとした。これが米国教育使節団 (United States Education Mission to Japan) である。G. D. ストッダードを団長とする27人のメンバーは、日本の文化等について幾度もの会議を経て、来日後、約1カ月で報告書を作成しGHQに提出した。日本での滞在中には、文化・教育施設の視察を行いながら、多くの日本人教育者らと会見を行っている[1] (鈴木1970)。

　報告書の第3章「初等及び中等段階の教育行政」(Administration of Education at the Primary and Secondary Levels) では、教育勅語の奉読および御真影への拝礼の停止、文部省の中央集権体制の地方分権化、修業年限区分などの内容を含む、教育の機会均等化と分権化を目指した提言がなされている。学校制度と教育行政がセットで構想されていることが特徴である。

　「報告書」は、日本の教育システムについて大きく2つの弱点を指摘した。1つは、外側の機関から直接コントロールできた点であり、もう1つは、制度全体を通じて重要なポストにいる教育行政職員が、教育者として十分な訓練を受けていない上に、任命権者である内務大臣に対して責任を果たしていたことである。これらを解決するため、第一に、教育課程の管理を分権化し、権限と責任の縦のラインを断ち切ること、第二に、教育行政職員は教育者としての資格を有し、教育行政の権威を有する人または機関により任命されるべきことが勧告されている。具体的には、文部省の行政的管理権の削減に加

[1]　教育使節団の活動を援助する日本教育家の委員会を設置するよう占領軍から指示があり、29人の委員が任命された。報告書の作成に当たっては、日本側の意見も取り入れながら進められている。

えて、文部省を内務省から分離し、独立させることである。

　なお、都道府県や地方段階では、住民選挙で選ばれた民間人からなる教育
行政機関を設け、教育の専門家が責任者として任命されるべきとされた。こ
のほか、住民と学校が密接な関係をもち続けなければならないこと、教職員
や地方教育機構の長が、上級の教育官吏による支配や統制から自由であるべ
きことが書かれている。これらの記述内容をもとに、教育委員会制度が形づ
くられていくこととなる。

教育刷新委員会　　占領軍は、使節団が帰国した後も、諸々の教育課題に
ついて恒常的に研究を行う委員会の設置を求めた。そ
こで1946年8月に、内閣総理大臣の所轄となる教育刷新委員会が設置された。
諮問されたことへの応答にとどまらず、教育刷新委員会自身が自主的に重要
事項の調査審議を行い、結果を内閣総理大臣に報告することが重視されてい
る点が特徴である（日本近代教育史料研究会1998）。時期により若干の変動があ
るが、およそ50人程度の委員で編成され、全委員が参加する総会のほか、個
別課題ごとに特別委員会が設置された。任務が終わるまでの期間中、21の特
別委員会が設けられ、様々な教育課題について審議された。なお1949年6月
1日に教育刷新審議会と改称されたが、その任務に変化はない。

　教育刷新委員会での議論は、主に使節団報告書の内容をもとに進められ、
報告または建議としてまとめられた。これを文部省が中心となり法案として
まとめ、国会での審議を経て、様々な教育法が成立していくこととなる。な
お、戦後になって教育制度や政策は、国会審議を必要とする法律の制定によ
り進められることとなり、戦前の勅令主義は法律主義へと改められた。

文部省設置法と廃止論　　文部省の存廃をめぐっては、日本進歩党や日本
社会党、日本共産党などから様々な改革案が出
された。文部省を改組または廃止して、執行機関としての委員会や会議を新
しく設ける案である。

　教育刷新委員会においても、中央教育委員会を設置し、文部省は文化省と
する案が議論されていた。しかし占領軍側は、この案には消極的であった。
中央教育委員会が地方の教育委員会の総元締めとなりかねないこと、映画や

スポーツなどの文化面への政府の干渉は避けるべきこと、戦後復興と新教育制度のもとでは、文部省の仕事はむしろ増加することなどが理由である。また、各省庁機構の改革に取り組んでいた行政管理庁も、中央教育委員会が内閣とは別個の議決機関として設置されると、国会との関係調整、特に予算の確保などの困難さに懸念が示されたほか、中央教育行政の徹底した民主化への抵抗などを理由として、中央教育委員会設置構想は実現しなかった。

　こうした背景のもと、文部省設置法 (1949) が成立し、「学校教育、社会教育、学術及び文化の振興及び普及を図ることを任務とし、これらの事項及び宗教に関する国の行政事務を一体的に遂行する責任を負う行政機関とする」(4条) ことが文部省の任務とされた。そして、人事・総務・会計を担当する大臣官房のほか、調査普及局が行う調査統計をもとに、初等中等教育局 (以下、初中局)・大学学術局・社会教育局の3局がそれぞれの教育内容に関する指導助言を任務とし、他の管理的な事務は管理局が担当することで、指導行政と管理行政の分離が図られた (平原 2007)。これは、文部省からの指導助言が、監督・命令的な性質を帯びないようにするための配慮である。

中教審の発足　戦後の新しい教育制度が成立した後、教育刷新審議会は役割を終えた。とはいえ、第45回総会 (1951.11.8) の決議では、以後も恒常的に教育について審議する機関が必要であり、文部大臣の諮問機関である中央教育審議会 (以下、中教審) の設置が必要とされた。当初の案では、中教審の委員は各団体から推薦された者のうちから選出すること、文部大臣は学校教育や社会教育などに関する重要な事項や教育財政の大綱などの基本方針を決定する際に中教審に諮らなければならないこと、中教審は必要に応じて文部大臣への建議が可能なことが盛り込まれていた。

　しかし実際には、1952年の文部省設置法の一部改正の際に、内閣の承認を経た文部大臣の任命する20人以内を委員とすることとなり、中教審の権限に関する条文は盛り込まれなかった (24条)。こうして文部大臣から諮られた課題 (諮問) に対して、審議して答え (答申) を申し述べる機関として、中教審が設置されることとなったのである[2]。

戦後初期の教育行政システム　以上に見てきたように、戦後初期の教育行政改革では分権化・民主化が理念として掲げられ、内務省が担当していた一般の政治・行政からは切り離され、教育行政に関する一定の独立性・自主性が確保された。

　ただし、中央教育行政において文部大臣は内閣の一員であり、予算の作成や法律の制定には国会での審議を必要とした。同時に、各種専門知識や利害関係者らの意向を行政に導入して政策に反映させ、なおかつ、偏った行政執行にならないための審議機関が設けられた。中教審を中心として、社会教育審議会（後の生涯学習審議会）、理科教育及び産業教育審議会、教育課程審議会、教科用図書検定調査審議会など、多くの審議会が設置された（平原1993）。

　つまり、教育政策の決定に当たっては、文部省を中心としながらも、他の行政領域との調整や審議会のメンバーとなる利害関係者らの影響を受けるルートを残して、戦後の教育行政システムがスタートしたのである。

第2節　戦後の社会変化と教育政策形成

1. 経済成長と教育政策

55年体制と教育政策　サンフランシスコ講和条約（1952）の後、文部省設置法の一部改正（1952）が行われ、省内の部局再編によって初中局の機能が増大し、指導行政と管理行政の一元化が図られた。また、新しい学校制度の定着に伴って高校進学率も上昇し始め、学校の新規建設など施設・設備、各種条件整備が国と地方の共同事業という形で進められていく。徐々に、文部省の権限が強められていったのである。そして、教育委員会法が廃止となり、新たに地方教育行政の組織及び運営に関する法律（1956）が定められ、任命制の教育委員会が発足した（第3章参照）。

　文部省の権限が強化されたとはいえ、前節に見たように、教育政策の形成

2　諮問機関からの答申を採用するかしないかは、行政官庁が自由に決定できる。このため、中教審の答申自体に法的拘束力はない。

には、国会審議や審議機関の影響力は大きなものであった。ところが、1955年に自民党が誕生してからしばらくは、自民党政権が続いていくことになる。小川 (2010) は、長期政権を担った自民党と党から選出される内閣との間には、内閣が国会に提出する法案や予算案をあらかじめ党内で調整するルールがあったことを指摘している。そして、この事前調整が、文教族と呼ばれる与党の議員と、文部官僚との結びつきを強めていったとする。

　一方この頃、高校教育に関する経済界からの要求が出されている。たとえば、日本経済団体連合会からの「新教育制度の再検討に関する要望」(1952) や「新時代の要請に対応する技術教育に関する意見」(1956) では、義務教育における理科教育、職業教育の推進などがあげられており、「後期中等教育に対する要望」(1965) では、高校教育の多様化、職業教育を重視した中高一貫、とび級制度の導入などが要請された。これらが中教審等の議論の題材となり、一部は実際の政策に反映されていくこととなる (番場 2010)。こうした要求は、経済成長に伴う産業構造に見合った労働力を確保するためであった。政府にとっても経済成長は望ましいことであり、以降は、自民党・文部省・各種審議会が密接に関わり合いながら、政策形成がなされていった。

量的拡大から質的改善へ　　1970 年代に入るまでの教育政策は、主に進学率の上昇に応えるための大学や高校の新設など、量的な拡大を目指すものであった。こうした量的拡大の政策について経済審議会答申「経済発展における人的能力開発の課題と対策」(1963) は、教育の機会均等や国民一般の教育水準の向上に寄与したといえる反面、多様な人間の能力や適性を伸ばしていくことに課題があるとした。こうした要請を受けて、中教審答申「今後における学校教育の総合的な拡充整備のための基本的施策について」(1971、以下、46 答申) では、「明治初年と第 2 次大戦後の激動期」の改革とは異なる、「国家・社会の未来をかけた第 3 の教育改革」として自らを位置づけ、幼稚園の普及、特殊教育の充実、高等教育の拡充など、従来の教育機会の均等化路線を維持しつつ、教育課程の改訂、教員養成・研修の強化と待遇改善などの質的改善方策を提言している。これらは実現へ向かっていくが、幼小一貫教育、中高一貫教育、大学の多様化といった、基本的

な制度改革に関する提言は、すぐには実現には至らなかった。

　量的拡大から質的改善への移行のほか、46答申の特徴について黒崎（2000）は、国民に一定の教育水準を確保するために、教育内容の標準化や継続的な改善の工夫を政府の責任として求めている点にあると述べている。教育行政の役割は施設・設備面などの教育条件整備や単なる指導助言だけにとどめるべきとの議論についても、大きな転換を示すものであった。

2.　臨時教育審議会

| 臨時教育審議会の設置　　　　　　1983年に発足した第二次中曽根康弘内閣では、戦後政治の総決算を掲げ、臨時行政調査会という内閣直属の機関によって行財政改革を進めようとした。教育制度についても重要課題の1つとして取り上げられ、首相直属の諮問機関となる臨時教育審議会（以下、臨教審）を設置した（1984）。臨教審は1987年までに、第一次から最終まで4度の答申を出している。なお、臨教審が設置されている期間中、中教審は活動を休止しており、教育改革の主導権は臨教審にあった。臨教審の設置は、文部省の統制的な役割を弱めることも意図しており、これ以降、文部省と中教審は教育改革の舞台から後退していく。

　臨教審答申は、46答申と比べ、教育の機会均等の実現を図る内容の割合が著しく少なく、質的改善に関する提言がきわめて多いことが特徴であり、生涯学習体系への移行などが掲げられた（1988年に文部省は、社会教育局を廃止し、生涯教育局を置いている）。ただし、公財政支出の増大を強く主張していた46答申とは異なり、臨教審答申では、教育行財政の機構に関わる改革が含まれているが、財源にはほとんど言及がない（市川1995）。以上のような相違点があげられるが、しかしながら、臨教審が提言した教育改革のほとんどは、46答申で取り上げられた内容とほぼ同じ項目であった。

教育の自由化と個性重視の原則　　46答申と臨教審答申は同じような内容の改革提言に見えるが、臨教審の改革のねらいは、教育の自由化を目指すことにあった。臨教審設置以前から、経済同友会、世界を考える京都座会、日本経済調査協議会などにおいて中曽根首

相のブレーンたちが、教育の自由化を推奨していた。中曽根首相は、こうした教育の自由化論者を臨教審の委員として任命し、教育関係の政府審議会として教育の自由化を明確に打ち出したのである（黒崎 2000）。

　従来の自由主義では、個人の思想や信条の自由を擁護し、国家（権力）の介入に伴う自由喪失を危惧していた。しかし、新しい自由主義のもとでは、規制を緩和しながら、自由に競争に参入できるようにし、多様なニーズをもつ消費者の影響力を強めることを目的とする。教育の自由化について、世界を考える京都座会は、正しい競争のないところに成長も発展もないとして、でき得る限りの束縛や指導を排除し、教育は自由な状況のもとで行われることを主張した。公立学校の民営化や規制緩和による学校の個性化・特色化が必要という主張が、もっとも象徴的な提案である。これらは産業界が、国際化・情報化社会に対応する人材育成を要求していたことが背景にある。なお、臨教審の審議過程では、競争による画一主義の打破を意図した教育の自由化というスローガンは、放縦や気まま、無責任などに解釈される恐れがあるとされ、個性重視の原則というキーワードに置き換わっていく。

第 3 節　構造改革期の教育政策

1.　中央省庁の再編と教育政策

行政構造改革と文部科学省の設置　　1980 年代に入ると、法人税などの減税と規制緩和を基調とする自由化の潮流の中で行政改革が進められる。「小さな政府」を目指して、大幅な規制緩和、市場原理主義の重視により、従来政府が担っていた福祉・公共サービスなどを民間に任せるようになっていく。そして 1990 年代後半になると、橋本龍太郎内閣のもと、当時の総理府に設置され、首相自らが会長を務めた行政改革会議（1996）が、中央省庁の再編と内閣機能の強化を柱とする改革に着手した。官僚の失敗（薬害エイズなど）を非難する声が高まり、政治主導の行政構造への改革が求められたのである。

　こうして省庁再編が行われることとなり、文部省と科学技術庁が統合して文部科学省が発足する (2001)。その任務は、「教育の振興及び生涯学習の推進を中核とした豊かな人間性を備えた創造的な人材の育成、学術、スポーツ及び文化の振興並びに科学技術の総合的な振興を図るとともに、宗教に関する行政事務を適切に行うこと」(文部科学省設置法 3 条) とされた。

　2018 年 10 月には、学校教育政策と社会教育政策の分担・縦割りの解消を目的として、総合教育政策局が教育分野の筆頭局として設置された。また、総合的な文化行政の推進に向け、文化庁の機能が強化されている。現行 (2022) の文部科学省の組織は、図表 2-2 の通りである。

中教審の再編　審議会は、行政執行や政策立案において、中立的な立場からの意見調整や、専門家の意見を取り入れるなどの目的で設置されてきた。しかしその一方で、縦割り行政を助長している、官僚からの提案を追認するだけになっているなどの批判もあった。そこで中央省庁改革の一環として行政責任の所在を明確にするため、審議会等の整理合理化に関する基本的計画が閣議決定された (1999.4.27)。

　これにより従来の中教審を母体としつつ、生涯学習審議会、理科教育及び産業教育審議会、教育課程審議会、教育職員養成審議会、大学審議会、保健体育審議会を統合して新たな中教審が発足した。委員は 30 人以内で、任期は 2 年 (再任可) である。中教審には、教育制度分科会・生涯学習分科会・初等中等教育分科会・大学分科会の 4 つの分科会のほか必要に応じて部会・特別部会などが設置される。たとえば 2022 年 4 月現在 (第 11 期中教審) は、教育振興基本計画部会や「令和の日本型学校教育」を担う教師の在り方特別部会のほか、多くのワーキンググループや小委員会などが設置されている。

2. 官邸主導の教育政策形成

内閣機能の強化と審議会　1990 年代後半からの行政構造改革は、内閣の機能を強化させた。内閣官房副長官や首相補佐官の増員など、スタッフ機構の充実化が図られている。さらに、総理府に代えて設置された内閣府には、経済財政諮問会議・総合科学技術会議・男女

図表 2-2　文部科学省の組織図

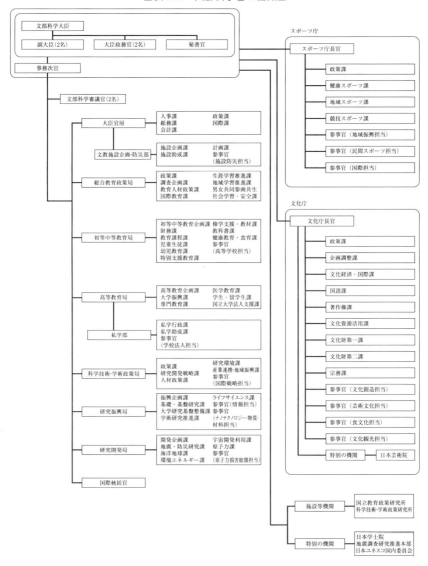

出典：文部科学省ホームページ。

文部科学省定員　2,154人
本省定員　1,746人
スポーツ庁定員　111人
文化庁定員　297人
2022年4月1日

共同参画会議・中央防災会議の 4 つの審議会が置かれ、それぞれの政策を調整・推進する担当の国務大臣が任命されるようになる。なお、この 4 つの審議会は重要政策会議と呼ばれ、内閣および首相を助けるための会議とされた。様々な審議会が整理統合される一方で、内閣府に設置された全般的・総合的な内容を扱う会議の権威が高められたのである（山口 2007）。

　内閣府には重要政策会議のほかにも、規制改革・民間開放推進会議や地方分権改革推進会議など、いくつもの会議が設置されており、これらの会議が、教育行財政の改革についても取り上げている。規制緩和や政策評価制度の導入などの一環として、学校選択制度や中高一貫教育、学校評価・教員評価の導入などが審議されたのである。審議結果として示された提言は、内閣の決定を経て政策方針となり、文部科学省はこれに沿う形で具体的な改革プランを作成していくことになる。

　これらと並行して 2000 年 3 月に、首相直属の私的諮問機関として、教育改革国民会議が設置された。同年 12 月には「教育を変える 17 の提案」が示され、教育基本法の改正が教育振興基本計画策定を含めて提唱されたほか、学校の情報公開、保護者等の意見に対する結果の公表、評価制度の導入による学校改善、校長の資格要件の緩和、学校での奉仕活動の義務化、道徳教育の充実、コミュニティ・スクールの設置などがあげられた。これらの提案は、内閣府に設置されていた会議等における議論の方向性とほぼ共通のものであった。これを受けて文部科学省は、2001 年 1 月にレインボープランと呼ばれる 7 つの重点戦略を盛り込んだ 21 世紀教育新生プランを発表している。

2000 年以降の教育関連審議会

　2000 年以降、内閣の影響力に加えて、政権与党内のワーキンググループや対策チームの検討結果も政策形成をリードしてきている。2006 年 10 月に安倍晋三内閣が設置した教育再生会議は、徳育の充実や、ゆとり教育の見直し、学力の向上、免許更新制度の導入などによる教員の資質向上、教育委員会制度の抜本的改革、家庭・地域・企業なども含めた社会総がかりの教育体制づくりのほか、いじめ問題への緊急提言などを行った。

　福田康夫内閣では 2008 年 2 月、教育再生会議の提言をフォローアップする

教育再生懇談会を設け、教育安心社会の実現を目指し、教育費負担の軽減など、教育財源の確保のために社会総がかりで取り組むことなどが示された。

　2012年に再び自民党総裁として選出された安倍晋三は、教育を経済に次ぐ第二の課題と位置づけ、自身の直属組織として教育再生実行本部を設置し、「基本政策」「いじめ問題対策」「教科書検定・採択改革」「大学教育の強化」「教育委員会制度改革」の5つの分科会を置いた。その後、自民党が政権を担うこととなると、有識者の会議として、教育再生実行会議を設置した（2013.1.15）。安倍内閣の経済政策には人材育成が不可欠であり、成長戦略上、投資効果が高いものとして教育が位置づけられている。なお、これ以降、文部科学大臣は教育再生担当大臣を兼任している。

　教育再生実行会議は、設置期間中に、12の提言を行った（図表2-3）。このうち第五次までが、早急な対処・解決が求められる課題への提言であったことに対して、第六次から第十一次では、より長期的なスパンを見据えた第二段階の検討課題への改革案を示すものとして、地方創生の動向とも関連づけた教育のあり方を取り上げている。第十二次提言では、改めて学習者主体の

図表2-3　教育再生実行会議の提言一覧

第一次提言	いじめの問題等への対応について	2013.2.26
第二次提言	教育委員会制度等の在り方について	2013.4.15
第三次提言	これからの大学教育等の在り方について	2013.5.28
第四次提言	高等学校教育と大学教育との接続・大学入学者選抜の在り方について	2013.10.31
第五次提言	今後の学制等の在り方について	2014.7.3
第六次提言	「学び続ける」社会、全員参加型社会、地方創生を実現する教育の在り方について	2015.3.4
第七次提言	これからの時代に求められる資質・能力と、それを培う教育、教師の在り方について	2015.5.14
第八次提言	教育立国実現のための教育投資・教育財源の在り方について	2015.7.8
第九次提言	全ての子供たちの能力を伸ばし可能性を開花させる教育へ	2016.5.20
第十次提言	自己肯定感を高め、自らの手で未来を切り拓く子供を育む教育の実現に向けた、学校、家庭、地域の教育力の向上	2017.6.1
第十一次提言	技術の進展に応じた教育の革新、新時代に対応した高等学校改革について	2019.5.17
第十二次提言	ポストコロナ期における新たな学びの在り方について	2021.6.3

視点への転換が掲げられ、特にデジタル化への対応が強調されている。デジタル化への対応の必要性は、2018 年から経済産業省が開催してきた「未来の教室」と EdTech 研究会からの提言にて示されてきていた。

　教育再生実行会議は 2021 年 9 月 17 日の閣議にて廃止が決定されたが、これまでに行われてきた検討内容等は、新たに発足した教育未来創造会議に引き継がれることとなった。この教育未来創造会議は、首相を議長とするほか、首相が指名する関係閣僚を含む構成であることが特徴である。なお、各府省を超えた政策展開のロードマップとして、内閣府の総合科学技術・イノベーション会議による「Society5.0 の実現に向けた教育・人材育成に関する政策パッケージ」(教育・人材育成 WG2022.6.2) が示されている。

近年の動向　　以上のように、近年の教育政策形成においては、内閣府の影響力が強まっている。2013 年 12 月、国家戦略特別区域法の成立に伴い、重要政策会議の 1 つとして、国家戦略特別区域諮問会議が設置された。教育に関しては、公立学校の民間委託について検討され、一部が導入されている。また、学校評価の評価者や学校運営協議会の委員など、保護者・地域住民の直接参加の機会も増加傾向にある。その一方で、全国学力・学習状況調査の結果などの限定的な指標での評価に、教育現場が左右されやすくなる側面も見られる。

　「小さな政府」を目指して、国家による福祉・公共サービスの縮小に伴い、市場原理主義が重視されてきている。民営化や規制緩和により、従来政府が担っていた機能を市場に任せることが目指されている。しかし、少子高齢化が進む社会においては、むしろ教育や福祉・公共サービスなどの拡充が求められる領域もある。たとえば、就学前段階から学校への接続の問題と、学校から社会への接続の問題を扱う領域があげられるが、これらは教育・福祉(保健)・労働・経済など、複数の行政領域にまたがっており、省庁間や官民の連携・再編も進められてきている。

　2022 年の第 208 回通常国会において、こども基本法およびこども家庭庁設置法が成立 (2022.6.15) し、内閣府の外局としてのこども家庭庁が設置されることとなった。国会には政府提出案のほか、子ども省設置の子ども総合基本

法案（2022.3.1 立憲民主党）、教育子ども福祉省設置の子ども育成基本法案（2022.4.11 日本維新の会）が提出され、子ども関連施策の一元化をねらいとする、新しい組織による業務分配が争点となった。子どもの貧困対策や少子化対策、就学前の子どもの育ちや放課後の居場所などの事務が各府省から移管され、司令塔機能を発揮することを目指し、2023 年度の発足が見込まれている。VUCA[3] 時代の到来と表現される今日において、次世代の教育または自らの学習について、誰がどのように責任を果たすべきかが、今後の重要な検討課題である。

〈考えてみよう〉
1. 明治の教育改革、終戦直後の教育改革、第三の教育改革の特徴を、それぞれ整理してみよう。
2. 教育政策の形成に当たって、誰がどのように責任を果たすべきか、考えてみよう。

【引用・参考文献】
市川昭午（1995）『臨教審以後の教育政策』教育開発研究所
小川正人（2010）『現代の教育改革と教育行政』放送大学教育振興会
海後宗臣（1975）『戦後日本の教育改革 1 教育改革』東京大学出版会
黒崎勲（2000）『教育の政治経済学—市場原理と教育改革』東京都立大学出版会
新藤宗幸（2005）「タテの行政系列をどのように認識するのか」『日本教育行政学会年報』第 31 号
鈴木英一（1970）『戦後日本の教育改革 3 教育行政』東京大学出版会
日本近代教育史料研究会編（1995）『教育刷新委員会　教育刷新審議会　会議録』第 1 巻、岩波書店
番場博之（2010）『職業教育と商業高校—新制高等学校における商業科の変遷と商業教育の変容』大月書店
平原春好（1993）『教育行政学』東京大学出版会
平原春好（2007）『教育基本法問題文献資料集成 II　第 20 巻　文部省』日本図書センター
村上祐介・橋野晶寛（2020）『教育政策・行政の考え方』有斐閣
山口二郎（2007）『内閣制度』（行政学叢書⑥）東京大学出版会

---

3 Volatility（変動性）、Uncertainly（不確実性）、Complexity（複雑性）、Ambiguity（曖昧性）の略称で、先行き不透明であり、未来の予測が困難な状態を意味する。

第3章

教育委員会制度

〈本章のポイント〉
　教育を管轄する地方行政組織が教育委員会である。戦前の教育が国家に強く統制されたため、その反省から戦後は教育行政の三原則（地方分権、自主性確保、民主主義）に基づいて同制度が導入された。しかし、形骸化やいじめ問題の隠蔽などが指摘され、2014年には新教育長や総合教育会議の設置などの改革が行われた。教育環境の条件整備のために教育委員会は重要な制度だが、より開かれた教育行政が求められている。

第1節　教育委員会制度の理念としくみ

1. 戦後教育行政の三原則と教育委員会

戦後教育行政改革の特質　戦後初期において、中央集権的な教育行政の改革が行われた。1947年教育基本法の10条1項では、「教育は、不当な支配に服することなく、国民全体に対し直接に責任を負つて行われるべきものである」とされ、国民の意思と教育行政を一致させるシステムづくりが目指された。教育に関する事柄について審議・決定し執行する組織として、すべての都道府県・市町村（特別区を含む）に教育委員会を設置することとなったのである。なお、戦後教育行政改革の特質は、「教育行政の地方分権」「教育行政の自主性の確保」「教育行政の民主化」の3つの原則で説明される。以下にその三原則をそれぞれ見ていこう。

教育行政の地方分権　戦後の教育行政機構は、憲法にある地方自治の本旨に従い、文部省を頂点とする中央集権的な構造を改め、国と地方の役割分担と事務配分を見直し、上下の指揮命令系統を断ちきることで地方の実情に応じた教育行政を行えるように構想された。中央の権限を移すことで、教育行政の地方分権化が目指された。

教育行政の自主性の確保　教育という営みは、効果が表れるまでにある程度の時間を要するため、頻繁な方針転換を避ける必要がある。そこで教育行政を一般行政から独立させ、知事や市町村長のもとに属しない行政委員会[1]によって教育行政を担うこととした。中立的で安定的な組織が自主性を確保することで、教育行政を政治的な勢力から独立させようとしたのである。

教育行政の民主化　これも憲法の理念である国民主権の原理に従い、国民が参加する民主的な運営が目指された。先に引用した「不当な支配に服することなく」とは、教育行政と国民の意思との間に、余分な介入が入り込まないようにすることを意味する。また、教育の専門家のみで教育行政を行うのでもなく、教育について、一般市民の目線で議論して運営する組織が求められた。つまり、教育の民衆統制が必要とされたのである。なお、このことを素人統制（レイマン・コントロール）と呼ぶ。

教育の民衆統制と専門職リーダーシップ　以上の三原則に基づき、地方ごとに、一般の政治や行政から独立した、住民の代表者で構成される組織による教育行政が目指された。この組織が教育委員会である。教育委員会には民主的な運営が求められるのだが、教育行政の執行に当たっては、専門的な知識や技術が必要となるため、必要なアドバイスを行う専門職によるリーダーシップが、民衆統制と同時に求められた。2014年6月に教育委員会制度は大きな転換点を迎えたが、これらの制度原理は、今日においても、

1　行政委員会とは、通常の行政組織体系から多かれ少なかれ独立の地位を保ち、職権行使において独立性を保障された複数の委員からなる合議体であって、内部管理や行政処分等に関する行政権限とともに、準立法的な規則制定権限と争訟判定的な準司法的権限を併せもつ機関を指す。

地方教育行政のあり方を考える上で重要なポイントとなっている。

2.　教育委員会の設置と職務

教育委員会の設置　教育委員会は、すべての地方公共団体に設置されなければならないと定められている（必置規制）。そして地方分権の原則に基づき、都道府県と市町村の教育委員会は、地方公共団体の教育行政の担い手として、国との適切な役割分担および相互協力のもと、公正かつ適正な教育行政を行わなければならないのである。

図表 3-1　教育委員会の職務

① 学校、図書館、博物館、公民館その他の教育機関や教育関係職員の研修、保健もしくは福利厚生に関する施設（以下「学校その他の教育機関」）の設置、管理及び廃止に関すること。
② 学校その他の教育機関の用に供する財産（以下、「教育財産」という。）の管理に関すること。
③ 教育委員会及び学校その他の教育機関の職員の任免その他の人事に関すること。
④ 学齢生徒及び学齢児童の就学並びに生徒、児童及び幼児の入学、転学及び退学に関すること。
⑤ 学校の組織編制、教育課程、学習指導、生徒指導、及び職業指導に関すること。
⑥ 教科書その他の教材の取扱いに関すること。
⑦ 校舎その他の施設及び教具その他の設備の整備に関すること。
⑧ 校長、教員その他の教育関係職員の研修に関すること。
⑨ 校長、教員その他の教育関係職員並びに生徒、児童及び幼児の保健、安全、厚生及び福利に関すること。
⑩ 学校その他の教育機関の環境衛生に関すること。
⑪ 学校給食に関すること。
⑫ 青少年教育、女性教育及び公民館の事業その他社会教育に関すること。
⑬ スポーツに関すること。
⑭ 文化財の保護に関すること。
⑮ ユネスコ活動に関すること。
⑯ 教育に関する法人に関すること。
⑰ 教育に係る調査及び基幹統計その他の統計に関すること。
⑱ 所掌事務に係る広報及び所掌事務に係る教育行政に関する相談に関すること。
⑲ 前各号に掲げるもののほか、当該地方公共団体の区域内における教育に関する事務に関すること。

※地教行法（2014）21条および30条より作成。

| 教育委員会の職務と権限 | 教育委員会は、図表 3-1 のように、学校や図書館・博物館などの教育機関の設置・管理・廃止 |

に関することや、教育財産の管理、教育機関の職員の任免や人事のほか、様々な職務を有している。また、法令に違反しない限りにおいて、教育委員会規則を制定することができる。ただし、「大学に関すること」「私立学校に関すること」「教育財産を取得し、及び処分すること」「教育委員会の所掌に係る事項に関する契約を結ぶこと」「教育委員会の所掌に係る事務に関する予算を執行すること」は、首長の権限に属する。また、学校体育以外の「スポーツに関すること」、文化財の保護以外の「文化に関すること」について、条例により首長が管理・執行できる。以上のように、教育委員会と自治体の長の権限を調整しながら、教育行政の自主性の確保が図られている。

第 2 節　教育委員会制度の変遷

1. 発足当初の理念としくみ

| 公選制教育委員会の発足 | 教育委員会法（1948 年）1 条は、「教育が不当な支配に服することなく、国民全体に対し直接 |

に責任を負つて行われるべきであるという自覚のもとに、公正な民意により、地方の実情に即した教育行政を行うために、教育委員会を設け、教育本来の目的を達成すること」を掲げた。そして、教育行政の民主化を推進するため、地域住民の選挙によって教育委員を選出する公選制が採用された。

　制度発足当初の教育委員には、住民からの選挙による委員だけではなく、議会から選出される委員（政党などからの推薦を受けることは妨げられない）が 1 人含まれる。また、教育方針が頻繁に転換されることを防ぐため、教育行政には継続性・安定性が求められた。このため、委員の全員が一度に入れ替わることがないよう、2 年ごと半数ずつの改選とされた。

　教育予算については、独自の収入源がないことから、以下のような手続きが必要とされた。まず、教育委員会が教育に関する予算案を作成し、首長に

要求として提出する。首長は、自治体内の予算の総合調整を図り、提出された予算を審査する。審査の結果、減額する場合には、教育委員会に意見を求めなければならない。教育委員会側が同意すれば、減額した案が議会に提出されるが、同意しない場合には、教育委員会と首長それぞれの予算案が議会に提出される。そして、いずれが妥当であるのかを議会の決定に委ねるのである。こうして決定された予算内において、教育委員会は、支出を出納長または収入役に命令し、予算を執行するしくみとなった。

教育委員会の設置

教育委員会法では、都道府県および市（特別区を含む）町村に、住民の選挙により選出される教育委員会が設置されることとなった。ただし、1948 年の時点では、都道府県と五大市（大阪・京都・名古屋・神戸・横浜）、そのほか任意による市町村での設置であった。全国の市町村にまで設置されたのは、1952 年のことである。一斉設置までの期間内に、21 市・16 町・9 村が教育委員会を設置している。

　なお、全国的に市町村への教育委員会設置には反対の声があがっていた。主な理由は、財源上の裏づけのない組織の設置に意義が見い出せない、自治体の財政負担増が予想される、行政が複雑化するなどである。このため国会においても、市町村教育委員会の設置を 1 年延期する法案が提出されていた。しかし、法案が可決される前に衆議院が解散となり、法の定めの通り、1952 年にすべての市町村に教育委員会が一斉に設置されることとなった。

教育長と指導主事

公選制の教育委員会制度では、民衆統制（素人統制）の側面が注目されがちだが、助言や指導を行う専門職のリーダーシップも重要な要素であった。専門職者らには、地域の住民の意思を抽出し、具体的な教育行政の執行へとつなげていく力量が必要とされたのである。その資格要件として、大学での必要単位の修得によって得られる免許状が必要とされていた[2]。なお、教育長は教育委員を兼ねない。

2　教育長の基礎資格は、学士の称号を有し、または、教員免許状の授与を受ける資格があること、かつ、教育職員または官公庁もしくは私立学校における教育事務に関する職に 5 年間在職し、うち 1 年間は教員としての在職年数を含むこととされた。ただし、数カ月の講習を受講することで資格を得られること、教員としての在職年数にも免除規定があることなど、教育長に何が必要とされるのか厳密に定められないまま発足した。

　1948年10月から、CIEの主導で教育指導者講習が行われている[3]。この講習では、経験主義教育の普及に当たって、地域社会の実態に基づいた教育計画作成が重視された。このとき、教育長や指導主事には、住民や教職員とともに教育活動をつくり上げていく力量と姿勢が必要とされた。また、指導主事は視学と異なり、教員の任免権を有しない立場で職務に従事し、命令および監督をしてはならないこととなった点も重要なポイントである。

2. 地教行法の制定

地教行法の成立　　1956年6月30日に地方教育行政の組織及び運営に関する法律（以下、地教行法）が成立し、教育委員会法が廃止された。一般行政と教育行政の調和を進めること、教育の政治的中立性と教育行政の安定性を確保すること、国・都道府県・市町村が一体となった教育行政制度を樹立することの3点が、地教行法制定のねらいである。この法律による教育委員会組織の例を図示すると、図表3-2のようになる。なお、地教行法においても、すべての都道府県・市町村に教育委員会を設置し、教育

図表 3-2　教育委員会組織図（1956〜2014）

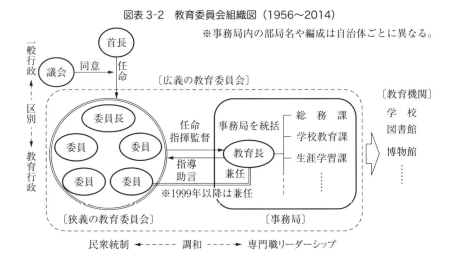

※事務局内の部局名や編成は自治体ごとに異なる。

3　CIE（Civil Information and Education Section）はGHQの部局の1つであり、教育指導者講習はIFEL（the Institute For Educational Leadership）ともいう。

の地方自治を尊重する姿勢に変わりはない。

| 教育委員会法と地教行法の相違点　教育委員会法と地教行法の相違点として、大きく３つがあげられる。第一に、教育委員の選出が公選制ではなく、首長が任命する方式に変更された。公正な民意の反映を目指した公選制だったが、実際には教職員組合等から推薦を受けた候補が多数当選する結果となった。このため、すでに住民の選挙で選出されている首長が、バランスよく委員を任命する方が適切だとされた。

　第二に、都道府県教育長は文部大臣の、市町村教育長は都道府県教育委員会の承認が、それぞれ必要とされた。国・都道府県・市町村の円滑な連絡提携のために適材を得るためであったが、上意下達を可能にする点も批判された。また、市町村の教育長は、教育委員の内から任命されることとなった。

　第三に、財政に関する教育委員会の権限が失われた。予算案の送付を廃止することとともに、教育財産の取得および処分の権限、教育事務に係る契約の締結の権限、収入または支出の命令の権限の３つを首長に移し、教育委員会と首長の権限を調整し、自治体内における教育行政の円滑な運営を図ることとされた。このとき、首長は、予算作成の際には教育委員会の意見を聞き、十分に協議することとなっている。教育委員会法においても、最終的には議会で決するため、教育委員会側の要求がすべて通るわけではなかったが、教育行政の自主性確保の観点からは大きな変更点だといえる。

　このほかの変更点としては、指導主事の免許状制度がなくなり、充て指導主事の規定が盛り込まれたこと、自治体の教育事務の管理・執行が法令違反または著しく適正を欠き、教育目的の達成に支障がある場合には、文部大臣が教育委員会・首長に対し、必要な是正要求が可能となったこと、市町村立学校の教職員の任免権が都道府県教育委員会に移ったことなどがある。

3.　地方分権改革と教育委員会制度

| 1999 年地方分権改革と
| 地 教 行 法 改 正　1980 年代後半から地方分権改革が本格化し、1995 年には地方分権推進委員会が設置され、政府に第一次から第四次までの勧告を行った。このうち教育行政については

第一次と第二次の勧告で、学校の自主性や自律性を尊重し、特色ある学校づくりを進めるため、教育課程基準の一層の大綱化・弾力化を図ることのほか、機関委任事務[4] の廃止、指導・助言行政の見直し、必置規制の廃止・緩和、補助・負担金の整理と運用・手続きの簡素化などが提言された。1999 年には地方分権の推進を図るための関係法律の整備等に関する法律（以下、地方分権一括法）が成立し、これに伴って地教行法も大きく改正された。機関委任事務の廃止に伴い、国からの関与を廃止・縮減する目的で、教育長の任命承認制が廃止された。それまでは、都道府県教育長の任命には文部大臣の、市町村教育長の任命には都道府県教育委員会の承認が、それぞれ必要とされていたが、この改正後は、当該教育委員会の教育委員である者のうちから、教育委員会が任命する方式に改められたのである。また、指導・助言行政については、これまで指導・助言を「行うものとする」とされていたが、「行うことができる」という表現に改められている。

新教育基本法と地教行法　　新教育基本法（2006 年）の成立後、中教審答申「教育基本法の改正を受けて緊急に必要とされる教育制度の改正について」（2007.3.10）を受けた地教行法の改正（2007.6.20）が行われた。主に、教育委員が地方教育行政の運営について負う重要な責任を自覚すること、教育委員会が行う事務事項についての点検および評価を行い、報告書を議会へ提出することなど、教育委員会の責任体制の明確化が図られた。また、市町村に指導主事を置くよう努めること、近隣の市町村との教育委員会の共同設置や連携の推奨など、体制の充実化が目指されている。さらに、教育委員数の弾力化や、教育長に委任できない事務の明記による職務分担の見直しなどが盛り込まれた。ただし 1 条の 2 では、地方教育行政が教育基本法の趣旨にのっとり行われることが示されており、教育振興基本計画のあり方が今後の地方教育行政の運営を左右する法制度となった。

4　機関委任事務とは、本来、国の仕事であるにもかかわらず、国が直接その仕事を行うのではなく、自治体の執行機関（知事・市町村長や教育委員会等）にそれらの仕事を委任して執行されるしくみのことである。

第3節　教育委員会制度の改革と課題

1. 教育委員会制度の課題と改革論

教育委員会制度の課題　戦後教育行政の三原則は、今日においても重要な地方教育行政の理念である。この理念の実現を目指し、幾度もの制度改正を経て、教育委員会制度が見直され続けてきた。しかし、地方分権といいながら、実際の教育委員会が、文部科学省の方針をほぼそのまま実施していく上意下達的な出先機関として機能していたり、首長が委員や教育長を任命しているほか、予算に関する権限がないため、実質上、一般行政からは独立できていなかったり、教育委員会の仕事が地域住民にはほとんど認知されず、民主化とは呼べなかったりするような実態が指摘されてきた。このほかにも、狭義の教育委員会での審議が、事務局からの提案を承認するだけの形式的な会議に終始している、小規模の自治体では十分な指導助言を行えていないなど、課題が山積しているのが実情である。このように教育委員会制度については様々な批判が寄せられており、存廃を含めた様々な改革論議がなされている。以下に主な改革論を見ていこう。

公選制復活論　公選制の教育委員会は、地教行法の成立をもって任命制へと切り替わった。このことを、教育行政の民主化の理念が後退したと捉え、公選制の復活を目指す動きが湧き起こった。

　1950年代後半、日本教職員組合（以下、日教組）は、中央からの不当な支配の排除と地方自治の擁護の観点から公選制の復活を主張した。また、1959年3月には、社会党（当時）が公選制による教育委員会制度を中核に据えた法案を国会に提出している。この法案では公選制のほか、勤務評定や教育長の任命承認制を廃止するほか、市町村教育委員会の任意設置などが盛り込まれていた。しかし、勤務評定などへの批判は、一般の保護者や住民にとっての関心事とはならず、また55年体制のもとでの法改正も困難であった。

　なお、沖縄で続いていた公選制の教育委員会を、政府は返還に際し、任命

制に移行させる方針を示した。沖縄県では反対運動が起こり、沖縄の教職員組合も日教組に協力を求めた。日教組は1970年12月に教育制度検討委員会を設置し、教育における住民自治の原理を掲げた第一次報告 (1971.6)、教育委員会の公選制による父母・住民に直接責任を負った教育行政の実現を目指す第二次報告 (1972.6) を示した。さらに最終報告 (1974.5) では、法改正を行わずとも可能な準公選方式や推薦方式が提言されている。こうした1970年代の動きは、受験競争の激化やいじめ・不登校などが社会問題として取り上げられる中、地域の実情と要求に応える教育行政を実現するため、保護者・住民の直接参加を求める改革ともつながっていった。

教育委員会制度活性化論

以上に見てきた公選制の復活を望む声は、任命制の教育委員会が地域の意見を反映しきれていないという、制度の形骸化への批判であった。臨教審の第二次答申 (1986.4) は、「各地域の教育行政の執行に直接責任をもつ『合議制の執行機関』としての自覚と責任感、使命感、教育の地方分権の精神についての理解、自主性、主体性に欠け、二一世紀への展望と改革への意欲が不足している」状態の教育委員会が少なくないと批判する。そして、教育委員の人選・研修、教育長の任期制・専任制の導入、苦情処理の責任体制の確立、適格性を欠く教員への対応、小規模市町村の事務処理体制の広域化、知事部局等との連携などについての改善を通じて、教育委員会の活性化を図るとした。

1998年の中教審答申「今後の地方教育行政の在り方について」の提言内容は、「地方分権一括法」に伴う「地教行法」改正 (1999) で実現されているが、教育委員の選任のあり方の見直し、教育長の任命承認制の廃止と適材確保方策、地域住民の意向の積極的な把握・反映と教育行政への参画・協力なども、教育委員会制度の活性化を目指すものである。

教育委員会制度廃止論

教育委員会は首長部局から独立した行政委員会であり、首長や議会からの政治的関与が及ばないが、予算や人事に関する権限がないため、独自の政策や活動に取り組めていない。その分、文部科学省—都道府県教育委員会—市町村教育委員会という、上意下達的な縦割りの教育行政の末端機関として、自治体の総合行政を

損なう存在となっている。このため新藤 (2013) は、教育委員会制度を廃止して、選挙で選ばれた首長の政治統制に任せるべきだとする。また、地方分権推進委員会においても廃止論が検討されている。

　教育行政を首長に任せた場合、自治体行政権力の分散化・多元化が必要であるとの指摘があるが、他の行政領域とは別に、教育行政のみ首長権力から隔離する必要性に疑問があること、また首長の権力を監視・牽制する役割はすでに議会が担っていることが問題となる。さらに、住民代表機関としての首長や議会から独立している教育委員会は、有権者に対するアカウンタビリティを十分に果たしうる主体とはいえず、教育に対する首長の政治的責任を認め、教育サービスの直接的な供給機関である学校等の教育責任を明確にする制度設計を行うべきとの主張がなされている。

任意設置論　　憲法 92 条には、「地方公共団体の組織及び運営に関する事項は、地方自治の本旨に基いて、法律でこれを定める」とある。任意設置論は、教育委員会を設置するかどうかを自治体の判断に委ねるべきだとする。教育委員会制度を全面的に否定するのではなく、制度のねらいである政治的中立性や教育行政の専門性の確保に理解を示しつつも、教育委員会が形骸化してしまっている実態を問題視する。伊藤 (2002) は、自治体自らが多様な統治のモデルを創出することが求められるとしている。現在の法制度のもとでは、教育委員会を設置して教育行政を執行するという規制がかかっており、地方の実情に即した柔軟な運営が困難だとして、自治体独自に設置できる新しい形の教育委員会制度の導入が提唱されている。

マネージャー論　　行政の代表者や執行責任者を選ぶ際の方法として、大統領型（住民による直接選挙）や議院内閣型（選出された議員による間接選挙）などがあげられる。このほか、近年、アメリカで多く取り入れられているのがマネージャー型である。議会が、行政の執行責任者として外部から行政や経営の専門家を雇い入れ、シティマネージャーとして任命する。2003 年に埼玉県志木市は、市町村長を廃止してシティマネージャーを導入すること、狭義の教育委員会を廃止し教育長の権限を強化することなどを盛り込んだ構造改革特区を申請し、認可はされなかったものの注目を集め

た。当時の志木市長である穂坂（2008）は、首長と議会の二元制の限界について論じ、議会のもとに一元化すべきだと述べている。

　シティマネージャーの導入には、専門家が業務を担当し組織を統制するため、改革のスピードアップやコスト削減が見込まれる。ただしその一方で、マネージャーが強力な権限を有するため、職員の意向が無視されるトップダウン方式の行政が懸念される。新しい形の教育行政組織が模索される中、住民がオーナーとなり、専門家をマネージャー（現在の教育長や教育委員）として任命するしくみの導入は、示唆に富んだ主張であろう。

2.　多様な改善策と実践例

東京都中野区の準公選制

　1970年代に東京都中野区において、教育行政への住民参加と教育委員会の活性化を図るため、教育委員の準公選を求める運動が起きた。しかし、教育委員を選挙で選ぶためには地教行法改正が必要となる。そこで中野区では、法律に基づく手続きに住民意思を反映させるべく、区民投票の結果を区長が参考にして候補者を選定することにした。実際に1981・1985・1989・1993年の4度、準公選による教育委員の選定が実施された。しかし、初回こそ42.98％の投票率だったが、以降は25％程度と投票率が低迷した。このため、特定の組織を抱えた委員候補が有利となり、中立性が保てないとの批判が強まり、1995年の区議会で、準公選制の廃止条例案が提出され可決となった。

　準公選制は廃止となったものの、「中野区教育行政における区民参加に関する条例」（1997.3.26）を設け、子どもも含めた住民の意思を直接反映させようとする体制が取られている。さらに2004年からは、教育委員の「人材推薦登録」を導入している。まず、自薦または他薦により候補者を登録する。そして、登録された者が区長に向け、決められたテーマについて自らの意見を述べる意見発表会を実施し、区長による任命の参考とするしくみである。

教育委員・教育長の公募制

　教育委員や教育長の任命の際、候補者を公募し、論文審査や面接を通じて選考を行うものであり、2000年11月に福島県三春町を皮切りに複数の自治体で導入さ

れた。教育長の任命承認制廃止をきっかけに、自治体の枠を越えて、広く全
国から適任者を募集し、住民参加を推進する実践となっている。2012年3月
1日時点にて、教育委員の公募は1府17市1区6町3村の28団体が、教育
長の公募は3市3町1村の7団体が実施していた。三上 (2013) は公募制につ
いて、ふさわしい資質と力量をもつ候補者を選任するための適切かつ多様な
方式を、地域ごとに創造していける可能性があるとする。2022年時点におい
ても、少数の自治体で公募による教育委員・教育長の選出が実施されている。

教育審議会の設置　鶴ヶ島市や出雲市、島根県などでは、教育の総合的
な施策の推進について、外部から多角的な意見を集
めるための教育審議会が設置された。教育委員会は、日常の教育施策の執行
機関として多忙であり、地域の教育課題の把握や政策づくりに十分な時間を
かけられていない状況がある。このため教育審議会の設置は、教育委員会や
自治体教育行政の不備を補うものとして位置づけられる。小川 (2006) は、こ
うした審議会の設置が、地域のより広範な意見を集約したり専門家を入れた
りすることで、住民代表制と専門性の機能を充実・強化し、教育委員会制度
を補完できると評している。

教育再生実行会議の改革論　教育再生実行会議の第二次提言「教育委員
会制度等の在り方について」(2013.4.15) は、
教育現場で起きる問題 (いじめや体罰など) に対して迅速に対応するために、
責任の所在を明確にしたシステムを求めた。そして、教育委員会はおおまか
な方針を示すとともに、教育長の教育事務の執行をチェックする役割を担う
機関とされている。また、非常勤の委員の合議体である教育委員会が責任を
果たすには限界があることなどにも言及されている。

　これを受けた4月25日の中教審への諮問内容は、教育再生実行会議が示し
た方向性に沿った審議事項であった。それは第一に、地方教育行政における
権限と責任の明確化である。教育長の任期や首長との関係、教育委員の役割
や任命方法、教育の政治的中立性や継続性・安定制を確保するための教育委
員会の権限や責任が論点とされた。第二に、国―都道府県―市町村の役割の
明確化や相互関係の見直しである。是正・改善の指示などによる国の責任の

果たし方、県費負担教職員の人事権や給与負担における都道府県・市町村の役割、小規模市町村における教育行政の広域化が検討課題としてあげられている。第三に、学校と教育行政、保護者・地域住民との関係である。

　その後、12月13日に中教審教育制度分科会からの答申「今後の地方教育行政の在り方について」が発表された。首長を教育行政の責任者として、教育長は首長の補助機関とし、教育委員会も首長の附属機関とする案である。ただし、この案では首長の影響が強くなりすぎることが懸念された。そこで、首長と協議して、教育に関する大綱的な方針を策定し、教育長の事務執行のチェックが教育委員会の主な役割とされ、教育長は引き続き教育委員会の補助機関とし、教育行政の責任も教育委員会に残すという別案も提示された。この答申を受けて、新たな法案作成へ向けた議論が政府・与党を中心に始められ、2014年6月20日には改正地教行法が成立した。しかし、成立した法律には、答申で示された案とは一部異なるしくみが盛り込まれた。次項では、変更となった点を中心に、改正法以降の制度を見ていこう。

3. 改正地教行法（2014）以降の制度と課題

教育委員と会議　教育委員会は、教育長および4人の委員で組織される。ただし、都道府県等では教育長と5人以上、町村等においては教育長と2人以上の委員で組織することもできる（改正地教行法3条）。狭義において教育委員会という場合、教育長と教育委員による組織を指し示す（図表3-3　　部）。教育委員は、当該自治体の長の被選挙権を有する者で、人格が高潔で、教育、学術および文化に関し識見を有するもののうちから、首長（都道府県知事または市町村長）が任命する。このとき、議会の同意を必要とする。ただし、破産者で復権をもたない者、禁錮刑以上の刑に処せられた者は、委員とすることはできない。委員定数の半数以上が同一の政党に所属してはならず、年齢・性別・職業等に著しい偏りが生じないように配慮するとともに、委員には保護者が含まれるようにしなければならない（同法4条）。なお、任期は4年とされる（同法5条）。

　概ね、月1〜2回の定例会のほか、臨時会や非公式の協議会が開かれて、当

図表 3-3　改正地教行法（2014）による教育委員会制度

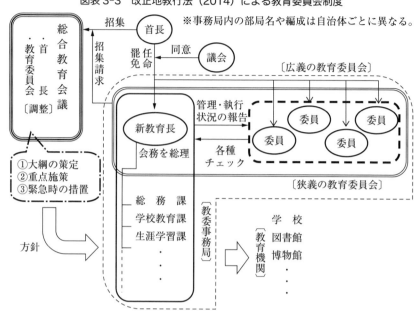

該自治体の教育についての審議等が行われる。会議は、原則として公開されるが、人事に関わる案件など、議題によっては非公開となる。なお、議事の審議に当たっては、教育委員の合議によって決定される合議制を取り入れている。議事の採決は多数決で行われるが、可否同数のときは教育長の決するところによる（同法 14 条）。

教育委員会事務局の機構と職員　これらの職務を遂行するために、教育委員会には事務局（図表3-3 ⬤ 部）を置くこととされている（同法 17 条）。広義において教育委員会という場合、こうした事務局までをも含めた組織を指し示す（図表3-3 ⬚ 部）。なお、教育委員会の職務権限に属する事務の一部は、教育委員会規則で定めるところにより、教育長や事務局の職員等に委任できる（同法 15 条）。

　事務局の内部組織は、教育委員会規則で定める。この事務局には、指導主事、事務職員および技術職員のほか、所要の職員を置ける（同法 18 条）。このうち指導主事とは、上司の命を受け、学校における教育課程、学習指導その

他学校教育に関する専門的事項の指導に関する事務に従事する職員である。
なお、指導主事には大学以外の公立学校教員をもって充てることができ、こ
れを一般に充て指導主事と呼ぶ。また、小規模の市町村の場合、財政上の理
由などで指導主事の配置が困難な場合がある。そこで、都道府県教育委員会
と市町村教育委員会の間に、都道府県では目の行き届かない、または、市町
村単独では対処が困難な事務事項などを担当するための、教育事務所（また
は教育局）を設置する場合がある。

　教育委員会事務局の職員は、学校現場での教職経験を有する職員と、行政
職としてのキャリアを積む事務職員で構成されている。両者はそれぞれ、人
事異動によって、学校現場との行き来や、教育とは異なる部署への配置転換
がなされるが、近年、自治体職員募集の際に独自の採用枠を設け、専門の教
育行政職員を育成しようとする自治体が注目されている。埼玉県戸田市では
2017 年度より事務（教育枠）採用を開始し、岩手県では 2019 年度から岩手県
教育委員会職員（教育行政職）選考試験が実施されている。

┃ 首長と総合教育会議　多くの首長は、政治的中立性を確保するため、教
育行政への関与には消極的であった。しかし実際
には、教育行政の方針決定を含めた予算編成のための調整の場が必要である。
そこで改正法では、すべての地方公共団体に首長と教育委員会で構成される、
公開を原則とした、大綱の策定や教育事務の調整を行うための総合教育会議
を設置することとされた（同法 1 条の 4）。ここで大綱とは、教育振興基本計画
を参酌し、地域の実情に応じて首長が定める教育の目標や施策の総合的な方
針を指す（同法 1 条の 3）。この大綱を定めたり変更したりする場合、あらかじ
め総合教育会議での協議を必要とする（同法 1 条の 3 第 2 項）。なお、総合教育
会議には、必要に応じて、関係者または学識経験を有する者から意見を聴く
ことができる（同法 1 条の 4 第 5 項）。このほか、総合教育会議は首長が招集す
るが、教育委員会からも、協議すべき具体的事項を示して、総合教育会議の
招集を求めることができる（同法 1 条の 4 第 3 項および第 4 項）。

　この総合教育会議の設置（図表 3-3 ■■部）により、首長が公の場で教育行
政や政策について議論することが可能となり、また、これまで区別されてい

た一般行政との調整を図りながら教育行政を進めていくこととなった。

首長と新教育長　首長、合議制の教育委員会、教育委員長、教育長の関係を整理するため、改正法では次のように定められた。まず、従来の教育委員長と教育長を一本化し、教育委員会の会務を総理し、教育委員会を代表する役職として教育長（以下、新教育長）が位置づけられた（同法13条）。新教育長は常勤とされ、勤務時間および職務上の注意力のすべてをその職責遂行のために用いることなどが強調され、児童、生徒等の教育を受ける権利の保障に万全を期して教育行政の運営に当たる（同法11条）。なお、任期は3年に短縮され（同法5条）、首長が議会の同意を得て直接任命し（同法4条）、心身の故障等の理由があれば議会の同意を得て罷免できるが、新教育長（および教育委員）は、意に反して罷免されることはない（同法7条）。

　教育行政の第一義的な責任者が新教育長とされたこと、会議の招集を常勤の新教育長が行うようになったため緊急時にも対応しやすくなったこと、また、直接任命することによって首長の任命責任が明確になったことにより、責任の所在の明確化が図られている。

教育委員会の職務と国の関与　教育委員会の基本的な職務については、特に変更されなかった。しかし、これまで教育委員会の指揮監督下にあった教育長が、教育委員会の代表でもある新教育長となったため、改正法における教育委員会は、教育長へのチェック機能が強化された。定数の3分の1以上の委員からの請求により教育委員会会議を招集できること（同法14条2項）、新教育長には教育委員会に対し、委任された事務等の管理および執行の状況の報告義務があることなどが盛り込まれた（同法25条3項）。さらに、議事録の作成・公表などによる会議の透明化が目指されている（同法14条9項）。このほか、都道府県・市町村教育委員会に何らかの違反や停滞などが起こった場合には、文部科学大臣が、被害の拡大・発生の防止に関する是正措置を取ることができるとされた（同法50条）。

　責任の所在の明確化や、総合教育会議の設置による調整の場の創設、専門家へのチェック機能の強化、会議の透明化などの改革のポイントは、制度発足時から模索され続けてきた。教育の民衆統制のルートをどのように設定す

るのかと、教育行政の執行に責任を負う専門職のリーダーシップをどのように発揮させるのかという課題をめぐって、制度発足から約75年が経過し、法改正がなされた今もなお、問われ続けている論点である。改正法により、実際の地方教育行政が、どのように運営されていくことになるのか、また、問題が発生した場合、どのように修正していく必要があるのか、注意深く検証していかなければならない。

〈考えてみよう〉
1. 教育委員会制度はなぜ設けられたのか、教育行政の三原則とは何か、整理してみよう。
2. 1956年に教育委員会制度は大きな変更がなされたが、どのような内容だったのか、確認してみよう。
3. 2014年の改正法によってどのような変更がなされたか、その変更によって今度はどのような点に注意が必要か考えてみよう。

【引用・参考文献】
伊藤正次（2002）「教育委員会」松下圭一・西尾勝・新藤宗幸編『岩波講座　自治体の構想4　機構』岩波書店
小川正人（2006）『市町村の教育改革が学校を変える―教育委員会制度の可能性』岩波書店
新藤宗幸（2013）『教育委員会―何が問題か』岩波書店
高橋寛人（1995）『戦後教育改革と指導主事制度』風間書房
高橋寛人（2013）『危機に立つ教育委員会』クロスカルチャー出版
中野区編著（1982）『教育委員準公選の記録―中野の教育自治と参加のあゆみ』総合労働研究所
日本教職員組合（1960）『教育委員会制度についての討議資料』日本教職員組合
穂坂邦夫監修（2008）『シティマネージャー制度論―市町村長を廃止する』埼玉新聞社
本多正人編著（2003）『教育委員会制度再編の政治と行政』多賀出版
本多正人・川上泰彦編著（2022）『地方教育行政とその空間―分権改革期における教育事務所と教員人事行政の再編』学事出版
三上昭彦（2013）『教育委員会制度論―歴史的動態と〈再生〉の展望』エイデル研究所
村上祐介編著（2014）『教育委員会改革5つのポイント―「地方教育行政法」のどこが変わったのか』学事出版

第 4 章

教育財政と教職員配置

〈本章のポイント〉
　どこに住んでいても平等に教育を受けられるようにするには、学校や教職員配置、それらを支える教育財政の制度を整えなければならない。戦後日本は義務教育制度を確実に実施できるよう、市町村立学校の教員であっても都道府県が給与を負担し（県費負担教職員制度）、さらに国がその一部を国庫負担する制度（義務教育費国庫負担金制度）などを定め、教育条件整備を進めていった。ただ、近年は財政難の下、国庫負担割合が引き下げられたり、非正規教員を増やすなど、教育条件整備には後退が見られるようになっている。

第1節　教育財政の現状

国・地方の教育予算　国の歳出総額における教育費の割合は1983年に10％を切って横ばいから微減傾向へと推移し、2018年には7.52％となった。地方の場合、歳出総額に占める教育費の割合は、戦後長く20％台後半で推移していたが、1980年代後半から減少し始め、2018年には18.29％に下がっている（文部科学省2020）。社会保障関係費の急増によって相対的に教育費の割合が低下した面が大きいが、少子化や財政難によって教育費の額自体も減少傾向にある。

　国および地方が支出した教育費を分野別に見ると（図表4-1）、2020年では総額23兆3447億円に対し、学校教育費19兆572億円、81.6％と大きな割合を占めている。学校教育費では、小学校、中学校、高等学校がそれぞれ25.6

図表 4-1　教育分野別文教費総額（2020 年）

（単位：億円、％）

文教費総額	学　校　教　育　費										社会教育費	教育行政費
	計	幼稚園・幼保連携型認定こども園	小学校	中学校	義務教育学校	特別支援学校	高等学校	中等教育学校	高等教育	専修学校各種学校		
233,447	190,572	10,119	59,656	34,530	517	10,353	31,573	276	42,810	736	15,267	27,607
100	81.6	4.3	25.6	14.8	0.2	4.4	13.5	0.1	18.3	0.3	6.5	11.8

注　：数字（％）は四捨五入したため、計と内訳が一致しない場合がある。
出典：文部科学省「文部科学白書 2020」、2021 年。

図表 4-2　義務教育費総額の内訳（2003 年度）

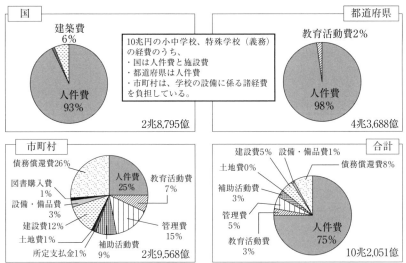

出典：文部科学省「地方教育費調査報告書平成 15 会計年度（中間報告）」（http://www.mext.go.jp›giji›afieldfile›2017/6/22）。

％、14.8％、13.5％を占め、これに特別支援学校を合わせれば、約 60％が初等中等教育に支出されている。

人件費の高さ　図表 4-2 は、2003 年度における国、都道府県、市町村ごとに義務教育費の内訳を見たものである（文部科学省 2003）。国が支出している費目は 93％が人件費であり、建築費は 6％を占めるにすぎない。都道府県はさらに人件費の比率が高く、98％に上る。他方、市町村では、人件費は 4 分の 1 にとどまり、債務償還費が同程度の割合を占める。こ

れは校舎建築等に関する債務が多く、土地費、建築費を合わせると、学校建築関係に40％程度を支出していることになる。2018年度では、小学校教育費の69.1％、中学校教育費の69.8％が人件費で占められており、義務教育においては教職員雇用に莫大な費用がかかっていることが分かる。なお、高校教育でも同様に人件費に多大な費用を要しており、2018年度では69.3％となっている（文部科学省 2020）。

第2節　教育財政のしくみ

1．義務教育財政制度

設置者負担主義と財源措置　学校の設置・管理運営に関する経費は、原則として学校の設置者が負担すると定められている（学校教育法5条）。これを設置者負担主義の原則という。公立学校の経費は地方公共団体が負担し、私立学校の経費は学校法人が負担しなければならない。この原則は、単に設置者に経費を負わすことを意図したのではなく、教育行政の地方自治や私立学校の教育の自由を保障する基盤となるものである（井深1997）。

　しかし、学校の設置・運営には、設置者の集める独自財源のみでは賄いきれない多額の費用がかかるため、国・地方公共団体が必要経費の一定割合を負担する制度がつくられている。公立学校の場合は国庫支出金と地方交付税が重要な財源となっており、私立学校の場合は私学助成制度によって補助が行われる。

　国庫支出金とは特定の行政経費に支出が限定される財源（特定財源）であり、国庫負担金、国庫補助金、国庫委託金の3種類に分かれる。このうちの国庫負担金は国が国民の人権を保障する責任を負っている経費負担であり、特定の事業を誘導するいわゆる補助金とは性格が異なる。教育費においては、義務教育費国庫負担金と義務教育諸学校施設整備費国庫負担金があり、重要な役割を果たしている。

義務教育費国庫負担金制度

小中学校と高校では財政制度は異なっている。前者は義務教育であるため、その保障を確実にする財政制度が採用されている。

学校教育費は大きく人件費（教職員給与等）、土地・建築費（施設費）、設備・備品費（教材費ほか）、教育活動費・管理費（学校運営費）等に分かれる。先述のように、このうち人件費が最大の費目であり、その調達が戦前来の学校教育財政最大の課題の1つであった。そこで、戦前、1940年に教職員給与の半額を国が負担する義務教育費国庫負担金制度がつくられている。

しかし、同制度は、戦後、1950年のシャープ勧告による地方財政平衡交付金制度の導入とともに廃止された。地方財政平衡交付金制度は、地方公共団体の財源保障を図り、地方自治を確立しようとする画期的なものであったが、地方公共団体への行政経費の配分という点で不十分さを残していたため、1954年に地方交付税制度に取って代わられることとなった。それと相前後して、義務教育費国庫負担法が制定され（1952年制定、1954年施行）、義務教育費国庫負担金制度が復活することとなった。

義務教育費国庫負担金制度の目的は、義務教育無償の原則にのっとり、国民のすべてに対してその妥当な規模と内容とを保障するため、国が必要な経費を負担することにより、教育の機会均等とその水準の維持向上を図ることにある（義務教育費国庫負担法1条）。国は毎年度、各都道府県に、公立の小中学校、義務教育学校、中等教育学校前期課程、特別支援学校小学部・中学部（これらを義務教育諸学校という）に要する経費のうち、教職員の給与および報酬等の実支出額の3分の1を負担しなければならない（同法2条）。同法制定時の国の負担割合は2分の1であったが、2006年の法改正で3分の1に引き下げられている（後述）。

県費負担教職員制度

教職員給与等の負担に関してもう1つ重要な制度が、県費負担教職員制度である。設置者負担主義の原則に従えば、公立小中学校は市町村に設置義務が課されており、教職員給与等は市町村が負担しなければならない。しかし、市町村の財政力は弱く、格差も大きいため、市町村任せでは義務教育の無償および機会均等を保障する

ことは困難である。そこで、1948年に市町村立学校教職員給与負担法が制定され、市町村立学校の教職員であってもその給与等は都道府県が負担することとされた。市町村は小中学校の教職員給与等を負担する必要はなくなり、国と都道府県が負担することによって、安定的な教職員の確保と配置が可能となった。

公立学校施設費国庫負担制度

公立義務教育諸学校の施設費（土地・建築費）については、設置者負担主義に基づき、市町村が負担するが、学校の新築・増改築等の施設整備には多額の費用がかかり、市町村にとっては大きな負担となるため、教職員給与等の場合と同様に、その一定割合を国が負担する制度がある。校舎・屋内運動場の新増築は「義務教育諸学校等の施設費の国庫負担等に関する法律」に基づき、経費の2分の1を国が負担する。また建物の改築、補強、大規模改造その他多様な学校環境整備経費は、学校施設環境改善交付金交付要綱に基づき、経費の2分の1または3分の1を国が負担する（高校も含む）（図表4-3）。

図表4-3　主な公立学校施設整備費の国庫負担割合

施設整備の種類	対象	国の負担割合
校舎・屋内運動場新増築	義務教育諸学校	1/2（＊）
	特別支援学校幼稚部・高等部	1/2
学校統合に伴う校舎・屋内運動場の新増築	小学校、中学校、義務教育学校	1/2（＊）
学校統合に伴う校舎・屋内運動場の改修	小学校、中学校、義務教育学校	1/2
幼稚園園舎新増築	幼稚園	1/3
特別支援学校幼稚部・高校部の新増設	特別支援学校幼稚部・高校部	1/2
校舎・屋内運動場・寄宿舎改築（構造上の危険建物の改築）	幼稚園、小学校、中学校、中等教育学校前期課程、特別支援学校	1/3
長命化改良事業、不適格改築、補強	幼稚園、小学校、中学校、中等教育学校前期課程、特別支援学校	1/3
大規模改造（老朽、質的整備）	幼稚園、小学校、中学校、義務教育学校、高校、中等教育学校、特別支援学校（高校、中等教育学校後期課程については質的改善のみ）	1/3

学校給食施設新増築	義務教育諸学校	1/2
学校給食施設改築	義務教育諸学校	1/3
水泳プール、屋外運動場、屋外運動場照明施設、クラブハウス等の新改築	義務教育諸学校	1/3
中学校武道場整備	中学校義務教育学校後期課程、中等教育学校前期課程	新築1/2 改築1/3
屋外教育環境整備事業、木の教育環境整備事業	幼稚園、小学校、中学校、中等教育学校前期課程、特別支援学校	1/3
地域・学校連携施設整備事業	小学校、中学校、中等教育学校前期課程、特別支援学校	1/3
へき地学校等寄宿舎・教職員住宅・集会室新増築	小学校、中学校（高校との併設型中学校を除く）、義務教育学校	1/2
産業教育施設整備	高校、中等教育学校後期課程	1/3
公害	幼稚園、小学校、中学校、高校、中等教育学校、特別支援学校	1/3
防災機能強化事業	幼稚園、小学校、中学校、高校、中等教育学校、特別支援学校	1/3

注：（＊）は義務教育諸学校等の施設費の国庫負担等に関する法律を根拠法とする。その他は学校施設環境改善交付金交付要綱に基づく。国庫負担割合に関する特例は省略している。義務教育諸学校とは小学校、中学校、義務教育学校、中等教育学校前期課程、特別支援学校小学部、中学部をいう。

その他の経費負担　　そのほかに学校教育に要する経費としては、電気・暖房・営繕・印刷等の学校運営に係る教育活動費・管理費と教育活動に必要な教材・実験器具その他の設備・備品費があり、これらは市町村負担である。しかし、小中学校等の理科、算数・数学教育に必要な実験用機器などの整備を国が補助する理科教育設備整備費等補助金（補助率1/2、理科教育振興法）、へき地のスクールバス・ボート購入費・遠距離通学費等を補助するへき地児童生徒援助費等補助（補助率1/2、へき地教育振興法）、経済的理由により就学困難な児童生徒への就学援助経費を補助する要保護児童生徒援助費補助（補助率1/2、学校教育法・生活保護法）、スクールカウンセラー、スクールソーシャルワーカー等の配置拡充（補助率1/3）をはじめ、国には多様な補助メニューがあり、財政的な助成が図られている。

| 地方交付税制度と教育費

義務教育費国庫負担金や義務教育諸学校施設費国庫負担金をはじめとする国庫支出金は重要な役割を果たしているが、ほとんどの地方公共団体は、独自財源と国庫支出金だけでは適正な水準の行政活動に必要な経費を賄うことはできないため、わが国では地方交付税を地方に配分することによって地方行政の水準維持を図っている。地方交付税とは、地方公共団体の財源を保障し、かつ地方公共団体間の財政不均等を調整するために国税の一部を地方に配分するものであり（地方交付税法 1 条）、使途を特定されない一般財源である。その総額は、法定 5 税の一定割合の合算額（所得税・法人税の 33.1 %、酒税の 50.0 %、消費税の 19.5 %、地方法人税の全額）である（同法 6 条）。

　図表 4-4 は、国・地方の財源配分を表している。2020 年度の場合、国民の租税全体に占める国税と地方税の割合はそれぞれ 61.9 %、38.1 %であった。ここから、国庫支出金（特定財源）と地方交付税（一般財源）が地方に配分され、歳出においては国と地方の割合は 44.0 %と 56.0 %となっている。国で税を多く集め、それを地方に配分することで地方の財源を保障し、地方間格差を縮小するしくみがつくられている。

　各地方公共団体に対する普通地方交付税額[1] は、下の式で算定される。すなわち「基準財政需要額」（標準的な行政活動に必要な費用）から「基準財政収入額」（標準的な税収見込額の 75 %）[2] を差し引いたものが普通地方交付税額である（図表 4-5）。

1　地方交付税には自治体の標準的な行政活動を行うための経費を測定し、これに財源が不足する自治体に対して補う形で交付される普通交付税と、突発的な災害など普通交付税では捕捉されない特別な財政需要の増加や税収の減少に対応して交付される特別交付税がある。
2　25 %は留保財源として地方公共団体に残され、「基準財政需要額」で捕捉されない財政需要に充てられる。

図表 4-4　国・地方間の財源配分（2020 年度）

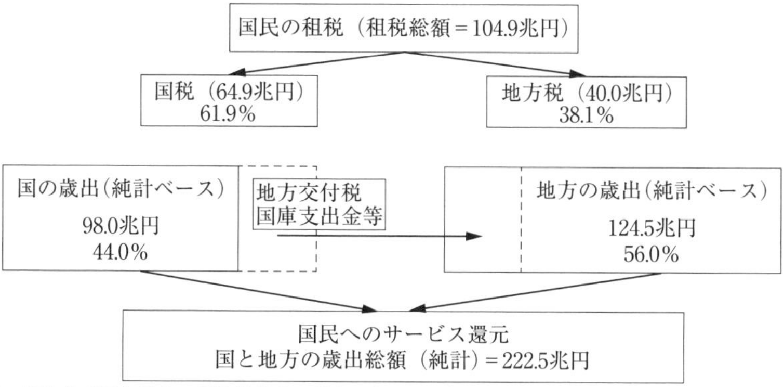

国民の租税（租税総額＝104.9兆円）
国税（64.9兆円）
61.9％
地方税（40.0兆円）
38.1％
国の歳出（純計ベース）
98.0兆円
44.0％
地方交付税
国庫支出金等
地方の歳出（純計ベース）
124.5兆円
56.0％
国民へのサービス還元
国と地方の歳出総額（純計）＝222.5兆円

出典：総務省「国と地方の税財源配分の見直し」、2022 年。

図表 4-5　普通交付税の仕組み

基準財政
需要額
A市
基準財政需要額　100億円
120億円
留保財源
基準財政
収入額
A市
40億円
基準財政収入額
60億円
20億円
普通
交付税
標準税収入 80億円

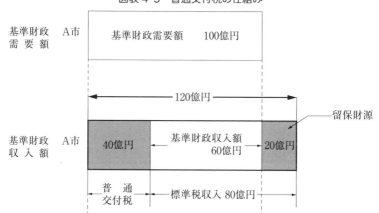

出典：総務省「地方交付税制度の概要」、2020 年。

●普通交付税の算定式

普通交付税額＝（基準財政需要額－基準財政収入額）

基準財政需要額＝単位費用（法定）×測定単位×補正係数

基準財政収入額＝標準的税収見込み額×基準税率（0.75）

（留保財源＝標準的税収見込み額×0.25）

　「基準財政需要額」は、全国共通で設定された「測定単位」とその単価である「単位費用」をかけ合わせ、それに自然条件や社会条件等を反映させるための「補正係数」を乗じて経費の種類ごとに算出した額を足し合わせたものである。図表 4-6 は教育分野の測定単位と単位費用および補正の種類を示しており、これをもとに算出された額と他行政分野の算出額を合計して、各地方公共団体の「基準財政需要額」が決まる。

　ただし、地方交付税は一般財源であり、使途を特定されないため、教育分

図表 4-6　基準財政需要額算定経費・測定単位・単価・補正（2022 年度、教育費分）

	経費種類	測定単位	単位費用 （万円）	主な補正の種類
都道府県分	小学校費	教職員数	604.1	普通態容補正、寒冷補正、経常態容補正
	中学校費	教職員数	594.3	普通態容補正、寒冷補正、経常態容補正
	高等学校費	教職員数	666.6	普通態容補正、寒冷補正
		生徒数	5.9	投資補正、事業費補正、経常態容補正
	特別支援学校費	教職員数	559.7	経常態容補正、寒冷補正
		学級数	214.8	密度補正
	その他の教育費	人口	0.3	段階補正、密度補正、普通態容補正
		高専・大学学生数	21.1	種別補正
		私立学校生徒数	30.6	種別補正
市町村分	小学校費	児童数	4.5	普通態容補正、寒冷補正、密度補正
		学級数	89.3	普通態容補正、寒冷補正、学校急減補正、事業費補正
		学校数	1,157.3	普通態容補正、寒冷補正、学校急減補正
	中学校費	生徒数	4.2	普通態容補正、寒冷補正、密度補正
		学級数	111.3	普通態容補正、寒冷補正、学校急減補正、事業費補正
		学校数	1,014.8	普通態容補正、寒冷補正、学校急減補正
	高等学校費	教職員数	654.5	種別補正、普通態容補正、寒冷補正
		生徒数	7.6	種別補正、普通態容補正、寒冷補正
	その他の教育費	人口	0.6	段階補正、密度補正、普通態容補正、投資補正、事業費補正
		幼稚園等の小学校就学前子ども数	71.5	普通態容補正、寒冷補正

注　：単位費用については、小数点第二位を四捨五入。
出典：総務省「2022 年度地方交付税関係資料」、2022 年。

野で算出される額通りにその地方公共団体が教育予算を組む保証はない。学校教育に必要な経費として算定された額を下回る額しか支出しない地方公共団体も多く見られる。

2. 高校教育財政制度

　高校教育の場合にも、図表4-3に掲げた大規模改造や産業教育施設整備（産業教育振興費国庫補助金）のほかに、理科教育設備費等補助金、学校教育設備整備費等補助金（定時制高等学校等設備整備費等〔教科教育設備費、理科教育設備費〕、数学特別設備費及び公立通信教育運営費）、高等学校定時制及通信教育振興奨励費補助金などの国庫補助がある。しかし、義務教育費の場合と異なり、教職員給与・報酬や校舎建築の国庫負担制度はない。施設整備と特定の教育活動に関する補助を除いて、人件費やその他の経費は設置者負担主義のもと、高校を設置する地方公共団体が支出することとされ、財源措置としては地方交付税がある。基準財政需要額の測定単位に高校の教職員数と生徒数が用いられており（図表4-6）、それを基礎に高校教育に関わる財源需要額が算定される。

　しかし、地方交付税は一般財源であり、算定した額がそのまま当該経費に支出される保障はない。公立高校教職員給与は国庫負担のしくみがないため、2010年度では全国21県で教職員の実数が高校標準法（後述）の定める標準定数を満たしていなかった（文部省2012a）。また、義務教育財政の場合と異なり、地方交付税額算定の測定単位に学校数が用いられていないため、高校配置は自治体の財政状況の影響を受けやすい。少子化を背景に公立高校の統廃合が進んでいるが、それには地方自治体の財政難も大きく関わっている。

3. 私 学 助 成

私立学校振興助成法　　適正な水準の学校運営を行うには多額の経費がかかるため、私立学校に対しても公費助成が行われる。戦後30年間、私学に対する公的援助は限られていたが、国民の高校・大学進学要求が高まり、国・地方は私立学校に多くを依存する形でそれに対応して

いったことや、財政的に脆弱な私学が多く、私学の経営危機を回避する必要もあり、1975 年に私立学校振興助成法が制定された（翌年施行）。

　日本国憲法 89 条は、「公金その他の公の財産は、宗教上の組織若しくは団体の使用、便益若しくは維持のため、又は公の支配に属しない慈善、教育若しくは博愛の事業に対し、これを支出し、又はその利用に供してはならない」と定めており、私学助成と本条の関係が 1 つの論点になった。しかし、私立学校も「公の性質」をもつと法律に規定されており、また国民の教育を受ける権利を保障する面で大きな役割を果たしていること、学校教育法と私立学校法の適用を受けていることから、「公の支配」に属していると考えられ、私学助成が実施されることとなった（荒井 2007）。

私学助成の現状　私立学校振興助成法は、私立学校の経常費（人件費や教材費等）に補助を行う都道府県に対して国が補助を行うことができ（9条）、また国・都道府県は経常費以外にも助成を行うことができると定めている（10条）。国の私学助成は大きく①私立大学等経常費補助、②私立高等学校等経常費補助、③私立学校施設・設備の整備に分かれ、2022年度予算額はそれぞれ 2975 億円、1026 億円、99 億円であった（文部科学省高等教育局私学部 2019）。このうち②は都道府県による私立高校・小中学校・幼稚園等の基盤的経費への助成を行う一般補助（859 億円）とそれらの特色ある取り組みを支援する特別補助（136 億円）、特別支援学校等の教育経費を支援する特定教育方法支援事業（31 億円）からなる。③には耐震補強、私立高校等 ICT 教育設備整備などが含まれる。

　都道府県は上記国庫補助を受けて行う助成のほかに、独自の助成も行っており、それらは①学校助成、②保護者負担軽減に関する助成、③教職員の福利厚生に関する助成の 3 つに分類される。例として東京都の場合を見てみよう（東京都生活文化スポーツ局私学部 2022）。

　まず都が行う学校助成として図表 4-7 の補助がある。このうち、経常費補助は私立学校の運営に要する経常的経費に対して行われるもので、東京都の場合、「標準的運営費方式」を採用し、公立学校運営経費をもとに算出された経常費額の半額を補助している。これは 2022 年度の都の私学助成予算の

約 83％（1221 億円）[3] を占め、私学助成の基幹的制度である。ほかに学校助成には、経常費補助が交付されていない幼稚園や専修学校・外国人学校の発展振興を図るため運営費補助（都単独事業）や、私立学校の校舎や教育環境を整備する施設設備整備等に関する補助がある。これら学校助成のほかに、私立学校に通学する生徒の家庭の経済状況によって保護者の授業料負担を軽減する補助や私立学校教職員の共済費への補助も行われている。生徒 1 人当たりで見ると、東京都による私学助成は約 38 万円となっている（図表 4-8）。

2020 年の私立学校経常的経費に対する国庫補助は高校生 1 人当たり額（全日制・定時制、予算額）で 5 万 6000 円、地方交付税措置額

図表 4-7　東京都の私学助成（学校助成）予算

（2022 年度）（単位：億円）

経常費補助	私立高等学校経常費補助	670.1
	私立中学校経常費補助	277.3
	私立小学校経常費補助	73.1
	私立幼稚園経常費補助	175.1
	私立特別支援学校経常費補助	232.8
	私立通信制高等学校経常費補助	11.4
運営費補助	私立幼稚園教育振興事業費補助	8.0
	私立幼稚園等特別支援教育事業費補助	4.9
	私立専修学校教育振興費補助	2.9
	私立専修学校特別支援教育事業費補助	1.6
	私立外国人学校教育運営費補助	0.9
施設・設備補助	産業・理科教育施設設備整備費補助	5.8
	私立学校安全対策促進事業費補助	29.5
	認定子ども園整備費等補助	8.2
	私立専修学校教育環境整備費補助	3.8
	私立学校省エネ設備等導入事業費補助	9.0
	私立学校デジタル教育環境整備費補助	42.5
	私立幼稚園等環境整備費補助	5.4

注　：これらのほかに私立高等学校都内生就学促進補助など 10 種類の学校助成がある。
出典：東京都生活文化スポーツ局私学部『東京都の私学行政―令和 4（2022）年』、2022 年。

図表 4-8　都立高校と都内私立高校の初年度納付金と公費負担額

（2021 年実績）（単位：円）

	授業料	入学金	施設費等	合計	就学支援金等	実質負担額
私立	468,412	253,116	213,467	934,995	467,000	467,995
都立	118,800	5,650	―	124,450	118,800	5,650

出典：東京都生活文化スポーツ局私学部『東京都の私学行政―令和 4（2022）年』、2022 年。

3　私立高等学校等就学支援金を除いた場合。

も合わせた額は34万1000円である（文部科学省高等教育局私学部私学助成課 2020）。しかし、国庫補助と地方交付税分を合わせた国の措置額を下回る額しか助成しない県もあり、その数は2020年度では9府県に上っている（各県助成額は東京都生活文化スポーツ局私学部 2022）。国庫補助の増額や都道府県格差の改善が依然として私学助成の大きな課題となっている。

第3節　教育財政改革と教職員配置

1. 義務教育費国庫負担の縮減

　1954年に義務教育費国庫負担法が復活して以来、50年以上にわたって教職員給与の国庫負担割合は2分の1が維持されてきた。しかし、1991年にバブル景気が崩壊して以降、日本は長期にわたる経済不況に陥り、国・地方ともに財政悪化が進行したため、2006年度より国庫負担割合は3分の1に引き下げられることとなった。

　2001年4月に発足した小泉内閣は、「聖域なき構造改革」を施政方針に掲げ、地方財政の三位一体改革を推進した。経済財政諮問会議は2002年6月に「経済財政運営と構造改革に関する基本方針2002」を策定し、①国庫補助・負担金の廃止・削減、②国から地方への税源移譲、③地方交付税の見直しを一体的に検討するとした。これを受けて、同内閣は2004〜2006年の3年間にわたって4兆7000億円の国庫補助・負担金改革と3兆円の税源移譲、5兆1000億円の地方交付税削減を実施した。この過程で、①の一環として義務教育費国庫負担金の廃止案がもちあがった（小川 2010）。

　同負担金の存廃をめぐっては、存続を求める文部科学省・教育委員会連合会・校長会・PTA連合会・教職員組合と、地方交付税による一般財源化を図ろうとする総務省・財務省・知事会・市長会等との間で厳しい対立が生じたが（高木 2004）、2005年11月の政府・与党合意により、負担割合を3分の1に縮減することで決着を見た。

　義務教育費国庫負担法が制定された当初、国が負担する対象経費は、教職

図表 4-9　義務教育費国庫負担対象経費の推移

1953年	1956年	1962年	1967年	1972年	1985年	1989年	1993年	2003年	2004年
				児童手当					
			公務災害基金	公務災害基金					
		共済追加費用	共済追加費用	共済追加費用	児童手当				
		共済長期給付	共済長期給付	共済長期給付	公務災害基金	児童手当			
	恩給費	恩給費	恩給費	恩給費	共済追加費用	公務災害基金	児童手当		
教材費	教材費	教材費	教材費	教材費	共済長期給付	共済追加費用	公務災害基金		
旅　費	旅　費	旅　費	旅　費	旅　費	恩給費	共済長期給付	共済追加費用	児童手当	
給与費	給与費	給与費	給与費	給与費	給与費	給与費	給与費	給与費	給与費

員給与費・旅費・教材費の3経費であったが、その後恩給費・共済長期給付などが加わり、1972年には8経費となった。しかし、1985年以降、対象経費は削られ、2004年度より教職員給与費のみとなった（図表4-9）。この20年ほどの間に義務教育費国庫負担額は徐々にやせ細り、さらに2006年度より負担割合そのものが縮減されるに至った。

2. 学級編制制度と総額裁量制

学級編制と教職員定数　わが国では、同学年編制を原則とし、1学級当たりの児童生徒数の基準を設定して、学級を編制している。戦後しばらくは、学校教育法施行規則によって、学級編制基準を定め、当時は小中学校で50人以下、盲聾学校小中学部で10人以下を標準としていた。その後、児童生徒数が急増したが、地方公共団体では財政難から十分な教員配置を行うことができず、各地で「すし詰め学級」が生じた。そこで、公立義務教育諸学校の教育条件の整備充実を図ることを目的として、1958年に「公立義務教育諸学校の学級編制及び教職員定数の標準に関する法律」（以下、義務標準法）が制定された（文部省1972）。同法は、1学級当たりの児童生徒数の標準を定めるとともに、個々の学校の学級数に応じて教職員の配

置の基準を示し、必要な教職員数を明確にした。

　小中学校・義務教育学校・中等教育学校前期課程の教職員定数は、学級数に係数を乗じて算定され、学級数が増えるとともに教職員数が増加するように設計されている。校長は各校に1人置かれ、副校長・教頭・主幹教諭（養護又は栄養の指導及び管理をつかさどる主幹教諭を除く）・指導教諭・教諭・助教諭・講師については図表4-10によって算定される。大規模校および分校・寄宿舎をもつ小中学校には副校長・教頭・教諭等の増配があり、また養護教諭、栄養職員、事務職員等については別途定数標準が置かれている（8条、8条の2、9条）。ほかに、特別支援学校教職員定数の標準についても義務標準法に定められている（10〜14条）。

　教職員定数は、地方交付税算定に関わる基準財政需要額の測定単位、およ

図表4-10　公立小中学校の教員配置定数標準

小学校			中学校		
学校規模 （学級数）	乗ずる数	教員数	学校規模 （学級数）	乗ずる数	教員数
1〜2	1.000	1〜2	1	4.000	4
3〜4	1.250	4〜5	2	3.000	6
5	1.200	6	3	2.667	8
6	1.292	8	4	2.000	8
7	1.264	9	5	1.660	9
8〜9	1.249	10〜11	6	1.750	11
10〜11	1.234	13〜14	7〜8	1.725	13〜14
12〜15	1.210	15〜19	9〜11	1.720	16〜19
16〜18	1.200	20〜22	12〜14	1.570	19〜22
19〜21	1.170	23〜25	15〜17	1.560	24〜27
22〜24	1.165	26〜28	18〜20	1.557	29〜32

　注 1：公立義務教育諸学校の学級編制及び教職員定数の標準に関する
　　　　法律7条1に基づき作成。
　　 2：中学校には中等教育学校前期課程が含まれる。
　　 3：教員とは、副校長、教頭、主幹教諭（養護又は栄養の指導及び
　　　　管理をつかさどる主幹教諭を除く）、指導教諭、教諭、助教諭
　　　　及び講師を指す。
　　 4：学級数に表の数を乗じた数に1未満の端数が生じたときは切り
　　　　上げる。
　　 5：小学校25学級以上、中学校21学級以上は省略。

び義務教育費国庫負担金の算定基礎とされ、それによって財政的な裏づけが得られることとなった[4]。

　義務標準法施行時 (1959 年) の学級編制の標準は 50 人であった。また義務標準法は、同学年編制だけでなく、2 学年にわたる児童生徒を 1 学級に編制する複式編制の標準も示し、学年数により 20〜35 人が標準とされた (文部省 1972)。同学年編制の標準は 1964 年に 45 人、1980 年には 40 人へと改善された。複式編制の標準も徐々に改善が図られた。1974 年に 3 学年以上の複式編制が廃止され、1993 年より複式編制の標準は小学校 16 人 (1 年を含む場合は 8 人)、中学校 8 人へ改善され、現在に至っている。なお、特別支援学級・特別支援学校小中学部の学級編制の標準は、義務標準法制定時はそれぞれ 15 人、10 人であったが、1993 年に 8 人、6 人 (重複障害の場合は 3 人) に改善された。

| 学級編制の弾力化

1980 年に 40 人学級が実施されて以降、学級人数の改善は進まなかったが、独自財源を用いて学級改善に取り組もうとする市町村もあった。1998 年、長野県小海町は、町内のある小学校の 1 年生と 2 年生の学級人数が 38 人と 36 人であったが、教員を町単費で雇用し、どちらも 2 学級編制とした。しかし、このとき長野県教育委員会は、県内他自治体との間の「公平性」に問題が生じるという理由で、これを認めなかった。義務標準法は学級編制の「標準」を 40 人としており、「基準」は都道府県教育委員会が定めるとしている (3条)。学級編制は国から都道府県教育委員会に委任した機関委任事務であり、市町村教育委員会に編制の権限はなかったため、小海町は県教委の決定に従わざるを得なかった (田嶋 1998)[5]。

　しかし、その後、地方分権改革が行われ、学級編制の弾力化が進められていく。1999 年に「地方分権の推進を図るための関係法律の整備等に関する法律」(地方分権推進一括法) が制定され、機関委任事務は廃止され、学級編制は市町村の自治事務となった。義務標準法も改正され、市町村教育委員会は都

4　校長は各校 1 人で (義務標準法 6 条の 2)、図表 4-10 の教職員定数には含まれない。
5　小海町のケースでは、県教委と町教委の間で協議が行われ、「名目上は 1 クラス、実際の授業は 2 クラス」という形が取られることとなった (田嶋 1998)。

道府県教育委員会と「協議」し「同意」を得れば、学級編制を見直すことができるようになった（5条）。2001年には、特に必要な場合は、また少数の児童または生徒により構成される集団を単位として指導が行われる場合は40人を下回ってよいとする法改正が行われた（3条2項、7条2項）。2003年には、地域内で一律に40人を下回る学級を認めるとの文部科学省通知が出され、こうして地方が財源を用意すれば少人数学級を実施できるようになった。

コラム：広域人事制度——小中学校教員配置の日本的特徴

　戦後の日本は地域間格差の問題を解決するために、教育財政と教職員定数・配置に関する制度等によって、教育条件と機会の均等化に取り組んできた。しかし、地理的に不利で、教育条件も貧困なへき地校への就職希望者が少なく、そこに勤務する教員の学歴等も全国平均を下回っていた。教育の機会均等とへき地教育の振興を促進するために、教員の広域人事制度が導入された。

　1948年に教育委員会法が制定され、地方分権化の下で公立小中学校の教職員の任命権は市町村に委ねられた。設置者負担主義の原則に従えば、市町村立小中学校の教職員は市町村の職員であるため、給与等は市町村が負担する義務がある。しかし、市町村の財政力が弱く地域間の格差も大きいため、同年、その給与をより広く財政力が安定している都道府県が負担する市町村立学校教職員給与負担法が制定された。これにより、公立小中学校の教職員の身分は市町村の職員としつつ、その給与等は都道府県の負担となった。

　次いで、1956年に制定された「地方教育行政の組織及び運営に関する法律」（地教行法）を契機に、都道府県教育委員会は教員の広域人事制度を実施し始めた。同法により、市町村立小中学校の教職員の任命権は市町村から都道府県委員会に移譲され、教職員の学校間の異動も都道府県が決定することとされた（37条）。この制度の下で、教員の人事は市町村教育委員会の内申を得て、各都道府県教委が行うしくみができあがり、市町村の壁を超えた人事交流が容易になった。

　当時、各都道府県はそれぞれに工夫を行い、教職員の広域配置を進めた。たとえば、岐阜県では「中堅教員へき地派遣制度」、福島県では学校分類等の方式が考案され、できるだけ多くの教員が様々な地域の学校を経験し、へき地校での勤務を昇任の条件とする等のルールが決められた（苅谷2009）。こうした教員の人事異動制度等によって、小中学校の教職員配置という点では均等な条件整備が確保され、地域間格差の是正、へき地教育の振興、および教育水準の向上が図られた。

　一方で、海外における小中学校の教員人事は日本と異なっている。たとえば、イギリスでは教職員の採用・配置は学校単位で行われており、原則として転勤や異動という形の転任はない。またフランスでは小中学校の教職員の定期的な人事異動は行われず、教員個人の希望、年功、勤務成績などに基づいて行われる場合がある（日本教育大学協会 2005）。

　こうして、海外と比べて、日本の教員人事制度は教員の確保と均衡・公平な配置をより重要視している。しかし一方で、教員個人の希望や学校と市町村の要望に応じた教員配置を踏まえた人事が難しいという課題も指摘されている。

【引用・参考文献】
苅谷剛彦（2009）『教育と平等─大衆教育社会はいかに生成したか』中公新書
日本教育大学協会（2005）『世界の教員養成Ⅱ─欧米オセアニア編』学文社

教職員定数運用の弾力化と総額裁量制

　学級編制の弾力化とともに、教職員定数運用の改革が行われた。まず正教員の定数を複数の短時間勤務の者に換算できるようにする義務標準法改正が2001年に行われた（17条新設）。この「定数崩し」によりフルタイムの正教員を雇用せず、その分を非常勤講師や再任用教員などに振り替えられるようになった。

　2004年には義務教育費国庫負担金制度の見直しが行われ、総額裁量制が導入された。総額裁量制とは、義務教育費国庫負担金の総額の範囲内で、給与額や教職員配置について地方に裁量をもたせる制度である。これまでの制度では、教職員定数は義務標準法によって決まり、教職員給与は国立大学附属学校の教員給与を基準としていたが（教育公務員特例法25条5）、総額裁量制の導入により地方は教職員の給与を減額すれば教職員の増員が可能となり、費目ごとの国庫負担限度額もなくなったことで、総額の中で給与を自主的に決定できるようになった（図表4-11）。

高校教育の教職員配置

　高校の場合、学校設置、学級編制、教職員定数等の基準は高等学校設置基準（1948年制定）によっていたが、地方財政難や高校進学率の上昇に対応するため、1961年に「公立高等学校の設置、適正配置及び教職員定数の標準等に関する法律」（高校標準法）が制定された。公立高等学校の設置主体は都道府県を原則とし（市町村に

図表 4-11　総額裁量制

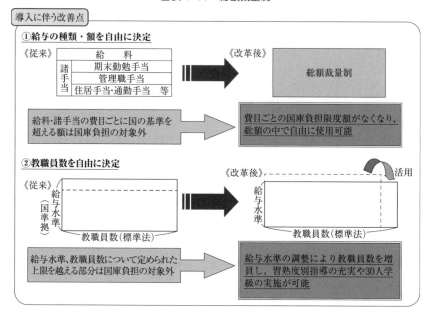

よる設置も妨げない）、都道府県に対して高校教育の普及と機会均等の責任をもたせた。法制定時の学校規模の原則は 300 人以上、学級編制の標準は原則として普通科等は 50 人、農業・水産・工業科等は 40 人とされ、教職員配置の標準が学科等と学級数に応じて示され、必要な教職員数が明確にされた。教職員数は地方交付税算定の基準財政需要額の測定単位とされ、財源の裏づけが得られることとなった。

　その後、学級編制の標準は 1967 年に普通科 45 人、農業・水産・工業科等 40 人、定時制 40 人に改善され、盲聾養護学校高等部の学級編制の標準は 10 人と規定された。1993 年には普通科の標準も 40 人となり、特別支援学校高等部の標準は 8 人（重複障害 3 人、訪問教育学級 3 人）となって現在に至っている。

3. 教育財政の課題

**教職員給与削減と
非正規教員の増大**

これまで見てきたように、わが国では教育財政、学級編制、教職員定数の 3 つの制度を連動させること

で小中高校および特別支援学校・学級の教育条件整備を図ってきたが（横井2018）、その後、条件整備は進まず、国際的に見ても遅れが目立っている。

　各都道府県は少人数学級を推進しているが、財政が厳しい状態にあるため、臨時的任用（常勤講師）・非常勤講師を増やしている。公立小中学校教員全体に占めるこれら非正規教員の割合は、2005年12.3%（全教員68万1000人、非正規教員8万4000人）から2012年16.1%（全教員70万人、非正規教員11万3000人）へと増加し、およそ7人に1人が非正規教員となっている（文部科学省2012b）。財政難のもとでの総額裁量制の導入は、非正規教員比率の上昇を招くこととなった（山崎洋介・ゆとりある教育を求め全国の教育条件を調べる会2010）。

　義務教育費国庫負担金を一部返納している県もある（山崎2010）。教職員給与の国庫負担割合は3分の1であり、3分の2は都道府県が支出せねばならないため、国庫負担金を返してでも教職員給与支出を抑えようとしている。また全国的に地方公務員の給与削減が行われており、公立学校教職員の給与削減が実施されている。

教育費負担の国際比較　国内総生産（GDP）に対する学校教育費（公財政支出）の比率をOECD諸国で比較すると、日本の順位は非常に低い。一般政府総支出に占める公的教育支出の割合（2009年）も低く、教育支出の私費負担の割合は高い（コラム「教育支出の国際比較」参照）。

　教員給与の負担者を見ると、国が全額を負担しているところもあり、国が財政上大きな役割を果たしている場合が多い。しかし、日本は上述のように財政難から国庫負担をむしろ縮減している。また日本の学級規模は国際的に見て大きく、1クラス当たり児童生徒数（2014年）は、OECD加盟国平均が初等教育21人、前期中等教育23人であったのに対して、日本はそれぞれ27人、32人であり、いずれも調査国中2番目に大きい（OECD 2016）。

教育財政の課題　国の財政難のもと、財務省はさらなる教育予算の削減を要求している。財政制度等審議会は少子化が進み、この20年間で小中学校の生徒1人当たりの公財政支出は1.5倍以上、教職員数は1.3倍以上になっているが、教育問題はむしろ深刻化しているとして、「はじめに増額ありき」という考え方で教育予算や教職員数を増やしても教

育がよくなるという保障はないと文教行政を厳しく批判する（財政制度等審議会財政制度分科会 2007）。

　しかし、国民および教育界からの少人数学級化の要望が高まり、ようやく2012 年度より小学校 1 年生に限って 35 人学級が標準となった。また新型コロナウイルス感染症が流行する中、ICT 教育を進め、個別最適な学びを実現するために、2021 年度より小学校の学級人数を段階的に引き下げ、全学年を40 人学級から 35 人学級とすることとなった。ただ、財政状況は非常に厳しく、引き下げがスムーズに進むか注視が必要である。

■■■■■■■■　コラム：教育支出の国際比較　■■■■■■■●

　日本では、義務教育の授業料や教科書は無償となっているものの、それ以外の様々な教材や学用品（例：ドリル、ワーク、筆記用具、制服など）は各家庭で購入することになっている。また、国公立と私立を問わず大学の授業料は年々上昇しており、多くの家庭で負担が高まっている。一方で海外に目を向けると、たとえば北欧のフィンランドでは、小学校から大学までの教育費は無償となっており、家庭の経済的な負担はほとんどない。

　このように、私たちがこれまで受けてきた（あるいは、今現在受けている）教育には、非常に多くのお金がかかっているが、それを誰がどれくらい負担しているのかは、各国で大きく異なっている。そこでここでは、経済協力開発機構（OECD）のデータを使って、海外諸国と比較しながら日本の教育支出の特徴を見ていこう。

　次ページの 4 つの棒グラフでは、2013 年に OECD 加盟国が、自国の GDP を基準として教育にどれくらいの割合の金額を支出していたのかが、教育段階別に公費（黒色）と私費（灰色）に分けて示されている。黒色と灰色の両方を見ると公費負担と私費負担を合わせた教育支出全体の割合が、黒色だけを見ると公費負担に限った教育支出の割合が分かる。

　グラフからは、すべてに共通して、日本の値が OECD 加盟国の平均の値を下回っていることが確認できる。後期中等教育を見ると、教育支出全体では 0.85％で最下位になっている。高等教育を見ると、教育支出全体では 1.57％で平均に近い値になっているが、これは膨大な私費負担によって補われた結果であって、公費負担に限ると 0.56％で最下位になってしまう。日本の義務教育に当たる初等教育と前期中等教育を見ると、最下位にこそなっていないが、OECD 加盟国の中でも低い水準であることに変わりはない。

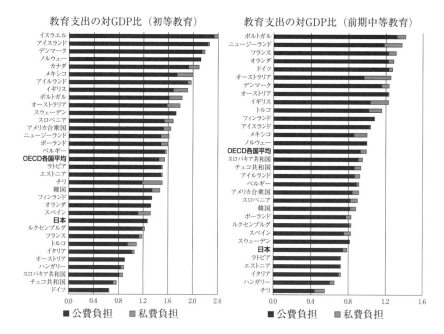

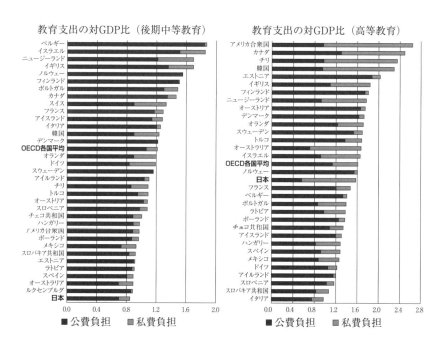

　最近では日本も、子どもの貧困対策や少子高齢化対策として、低所得世帯を対象に幼児教育・私立高校・大学などの無償化が進められ始めている。しかし、このことを考慮してもなお、日本の教育に対する公費負担の割合の小ささは際立っているといえるだろう。この現状を踏まえ、海外諸国の動向にも注目しながら、より充実した教育財政を目指していくことが求められる。

【引用・参考文献】

経済協力開発機構（OECD）編著、徳永優子・稲田智子・矢倉美登里ほか訳（2016）『図表でみる教育 OECD インディケータ（2016 年度版）』明石書店

〈考えてみよう〉
1. 市町村立小中学校の教員であっても給与は都道府県が負担し、さらにその3分の1を国が負担しているが、なぜこのような制度がつくられたのか、考えてみよう。
2. 総額裁量制とはどのようなしくみなのか、確認しよう。また、その制度のねらいと現実を比べて、その功罪を考えてみよう。

【引用・参考文献】
荒井英治郎（2007）「憲法第 89 条をめぐる政府解釈と私学助成」『東京大学大学院教育学研究科教育行政学論叢』第 26 号

井深雄二（1997）「学校教育財政と設置者負担主義」『名古屋工業大学紀要』第 48 号

小川正人（2010）『教育改革のゆくえ―国から地方へ』筑摩書房

経済開発協力機構編著（2016）『図表でみる教育―OECD インディケータ　2012 年版』明石書店

財政制度等審議会財政制度分科会（2007）「平成 20 年度予算編成の基本的考え方について」

諸外国教員給与研究会（2007）『諸外国の教員給与に関する調査研究報告書』（2006 年度文部科学省委託調査研究）

高木浩子（2004）「義務教育費国庫負担制度の歴史と見直しの動き」『レファレンス』第 54 巻第 6 号

田嶋義介（1998）『あなたのまちの学級編成と地方分権　村費負担先生―佐賀県北波多村の大きな試み』公人の友社

東京都生活文化スポーツ局私学部（2022）『東京都の私学行政―令和 4（2022）年』

文部科学省（2003）「地方教育費調査（平成 15 会計年度）中間報告について」（中央教育審議会義務教育特別部会第 13 回・第 14 回合同会議配布資料）

文部科学省（2012a）「高校生の不登校・中途退学の現状等について」（中央教育審議会初

等中等教育分科会高等学校教育部会第6回配付資料）

文部科学省（2012b）「『少人数学級の推進など計画的な教職員定数の改善について』──子どもと正面から向き合う教職員体制の整備」（公立義務教育諸学校の学級規模及び教職員配置の適正化に関する検討会議〔報告〕）

文部科学省（2020）「令和元年度地方教育費調査」

文部科学省高等教育局私学部（2021）「令和4年度私学助成関係予算（案）の説明」

文部科学省高等教育局私学部私学助成課（2020）「私学助成について」（令和2年度第一回都道府県私立学校主管部課長会議配布資料）

文部省編（1972）『学制百年史　記述編』帝国地方行政学会

文部省編（1992）『学制百二十年史』ぎょうせい

山崎洋介（2010）「少人数学級制の財源問題を考える──義務教育費国庫負担制度における総額裁量制の運用実態」『季刊教育法』第166号

山崎洋介・ゆとりある教育を求め全国の教育条件を調べる会（2010）『本当の30人学級は実現したのか？──広がる格差と増え続ける臨時教職員』自治体研究社

横井敏郎（2018）「変動期日本の教育行財政改革──日本的システムの揺らぎ」『公教育システム研究』第17号

OECD（2016）*Education at a glance 2016: OECD Indicators,* OECD

第 5 章

教 育 課 程

> 〈本章のポイント〉
>
> 　子どもの教育を受ける権利を保障するために、それぞれの学校では、子どもや学校、地域の実態に応じて、学校教育目標の達成に向けた教育課程が編成され、教育活動が営まれる。教育課程編成の権限は学校にあるが、「学習指導要領」は教育内容に関する全国的な基準として、教科書の検定・採択制度を通して、実際の授業に大きな影響を与えている。学校の主体的な教育実践を支えるために、教育行政がどのような役割を果たすべきかが問題となる。

第 1 節　教育課程と学習指導要領

1. 教育課程行政と学習指導要領

教育課程とカリキュラム　　教育課程とは、学校教育の目的や目標を達成するために、教育の内容を児童生徒の心身の発達に応じ、授業時数との関連において総合的に組織した学校の教育計画のことである (学習指導要領解説)。教育課程という言葉は、ラテン語を語源とするカリキュラム (curriculum) の訳語であるが、一般的に「教育課程」という用語が法令に基づいて学校ごとに編成する制度化された教育課程を指すのに対して、「カリキュラム」は、実際の学校生活において教育者の意図する・しないにかかわらず営まれる学び (「潜在的 (latent)」または「隠れた (hidden)」カリキュラム) を含めた「学校における学習経験の総体」という広い意味で用いら

れる場合が多い。

| **教育課程行政のしくみ** | 現行の法制度では、教育課程行政に関して次のように規定している。まず、学校教育法 (33条、48条、52条など) において、「教育課程に関する事項」は、学校種ごとの目的と目標に従って、「文部科学大臣が定める」と規定している。さらに同法施行規則では、教育課程の領域および授業時数等が定められ、「教育課程の基準」については、文部科学大臣が別に公示する学習指導要領に再委任されている (52条、74条、84条など)。また、各自治体の教育委員会では、これらの法令に基づき、教育委員会規則 (学校管理規則) によって、教育課程編成の手続き等を定めている (地教行法33条)。

　なお、教育課程の領域については、小学校は各教科、特別の教科道徳、外国語活動、総合的な学習の時間、特別活動 (学法施規50条)、中学校は各教科、特別の教科道徳、総合的な学習の時間、特別活動 (72条)、高等学校は各教科に属する科目、総合的な学習の時間 (2020年より「総合的な探求の時間」)、特別活動 (83条)、特別支援学校はこれらに加えて自立活動 (126条から128条)によって構成されている。

| **学習指導要領の法的性格** | 学習指導要領は、学校教育法施行規則によって教育課程編成の国家的な基準とされている。しかし、その法的な性格は、国・文科省が行政立法としての法的拘束力を主張する一方で、有力な学説では否定的見解が示されており、長年にわたり大きな争点となっている。

　この点に関しては、歴史を遡ってみると、「試案」と付された最初の学習指導要領 (1947年) の序論「なぜこの書がつくられたか」では、法的拘束力をもたない「手引き」としての性格が明確に示されている。つまり、戦前の画一的な教育が教員による創意や工夫の余地をなくし、不合理をもたらしたことへの反省に基づき、それまでの教師用書のような「1つの動かすことのできない道を決めて、それを示そうとする」ものではなく、「教師自身が自分で研究して行く手引きとして書かれたもの」であると示されていた。

　ところが、1955年の改訂で「試案」の文字が削除され、1958年の改訂から

官報への「告示」として公示されるようになって以降、文部省 (当時) による解釈では、学習指導要領は告示という法形式により法的拘束力を有するとされ、公務員としての教員による学習指導要領からの逸脱は、法令違反として処分の対象とされるようになった。

　しかしながら、そもそも告示とは、行政機関の意思決定または事実を一般に知らしめるための公示の一形式であり、法規命令としての性質を有するかどうかは告示の内容によって異なるものである (兼子 1978)。そのため、学習指導要領が法的拘束力を有するかは議論の余地が残されている。

法的拘束力に関する学説状況　学習指導要領が法的拘束力をもつとする文科省の解釈に対して、教育行政学・教育法学の学説では、批判的な見方が支配的である。その中でも、大綱的基準説 (兼子 1963) は、教育裁判においても大きな役割を発揮してきた有力な学説である。この学説は、教育行政による教育の内的事項への介入は旧教育基本法 10 条が禁止する「不当な支配」に当たることを前提として、教育課程に関する文部省の権限は「ごく大綱的な基準」に限定されるとする。そのため、各教科の教育内容を詳細に定めている学習指導要領は、その大部分が学校教育法による委任範囲を逸脱しているために法的拘束力をもち得ず、指導助言文書にすぎないとされている。

　しかし、大綱的基準説は、教育内容に関して、国家による法規的基準を容認する余地を含む曖昧さを残していたが、その後、学校制度的基準説 (兼子 1978) へと発展したことで、教育内容にわたる基準が法規性を有しないことが明確に示されるようになった。学校制度的基準説では、学校教育法が「学校制度法定主義」の一環として立法化を予定しているのは、施設設備に関する事項に始まり、学校組織規模 (学校・学級規模、教職員数)、学校教育組織編制 (入学・卒業資格、教育編成単位) に及び、教科目等 (教科・科目名、それ以外の教育課程構成要素、標準授業時数) に終わるとされている。

学習指導要領と教育裁判　このような国・文科省による解釈と教育行政学・教育法学による学説の対立は、いくつかの教育裁判を通して多方面から長年にわたって争われてきたが、いまだ明確な

解決には至っていない。

　学習指導要領の法的拘束力に関して、最高裁が初めて正面から判断した旭川学力テスト事件最高裁判決 (1976 年 5 月 21 日刑集 30 巻 5 号 615 頁) は、大綱的基準説を採用しながらも、学習指導要領は「必要かつ合理的な基準の設定として是認することができる」と大綱的基準の範囲をかなり広く認定するものであった。しかし、同判決は法的拘束力を全面的に認めるものではなく、さらに、「子どもの教育は、教育を施す者の支配的権能ではなく、何よりもまず、子どもの学習する権利に対応し、その充足をはかりうる立場にある者の責務に属するもの」であって、教育内容に対する「国家的介入についてはできるだけ抑制的であることが要請される」との判断を示しており、その後の教育法理論の展開を支える判例として評価する見方もある (今橋 1992)。

　その後、伝習館高校事件最高裁判決 (1990 年 1 月 18 日民集 44 巻 1 号 1 頁) では、学習指導要領が「法規としての性質を有する」とされたが、判決理由が明確に示されていないことから、法的拘束力問題についての確定判決とは位置づけ得ないとの批判がなされている (市川 1991)。

　近年では、ゆとり教育から学力向上への政策転換を背景にして、文科省からも学習指導要領の最低基準性が強調されるようになった。しかし、学習指導要領の法的性格は、道徳教育や日の丸・君が代に関する問題とも関わっており、依然として重要な論点となっている。

2. 学習指導要領の変遷

学習指導要領の改訂手順　　学習指導要領は、中央教育審議会の答申に基づき、文部科学省において作成・告示される。手順としては、大臣の諮問を受けた中教審は、初等中等教育分科会の教育課程部会において議論を行う。そこでの「審議のまとめ」は公表され、パブリックコメント等が実施された後、中教審の答申となる。また、学習指導要領の具体的な内容は、学校種や各教科で設置された専門部会や調査研究協力者会議において議論されており、実際の執筆作業は、現場の教育関係者や研究者、文科省の教科調査官などによって行われている。

　学習指導要領は、1947 年に「試案」として作成されて以来、戦後の学校における教育課程編成に大きな影響を与えてきた。その改訂に当たっては、それぞれの時期の教育政策の動向を反映しているが、現在のように告示の形式となった 1958 年以降は、ほぼ 10 年ごとに改訂されている。その変遷を概略すると、主な特徴は図表 5-1 の通りである。

新学習指導要領の特徴　2017 年 3 月 31 日に小中学校の学習指導要領の改訂が告示され、周知・徹底と移行期間を経て小学校は 2020 年度、中学校は 2021 年度から全面実施されている。高等学校版は、2018 年 3 月 30 日に告示され、2022 年度から年次進行で実施される。

　改訂の基本的な考え方としては、次の点が示されている。①教育基本法、学校教育法などを踏まえ、これまでの教育実践の蓄積を活かし、未来を切り拓くための資質・能力を一層確実に育成すること。その際、求められる資質・能力とは何かを社会と共有し、連携する「社会に開かれた教育課程」を重視する。②資質・能力の 3 つの柱として、知識及び技術の習得、思考力・判断力・表現力等の育成、学びに向かう力・人間性等の涵養が設定される。③先行する特別教科化など道徳教育の充実や体験活動の重視、体育・健康に関する指導の充実により、豊かな心や健やかな体を育成すること。

　新学習指導要領では、「脱ゆとり」を掲げて教育内容や授業時数を増加した 2008 年改訂の流れを引き継ぎながら、何を学ぶかだけでなく「何ができるようになるか」を重視し、「主体的・対話的で深い学び」の実現に向けた授業改善を行っていくことが示された。また、各学校において、様々な取り組みを、教育課程を中心に据えながら組織的かつ計画的に実施し、教育活動の質の向上を図っていくこと（カリキュラム・マネジメント）に努めるとされた。

　教育内容の主な改訂事項としては、①言語能力の確実な育成、②理数教育の充実、③伝統や文化に関する教育の充実、④ 2015 年の一部改訂で「特別の教科」となった道徳教育の充実、⑤外国語教育の充実（小学校で「外国語活動」〔中学年〕・「外国語科」〔高学年〕を導入）、などが示された。そのほかに、プログラミング教育の実施やキャリア教育の充実などが記載された。また、高校では「公共」の新設など、教科・科目構成が見直された。

図表 5-1　学習指導要領の変遷

改訂（実施）年	主な内容と特徴
1947 年 小（47） 中（47） 高（48）	憲法・教育基本法に基づく教育課程の指針として、アメリカのコースオブスタディを参考にして作成された。「試案」と表示され、教師の「手引き」と位置づけられた。「修身」「公民」「歴史」「地理」に変わり、「社会科」「家庭科」「自由研究」などが登場する。
1951 年 小（51） 中（51） 高（51）	戦後改革において短期間で作成された 47 年の学習指導要領の不備を補う目的で改訂される。47 年と同様に「試案」としての位置づけ。教科を 4 つの大きな経験領域に分け、授業時間数を全体の時間に対する比率で示すなどした。「自由研究」がなくなり、「特別活動」が登場する。
1955 年 小（55）高（56） 1956 年 中・社会（56）	地理・歴史教育が重視され、小学校で「天皇の地位」が登場する。中学社会科の指導事項を、地理的分野、歴史的分野、政治・経済・社会的分野の 3 つとする。高校社会科で学習指導要領から「試案」という表現が削除される。「時事問題」もなくなる。
1958 年 小（61）中（62） 1960 年 高（63）	官報に「文部省告示」として公示し、教育課程の国家基準としての性格を強調する。道徳の時間を特設し、小中学校の教育課程を各教科、道徳、特別活動、学校行事の 4 領域とする。科学技術教育、教科の系統性重視、高校の多様化やコース制を謳い、能力に応じた教育を展開。
1968 年　小（71） 1969 年　中（72） 1970 年　高（73）	小中学校の教育課程を、各教科、道徳、特別活動の 3 領域とする。教育内容の「現代化」を掲げ、小学校から集合などを導入し、教育内容が増える。神話が復活し、国を守る自覚など「愛国心」が強調される。
1977 年 小（80）中（81） 1978 年 高（82）	「ゆとり」「精選」が強調され、指導要領の内容および授業時数が削減される。中学校で選択教科、高校で習熟度別学級編制が導入される。「知・徳・体の調和のとれた人間形成」を謳う。道徳教育が強化され、社会奉仕・勤労体験学習などが打ち出される。君が代を「国歌」と明記し、「国旗を掲揚し、国歌を斉唱させることが望ましい」と規定する。
1989 年 小（92） 中（93） 高（94）	小学校低学年で「生活科」を新設、高校社会科を「地理歴史科」と「公民科」に再編する。中学校の選択教科を拡大。高校の多様化・細分化を推進（単位制高校など）。情報教育など情報化社会への対応。日の丸・君が代を「国旗・国歌」とし、従来の「望ましい」から「指導するものとする」に変更して義務づけを強化する。
1998 年 小（02）中（02） 1999 年 高（03）	学校週 5 日制の完全実施に対応し、「ゆとり」の中で「特色ある教育」を打ち出す。授業時数を週当たり 2 単位時間、教育内容を 3 割程度削減し、基礎・基本の充実と「生きる力」を強調する。「総合的な学習の時間」の新設。道徳（心の教育）、ボランティア・自然体験を強調する。
2008 年 小（11）中（12） 2009 年 高（13）	教育基本法の改正等を踏まえた改訂。「生きる力」を継承しながら、「ゆとり教育」を実質的に転換し、授業時数を増加する。思考力・判断力・表現力等の育成のバランスが重視される。言語活動・理数教育、伝統文化に関する教育、道徳教育、体験活動、外国語活動を充実させる。
2015 年 小（18）中（19）	「道徳」を「特別の教科　道徳」とし、学校の教育活動全体を通じて行うこととする。校長の方針のもとに、「道徳教育推進教師」を中心に、全教師が協力し、家庭や地域社会との共通理解を深め、相互の連携を図ることとする。

出典：解説教育六法編修委員会『解説教育六法 2020 令和 2 年版』三省堂、2020 年、1185-1186 頁より作成。

ゆとり教育から学力テスト政策へ

2008年の改訂では、授業時数と教育内容が増加し、「ゆとり教育」政策が実質的に転換された。そもそも「ゆとり教育」とは、過度な受験競争と画一的な学校教育のあり方を見直し、教育課程における学校裁量の拡大を目指すものであった。ところが、教育内容の3割削減として注目を集めた1998年改訂の学習指導要領が発表されて以降、「学力低下」論争がわき起こり、「ゆとり教育」政策が批判の的となった。学習指導要領が本格実施される2002年には、教育産業やマスコミ等を中心に「学力低下」が騒がれる中で、遠山敦子文科大臣（当時）は「学びのすすめ」という緊急アピールを発表し、「確かな学力」の向上のために基礎・基本の確実な定着を図ることが強調された。さらに、その翌年には学習指導要領が一部改訂されて、最低基準としての位置づけが強調されるようになった。

また、近年では国際学力調査の結果が教育政策に影響を与えるようになっている。特に、OECDによるPISA調査では、PISA2003の読解力低下という結果を受けた文科省が「読解力向上プログラム」を実施しており、PISA2006では、数学の活用力や科学への興味・関心が低いことも課題として示されたことで、学力向上に向けた学習指導要領の改訂を後押しした。

さらに、2007年には、教育政策の成果と課題を検証し、その改善を図ることを目的として、全国学力・学習状況調査（全国学力テスト）が悉皆方式で実施され、全国各地で学力向上に向けた施策が進められるようになった。しかし、一方では、愛知県犬山市が全国学力テストへの参加を見送ったほか、各地で結果の公表の是非をめぐって議論が起きるなど、学力競争や格差拡大に対する懸念から、教育関係者を中心に批判的な見方が多く示されている（たとえば、志水2009など）。

学習指導要領と日の丸・君が代

学校現場では、日の丸・君が代の取り扱いをめぐって、長い間、大きな混乱が生じてきた。この問題は、1989年の学習指導要領に国旗・国歌を「指導するものとする」と記されたことで顕在化し、翌年には文部省（当時）が学校現場での指導を義務づけ、教育委員会に式典での実施率調査を求めたことによって

事態は緊迫化していった。

　学校現場では、法的根拠のない日の丸・君が代を学習指導要領によって強制することに反発が強まったが、政府は混乱を押さえ込むような形で 1999 年に国旗・国歌法を制定させている。この法案は、衆参両院に公聴会を含めて計 16 日という短時間の審議過程において、野中広務官房長官（当時）をはじめ政府関係者が、学校現場において「強制はしない」と繰り返し明言する中で成立したものであった。ところが、この法制化を機に、校長による職務命令には従う義務があるとして、国歌斉唱時の不起立などを理由に教職員が処分される事態が広がり、2000 年からの 10 年間で 1143 人もの教職員が国旗・国歌に関連して懲戒処分を受けた。特に東京都では、入学式・卒業式での日の丸・君が代の扱いを詳細に指示した通達 (2003 年 10 月 23 日付) が出され、不起立などを職務命令違反として 300 人以上が処分されている。

　日の丸・君が代に関連した一連の問題をめぐっては、処分された教職員らによって全国で多くの訴訟が提起されており、職務命令によって指導を義務づけることの合憲性や、そうした職務命令に基づく懲戒処分や再雇用拒否などの不利益措置の適法性などが争われてきた。下級審では、教職員に対する起立斉唱やピアノ伴奏の義務づけは、思想・良心の自由に対する制約であるとして、校長による職務命令は憲法 19 条に違反するという判決 (東京地裁 2006 年 4 月 26 日判時 1952 号 44 頁) も示されたが、最高裁においては、2007 年にピアノ伴奏拒否事件の判決、2011 年から 2012 年にかけて起立斉唱に関わる一連の判決が示され、いずれも職務命令や処分がそれ自体として憲法に違反するものではないとされた。最高裁の判決では、教職員に対する制限が思想・良心の自由に対する「間接的な制約」になると認めた上で、総合的な比較較量により制約を許容しうる程度の必要性・合理性を認め、職務命令が違法であるという主張を退けている。ただ、停職・減給処分の一部に限っては、重すぎる処分が裁量権の逸脱に当たるとして違法と判断されている。

　一方、最高裁判決では補足意見も多く示されており、懲戒処分などの強制的な手段は抑制的でなければならず、国歌斉唱は自発的になされるのが望ましいと指摘されている。また、一連の裁判では、教職員に対する思想・良心

━━━━━━━━━━━━━━━ **コラム：PISA 調査** ━━━━━━━━━━━━━●

　日本は、OECD による国際学力調査である PISA に参加している。PISA の対象となるのは、義務教育の修了段階に当たる 15 歳であり、DeSeCo 計画のキー・コンピテンシーの一部である「読解力」「数学的リテラシー」「科学的リテラシー」の 3 分野について測定される。調査は 3 年ごとに実施され、初めて実施された 2000 年調査には日本を含めた 32 カ国が参加していたが、2018 年調査には 79 カ国・地域が参加するなど、年々規模を拡大させている。

　PISA が開発された経緯をたどると、OECD により国際教育成果指標事業が開始された頃まで遡る。1980 年代の OECD 加盟国の間では、限りある国庫財源の中で教育資金を確保するため、それに見合う教育成果について説明する必要があった。このようなエビデンスベースの教育改革が進められる加盟国の背景を受け、1988 年に OECD は国際的な教育成果指標づくりに着手したのであった。

　PISA が開発される以前は、OECD では IEA の国際学力調査が生徒の学習到達度に関する指標として用いられていた。しかし、1990 年代の OECD 加盟国の間では、IEA の調査は数学や理科のように学校教育における特定のカリキュラムに限定された知識・スキルしか測定できていないという不満が広まりつつあった。そこで、より精度の高い教育成果指標をつくるために OECD は、卒業後の社会で青年が求められる基礎的な知識・スキルを測定できるような調査として、1997 年に PISA を開発したのである。さらに、2003 年にかけて DeSeCo 計画が実施され、PISA で測定される新たな能力概念としてキー・コンピテンシーが定義された。

　こうして生まれた DeSeCo 計画のキー・コンピテンシーとその能力概念をもとにつくられた PISA は、より精度の高い教育成果指標であるとして肯定的に捉えられることが多い。しかし、DeSeCo 計画のキー・コンピテンシーは、同計画の最終報告書のみに基づいて評価されており、その議論の過程についてはまだ十分に検討されていない。今後、キー・コンピテンシーに対する正しい理解が求められるとともに、PISA の結果から説明される教育成果がどの範囲まで実態を明らかにしているかを冷静に判断していく必要がある。

【引用・参考文献】
倉田桃子（2017）「PISA とキー・コンピテンシーの形成過程─DeSeCo 計画における議論の検討」『公教育システム研究』第 16 号、北海道大学大学院教育学研究院教育行政学・学校経営研究室

の自由が争点となったが、実際の教育現場では、子どもを強制から守るために と教員が身を挺して不起立を選択したという側面もある（西原 2006）。

　学校現場での国旗・国歌の取り扱いに関わる問題は現在も継続しているが、 「教育は、不当な支配に服することなく」（教基法 16 条）行われるべきであると いう点を踏まえ、教員はどのような専門性を有しており、どのような法的地 位をもつべきであるかを、子どもの思想・良心の自由や学習権の保障といっ た観点からも議論していかなければならない。

第 2 節　教科書制度

1.　教育行政と教科書

| 法令上の教科書　　　　　教科書の定義は、「小学校、中学校、高等学校、中等教 育学校及びこれらに準ずる学校において、教育課程の 構成に応じて組織排列された教科の主たる教材として、教授の用に供せられ る児童又は生徒用図書であつて、文部科学大臣の検定を経たもの又は文部科 学省が著作の名義を有するもの」（教科書の発行に関する臨時措置法 2 条）とされ ている。

　次に、学校教育法を見ると、「小学校においては、文部科学大臣の検定を 経た教科用図書又は文部科学省が著作の名義を有する教科用図書を使用しな ければならない」（34 条、中学校・高校等は準用規定）と定められており、行政解 釈や伝習館高校事件最高裁判決では、これを根拠として教員には教科書使用 義務があるとされている。しかし、この条文は、教科書を使用する場合には 検定を経た教科書等を使用しなければならない、というように読むことがで き、制定当時は文部省もこのような解釈を採用していた（兼子 1978）。実際の 授業場面では、子どもや地域の実情に合わせて教材を選択しなければ学習は 成立しがたいことを考えると、教科書の使用義務は、教育の自由あるいは教 員の専門的裁量との関係で柔軟に解される必要があるだろう。

　なお、義務教育諸学校で使用される教科書は無償給与であり、この経費は

国により負担される（2019 年度予算で約 448 億円）。憲法 26 条にある「義務教育は、これを無償とする」との規定は、直接には授業料不徴収を意味するが、教科書の無償給与は、この精神を広く実現するものであるとされている。

　また、学校教育法 34 条 4 項では、教科書以外の教材で、「有益適切なものは、これを使用することができる」とされ、いわゆる補助教材の使用が認められている。なお、これまで教科ではなかった道徳に教科書は存在せず、2002 年から配布された「心のノート」や「私たちの道徳」は、この補助教材に当たるものであったが、特別教科化に伴い検定教科書が導入された。

　各学校において補助教材を使用する場合には、教育委員会が定める学校管理規則に基づき「届出」あるいは「承認」の手続きをしなければならない（地教行法 33 条 2 項）。補助教材については、法令による無償措置の対象ではないため、「心のノート」など公費によるもの以外は、私費負担として保護者が購入しなければならない。

2. 教科書検定制度

検定制度の変遷　　教科書検定とは、民間で著作・編集された教科用の図書に対して、文科大臣が教科書として適切か否かを審査し、合格とされた図書のみ、学校で教科書として使用することを認める制度である。検定制度の目的は、全国的な教育水準の維持向上、教育の機会均等の保障、適正な教育内容の維持などによって、教育を受ける権利を実質的に保障することであり、根拠法令は学校教育法 34 条だとされている。しかし、本条は教科書の使用について定めたものであって、検定のしくみに関しては法律の規定がなく、教科書検定規則（1989 年文部省令 20 号）などに基づいて行われている。

　わが国の教科書行政は、1886 年の小学校令・中学校令とともに検定制度が実施され、その後、小学校では 1903 年に国定教科書となった。戦後、国定制度が廃止され、1946 年には第一次米国教育使節団報告書が教科書自由発行の原則を示したが、実際には 1947 年から再び検定制度が導入されている。

　戦後の改革では、教科書検定を行う監督庁は、暫定的な措置として「当分

の間、これを文部大臣とする」と規定された。これは、当時の経済状況（主に臨時物資受給調整法による用紙割当制）を反映したものであり、将来的には都道府県教育委員会が検定権限をもつことが想定されていた。ところが、1953 年に学校教育法等が改正された際に、教育委員会の権限に関する規定が削除され、検定権は文部大臣に固定化されることとなった。

　また、1956 年には教科書調査官の制度が導入され、文部省が検定に直接関与するしくみがつくられた。当時は、「逆コース」と呼ばれる反動化を背景に、当時の民主党が 1955 年にパンフレット「うれうべき教科書の問題」を配布するなど、教科書が左翼的に「偏向」しているとするキャンペーンが展開されていた。政府は、検定権限の明確化などを目的にした教科書法の制定を目指していたが、国会では地教行法の成立を優先させたことで教科書法案は廃案となったため、教科書調査官の制度は、法律によらず、省令改正（文部省設置法施行規則）によって導入されることとなった（永井 1981）。

　その後、教科書検定制度は、1987 年の臨時教育審議会答申による制度改革の提案（基準の重点化、手続きの簡素化、内容の公開など）を受けて、1989 年に検定規則や検定基準が改正され、それまでの 3 段階審査（原稿本・内閣本・見本本）が廃止されるなど、ほぼ現行のしくみとなった。

| **教科書検定のしくみ**

教科書検定は 4 年周期で行われており、教科用図書選定審議会の答申に基づき、文科大臣によって合格・不合格が決定される。審議会には教科ごとに部会が設置されており、委員・臨時委員・専門委員は、大学教授や小中高等学校の校長等から構成されている。実際の検定作業では、委員らによる審査に先立って、文部科学省の常勤職員である教科書調査官や専門委員により申請図書の調査が行われる。審査の基準となる告示（義務教育諸学校教科用図書検定基準および高等学校教科用図書検定基準）では、内容の正確性や表現の適切さ、学習指導要領に示された事項が不足なく取り上げられているか、などの事柄が示されている。なお、審査の過程で修正を求める場合は、合否の決定を保留して「検定意見」が通知され、申請者は指摘に基づいて変更した内容を「修正表」により提出する。検定不合格になった場合には事前に理由が通知され、不合格の決定に反論が

図表 5-2　教科書検定のしくみ

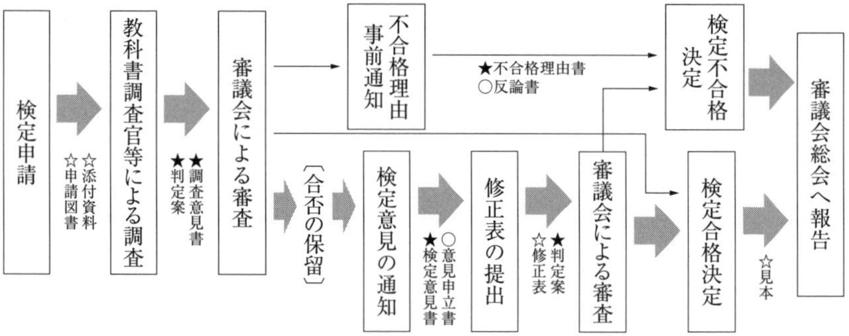

検定申請 ☆申請図書 → 教科書調査官等による調査 ☆添付資料 → 審議会による審査 ★調査意見書 ★★判定案

〔合否の保留〕

上段：事前通知 不合格理由 → ★不合格理由書 ○反論書 → 検定不合格決定 → 審議会総会へ報告

下段：検定意見の通知 ★○検定意見書 → 修正表の提出 ★○意見申立書 ☆修正表 → 審議会による審査 ★判定案 ☆修正表 → 検定合格決定 ☆見本 → 審議会総会へ報告

注　：☆印は、申請提出資料、★印は、文科省提出資料、○印は、不合格判定や検定意見
　　　に不服がある場合に、申請者から任意で提出される資料。
出典：教科用図書検定調査審議会「教科書の改善について（報告）」より作成。

ある場合には20日以内に「反論書」を提出することができる（図表5-2）。

教科書問題と検定訴訟　教科書検定をめぐっては、歴史学者・家永三郎氏によって、自著の高校用歴史教科書に対する検定不合格処分が違憲・違法であるとして3つの訴訟が提起され、32年間の長期にわたって争われた（図表5-3）。これら訴訟は、多くの論点を含んだ重要な教育裁判として位置づけられており、憲法21条（表現の自由、検閲の禁止）、23条（学問の自由）、26条（教育を受ける権利）、旧教育基本法10条（不当な支配）等に関わって、教科書検定制度が憲法の禁止する検閲に該当するかを中心に、制度の適用における違憲・違法性、教育の自由や教育権の所在などが争点となった（浪本ほか2001）。

　一連の裁判で最初に示された杉本判決と呼ばれる第二次訴訟東京地裁判決（1970年7月17日判時604号29頁）では、「国家が教育内容に介入することは基本的に許されない」という基本的な考え方を確認した上で、検定制度それ自体は思想内容に及ぶものでない限りは検閲には該当しないが、当該検定不合格処分は、「いずれも教科書に盛られた執筆者の思想（学問研究の成果）内容を事前審査するものというべきであるから、憲法21条2項の禁止する検閲に該当し、同時に、教科書の誤記、誤植その他の著者の学問的見解に関わらない客観的に明白な誤りとはいえない記述内容の当否に介入するものであるから、

図表 5-3　教科書訴訟の経過一覧

	家永教科書訴訟			高嶋訴訟
	第一次訴訟	第二次訴訟	第三次訴訟	
	国家賠償請求訴訟	行政処分取消訴訟	国家賠償請求訴訟	国家賠償請求訴訟
第一審	1965.6.12　提訴 ②「高津判決」 東京地裁 1974.7.16 （原告一部勝訴）	1967.6.23　提訴 ①「杉本判決」 東京地裁 1970.7.17 （原告全面勝訴）	1984.1.19　提訴 ⑦「加藤判決」 東京地裁 1989.10.3 （原告一部勝訴）	1993.6.11　提訴 1998.4.22 横浜地裁 原告一部勝訴
控訴審	1974.7.26 原告控訴 ⑤「鈴木判決」 東京高裁 1986.3.19 （原告全面敗訴）	1970.7.24 被告控訴 ③「畔上判決」 東京高裁 1975.12.20 （原告勝訴）	1989.10.13 原告控訴 ⑨「川上判決」 東京高裁 1993.10.20 （原告一部勝訴）	2002.5.29 東京高裁 （原告敗訴）
上告審	1986.3.20 原告上告 ⑧「可部判決」 東京地裁 1993.3.16 上告棄却 （原告全面敗訴） —終結—	1975.12.30 被告上告 ④「中村判決」 最高裁 1982.4.8 破棄差戻し	1993.10.25 原告上告 ⑩「大野判決」 最高裁 1997.8.29 （原告一部勝訴） —家永訴訟全終結—	2005.12.1 最高裁 上告棄却 （原告敗訴） —終結—
差戻し 控訴審	・	1982.11.5 口頭弁論開始 ⑥東京高裁「丹野 判決」 1989.6.27 （原判決取消、訴 え却下） 1989.7.11 原告上告 を断念 —終結—		

教育基本法10条に違反する」と判示した。この判決は控訴審でも支持された
が、最高裁では、学習指導要領改訂に伴い「訴えの利益」が消失したとの国
側の主張を受け、教科書検定自体の是非が問われることなく高裁に差し戻さ
れて、原告側は敗訴している（佐々木ほか2008）。

　また、第一次訴訟の最高裁判決（1993年3月16日民集47巻5号3438頁、いわゆ
る可部判決）では、教科書検定に関する憲法判断として「看過し難い過誤」と
いう基準が示され、以降の判例でも踏襲されている。この基準は、合否に関

する判断の過程で「原稿の記述内容又は欠陥の指摘の根拠となるべき検定当時の学説状況・教育状況についての認識や、旧検定基準に違反するとの評価等に看過し難い過誤があって、文部大臣の判断がこれに依拠してされたと認められる場合」に裁量権の逸脱として違法になると示した。この判決や第三次訴訟の最高裁判決では、最高裁学テ判決の立場を踏まえて、原告による憲法違反に関する各主張は退けられた。また、検閲の問題に関しては、検定制度は発表禁止を目的とした思想内容の審査ではなく、不合格となっても一般図書としての発行を禁止するものではないことから、検閲には該当しないとされている。なお、第三次訴訟では、裁量権の逸脱として、「南京大虐殺」や「731部隊」などに関する4カ所の検定が違法と判断されたことで、強権的な教科書行政に一定の見直しを迫るものとなった（浪本ほか2001）。

3. 教科書採択制度

| 採択権限の所在

教科書の採択とは、検定で合格となった複数の教科書から学校で使用する教科書を選定することである。採択の権限は、公立学校では所管の教育委員会が採択の権限を有するとされている。これは、教育委員会の職務権限を定めた地教行法21条6号に「教科書その他の教材の取り扱いに関すること」があげられていることを根拠としている。なお、国立および私立の学校については、権限を直接定めた規定はないが、教科書の発行に関する臨時措置法（以下、発行法）7条1項の「国立学校及び私立学校の長は、採択した教科書の需要数を、都道府県の教育委員会に報告しなければならない」という規定によって、採択の権限が校長にあるとされている。

　一方で、ILO・ユネスコによる「教員の地位に関する勧告」（1966年）では、「教育職は専門職として職務の遂行にあたって学問上の自由を享受すべきである。教員は生徒に最も適した教材および方法を判断するための格別の資格を認められたものであるから、承認された枠内で、教育当局の援助をうけて教材の選択と採用、教科書の選択、教育方法の適用などについて不可欠な役割を与えられるべきである」（61条）と定められているように、教科書の選択

に関して教員の意見を反映させることは重要な課題となっている。

教科書採択のしくみ　教科書採択の手続きは、発行法および無償措置法により定められている（図表5-4）。義務教育諸学校の教科書に関しては、広域採択制度が取られており、都道府県の教育委員会が、「市町村の区域又はこれらの区域を併せた地域」に採択地区を設定しなければならない（無償措置法12条。2021年3月現在全国583地区）。また、都道府県教委は、教員や学識経験者等から構成される教科用図書選定審議会を設置し、対象となる教科書の調査研究を行わせ、採択基準や選定資料を作成することによって、採択権者に指導・助言・援助を行うものとされている（無償措置法10、11条）。そのほかに、都道府県教委では、6〜7月の一定期間において、「教科書展示会」を開くこととされている（発行法5条1項）。

一方、市町村教委では、都道府県教委からの指導助言を受け、文科大臣が作成した教科書目録から、種目ごとに一種の教科書を採択する。なお、採択

図表5-4　義務教育諸学校の教科書採択のしくみ

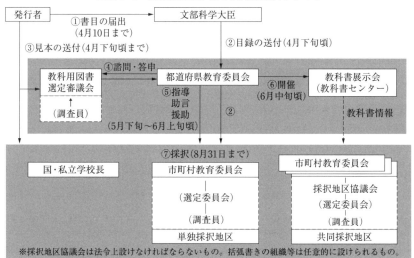

注：教科書無償措置法の改正により、採択地区の設定単位が「市郡」から「市町村」に改められ、市町村を単位として柔軟な採択地区の設定が可能になった。採択地区の設定、変更については、都道府県教育委員会が、共同採択共同制度の趣旨を踏まえつつ、市町村教育委員会の意見を聴いて行う。
出典：文部科学省ホームページ。

地区が複数の市町村を合わせた地域である場合には、採択地区内の教育委員
会は協議して種目ごとに同一の教科書を採択しなければならない（無償法13
条）。教科書の無償措置と引き替えに導入された広域採択制度は、学校や教
員が主体的に教材を選択する余地を狭めるものであるが、多くの地域では、
採択協議会による選定に際して、各学校の教員を調査員として委嘱するなど
して学校ごとの意見を採択に反映させるしくみが取られてきた。

教科書採択をめぐる問題　2012年4月、沖縄県竹富町で、中学校公民教科
書を町民による寄付で購入・配布するという、
義務教育の教科書無償制度を揺るがす事態が生じた。この問題は、教育委員
会が採択協議会の決定と異なる教科書を採択したことで生じたものであるが、
竹富町教委は、八重山地区の採択協議会が十分な議論もなく保守色が強い育
鵬社版教科書を非公開・無記名の多数決で選定したことに反対して、現職教
員である調査員が推薦する東京書籍版教科書の採択を独自に決めたというも
のであった。

　2014年3月には、文科省が、竹富町による独自採択を「違法状態」として、
異例の「是正要求」を行う事態にまで発展した。こうした状況を受けて、同
年4月に教科書無償措置法の一部が改正され、採択地区の設定単位が「市郡」
から「市町村」に柔軟化されるとともに、共同採択における協議ルールの明
確化などに関する規定が追加された。この改正によって、竹富町が単独採択
地区となることが可能になり、「違法状態」は解消されることとなった。

　この問題は、表面的には採択権の所在に関する法制度上の不備を浮き彫り
にするものであったが、根本的な原因は、現行の採択制度とその運用にある
といえる（石山2012）。かねてより学説では、「教科書採択は教科書を使用して
直接子どもの教育の任に当たる教師を中心に、保護者や子どもの意見をも参
考にしながら行なわれるべきものである」（浪本2001）とされてきた。また、
広域採択制度の問題は、1990年代後半にはいくつかの政府文書でもすでに指
摘されており、特に、1997年3月の閣議決定「規制緩和推進計画の再改定に
ついて」では、「将来的には学校単位の採択の実現に向けて検討していく必
要があるとの観点に立ち、当面の措置として、教科書採択の調査研究により

多くの教員の意向が反映されるよう、現行の採択地区の小規模化や採択方法の工夫改善についての取り組みを促す」という方針が示されていた。

　しかしながら、文科省では、広域採択制度見直しが行われないばかりか、教育委員会の採択権限を強調して、学校票等による教員の関与は責任を不明確にするので適切でないという見解が強調されてきた。この背景には、これまでの歴史・公民教科書を「暗黒史観、自虐史観、反日史観」だと批判する「つくる会」を中心とした、復古的な立場による教科書批判の影響があったといわれている（戸波ほか 2006）。「つくる会」による教科書は、早くから国内外で多くの批判が示されていたが、2001 年には多くの検定意見が加えられた上で初めて検定に通過した。「つくる会」系の教科書は、現在のところ低い採択率にとどまっているが、太平洋戦争を肯定的に描くなど国家主義的な歴史観を含むことから、採択をめぐっては各地でトラブルが生じている。

　以上のように、教科書制度は様々な問題を抱えているが、教育現場において教科書が日々の学習を支える重要な教材であることは事実である。望ましい教科書制度のあり方はどのようなものか、教科書を用いる学習の場面に基礎を置いて、議論を深めていくことが重要である。

〈考えてみよう〉
1. 各学校のカリキュラム・マネジメントにおいて、学習指導要領の役割とはどのようなものか、考えてみよう。
2. 学習指導要領が改訂されると、新しい内容の教科書はどのようなプロセスで子どもたちの手元に届くか、整理してみよう。

【引用・参考文献】
石山久男（2012）「育鵬社版教科書採択の背景と採択制度の課題」『歴史評論』第744号
市川須美子（1991）「学習指導要領に関する判例の法的分析」日本教育法学会年報第20号、有斐閣
今橋盛勝（1992）「教育基本法第10条」『基本法コンメンタール　教育関係法』（別冊法学セミナー）、日本評論社
内野正幸（1994）『教育の権利と自由』有斐閣
兼子仁（1963）『法律学全集　教育法』有斐閣（新版1978年）

佐々木幸寿・柳瀬昇（2008）『憲法と教育』学文社

志水宏吉（2009）『全国学力テスト―その功罪を問う』岩波書店

戸波江二・西原博史編著（2006）『子ども中心の教育法理論に向けて』エイデル研究所

永井憲一（1981）『教科書問題を考える』総合労働研究所

浪本勝年（2001）「日本の教科書制度の検証―検定と採択をめぐる問題状況」『季刊教育法』第130号、エイデル研究所

浪本勝年・箱田英子・岩崎政孝ほか（2001）『教育判例ガイド』有斐閣

西原博史（2006）『良心の自由と子どもたち』岩波書店

第 2 部

公教育制度と学校・教員

第6章

教育を受ける権利と公教育制度

〈本章のポイント〉

　第二次世界大戦後、日本では国民主権に基づく新憲法が制定され、教育を受ける権利が基本的人権として明確にされた。戦後日本の公教育制度は単線型六・三・三・四制を採用し、量的にも質的にも大きく発達した。しかし、戦後しばらくは義務教育でさえも十分に受けられない人々が多数おり、現在でも義務教育未修了者や不登校の子ども、外国人の子どもなどの教育機会保障が課題となっている。そこで、近年、教育機会確保法が制定され、また高校教育や障害児教育でも多様化や特別支援教育の導入が図られるなど、改革が進められている。

第1節　日本の公教育制度

1．公教育制度と学校の種類

公教育制度の成立　　もともと親子間における自然な養育行動から発生した教育は、文字文化の発達や社会の複雑化に伴って、家庭以外の場で提供される必要性が生じた。中世ヨーロッパでは、商工業の発達に伴って民衆の間に生じた教育需要に応じて、職場や寺院などで読み書きを教える機会が提供されていた（梅根 1961）。市民革命期のヨーロッパでは、こうした個人的な営みとして行われていた「私教育」に代わって、すべての国民に共通して必要な基礎教育（普通教育）を公的に保障する「公教育」が成立する。

　公教育の成立過程には、大きく2つの流れがある。1つは、市民社会思想の中で、私教育の延長として求められる公教育である。フランス革命期の公教育論者コンドルセは、自律的個人の形成を公教育の目的とし、家庭教育によって偏った教育が提供される可能性を指摘し、国民共通の普通教育を公的に保障する必要性を説いた（堀尾 1971）。また、その内容は知育に限定されるべきであり、徳育は私教育の範囲であるとし、政治的宗教的中立性を主張した。もう1つは、資本主義体制が展開する中で大衆教育の必要性が高まり、教育への国家の介入が要請されるという流れである。これは、「国家に固有の文化を教える」ための「国民教育」と呼び、公教育と区別すべきとの考えもある（中村 2008）。

　公教育のあり方は、国や時代によって大きく異なるが、個人の教育を受ける権利を公的に保障する公教育と、国家を構成する成員を教育することを目的とした国民教育という2つの考え方が存在し、実際の公教育制度には、両方の意図が反映されている。

学校体系　学校体系とは、各教育段階間における接続関係と教育内容の系統によって、学校教育の構造を捉えるものである。前者については、初等教育から中等教育および高等教育への接続関係を意味する。後者は、教養的知識を提供する系統と職業的な知識やスキルを提供する系統の2つに区分される。これらの点から、学校体系は、複線型、分岐型、単線型の3つに分類される。図表6-1は、3つの学校体系を表している。

　複線型は複数の学校系列が初等教育段階から分化している形態、分岐型は

図表6-1　学校体系の3類型

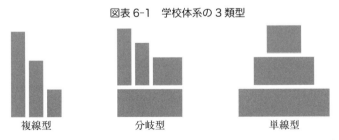

複線型　　　　　分岐型　　　　　　単線型

出典：藤田英典・田中孝彦・寺崎弘昭『教育学入門』岩波書店、1997年。

初等教育段階ないし義務教育段階までは共通だが、それ以降は複数の学校系列に分化している形態である。複線型では初等教育段階から、分岐型では分化が始まる段階において、どの学校に入るかで、上級学校への進学の機会が変わる。単線型はどの学校を選択しても、原則として上級学校への進学機会は確保されている（藤田ほか1997）。

　国別に見ると、イギリス、ドイツなどは分岐型を基本としている（資料「各国の学校体系図」参照）。これらの国では、伝統的に教養的知識を中心に提供し、大学まで接続可能な系列と、職業的な知識の提供を目的とした系列が区分されていたが、近年、職業的知識と教養的な知識の両方を提供する総合制の中等学校が設置されるところもある。これに対して、アメリカやカナダとフィンランドをはじめとする北欧諸国などは単線型の学校体系を取っている。日本の場合、戦前は複線型に近い分岐型、戦後は単線型に分類できる。ただ実際の学校制度は、3つの学校体系に明確に分類できるわけではなく、複線型から分岐型、分岐型から単線型へと移行しつつあるというのが一般的である。

日本の公教育制度の形成

1872年に学制が発布され、小学区、中学区、大学区の3つの学区を全国に整備し、実学を基本とした国民皆学を目指すことが示された。学制の基本的な方針は、「国民のあらゆる階層に対して一種類の学校を用意する」であり、単線型学校体系に近いものであった（文部省1981）。しかし、実現には財政的な課題があり、現実のものとなる前に廃止された。

　1886年に制定された小学校令では、義務教育は3年あるいは4年と規定され、親は子どもを就学させる義務を課せられた。しかし、実際には家庭の経済状況により通学できない子どもたちが存在しており、就学率は高くなかった[1]（土方2002）。

　その後、1900年に小学校令が改定され、尋常小学校4年が義務制とされた。

1　文部省年報では、1886年の就学率は49％と示されている（文部省1981）。しかし、就学率算出の元となる学齢児童数などの統計資料の信頼性が疑問視されており、東京市に限定した最近の研究によれば、1899年での就学率は36％程度であったと推計される（土方2002）。

その 7 年後には義務教育年限が 6 年に延長され、ここに国民共通の教育制度が成立したと見ることができる（文部省 1981）。しかし、実際には、富裕層のための尋常小学校と貧民層のための特殊尋常小学校が併存するなど、1930 年頃までは小学校教育の重層化が見られ、すべての国民が均質な教育を受けていたとはいえない状況であった（土方 2002）。

　1941 年に小学校令に代わって国民学校令が公布され、義務年限は初等科 6 年と高等科 2 年を合わせた 8 年間となったが、戦時下ということで修業年限の延長は先送りされた。この時点では、義務教育の 6 年間を修了した後は、中学校、高等女学校、実業学校に分岐しており、大学まで進学することができるのは中学校だけであった（図表 6-2）。

現代の公教育制度　戦後の教育改革は、新たに制定された日本国憲法と教育基本法に基づいて進められた。日本国憲法 26 条は、親が子どもを就学させる義務を規定すると同時に、教育がすべての国民

図表 6-2　学校体系図（1944 年）

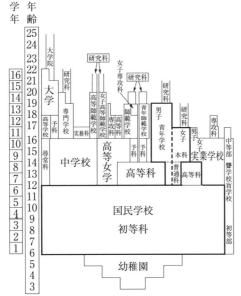

出典：文部省編『学制百年史　資料編』帝国地方行政
　　　学会、1972 年。

に与えられた権利として保障された。また、教育基本法には教育の機会均等の原理が規定され、すべての国民が等しく教育を受ける権利を有することが明確に示された。こうした理念に基づき、単線型の学校体系が目指された（資料「各国の学校体系図」参照）。

　義務教育は、小学校の6年間に、前期中等教育である中学校での3年間が加わり、9年間となった（義務教育については次節参照）。その上の高校は、普通教育を中心に提供する普通高校と商業、工業、農業などの専門教育（職業教育）を中心に提供する専門高校など、多様な高校・学科が設置され、中学卒業時に選択して進学するが、誰もが進学できる統一的な中等教育機関として設置された。

学校の種類　　学校教育法1条では、「幼稚園、小学校、中学校、義務教育学校、高等学校、中等教育学校、特別支援学校、大学および高等専門学校」を学校と規定している。ここで規定される学校を一般に「1条校」と呼ぶ。このほかに、同法124条で「職業若しくは実際生活に必要な能力を育成し、又は教養の向上を図ること」を目的とした専修学校が規定され、134条で、1条および124条に含まれない「学校教育に類する教育を行うもの」として各種学校が規定されている。専修学校には、高等専修学校（高等課程）と専門学校（専門課程）があり、前者の入学資格は中学校卒業、後者は高校卒業である。一般に専門学校という場合は、専修学校の専門課程のことをいう。これには、看護学校や理美容専門学校など、大学に比べて具体的な職業に必要な能力を育成することを目的としたものが多い。各種学校には、自動車学校や大学受験予備校、塾などのほか、インターナショナルスクールなども含まれる。専修学校に比べて教育内容や設置基準などの規定が少ない。

　また、学校教育法以外の法律に規定がある機関として大学校がある（図表6-3）。これらは、省庁や独立行政法人、地方公共団体によって設置され、大学に準ずる教育課程を有し、学士、修士、博士などの学位を授与するものもある。

図表 6-3　学校の種類

学校の種類	学校教育法1条　幼稚園、小学校、中学校、義務教育学校、高等学校、中等教育学校、特別支援学校、大学、高等専門学校
	学校教育法 124 条　専修学校（高等専修学校、専門学校）
	学校教育法 134 条　各種学校
	学校教育法上に規定のないもの　大学校（防衛省：防衛大学校、国土交通省：航空保安大学校、農林水産省：水産大学校・農業大学校、海上保安庁：海上保安大学校、気象庁：気象大学校など）

学校間の接続　　戦前の分岐型学校体系で意図されていた上からの接続に変わって、戦後の学校体系では、学校段階ごとに教育の目的が示され、下からの接続が意図されている。現行の学校教育法50条では、高校での学習内容と中学校の学習内容との連続性が示されている。しかし、中学校と高校および高校と大学の間には、学力試験による選抜があり、その接続関係が課題として議論されてきた（佐々木1979）。1999 年に導入された中高一貫教育には、市町村立中学校と都道府県立高校を接続させる「連携型」、同じ地方公共団体・学校法人によって設置された中学校と高校を接続させる「併設型」、6 年一貫制の「中等教育学校」の 3 つのタイプがある。2021 年時点での設置数は、国公私立を合わせて、中高一貫教育を行う中学校の場合、連携型が 167 校、併設型が 517 校、中等教育学校が 56 校である。

　2000 年以降、小学校から中学校へ入学した後に発生する不登校や学習不適応の問題（中 1 ギャップ）に対処することを理由に、小中一貫教育が各自治体の取り組みとして導入されている。2015 年に学校教育法が一部改訂され、9 年間の教育期間を有する義務教育学校が成立した。2021年時点での設置数は、小中一貫教育を行う小学校の場合、917 校であり、義務教育学校が 151 校である。

　学校間の接続を図るこうした動きによって、ゆとりのある弾力的な教育課程の運用が図られ、基礎基本の定着、主体的に取り組む姿勢の育成に加えて、中高および小中の教員間の相互理解の進展などがその成果とされる。しかし、学校統廃合を進める方途に使われることや地域との関わりが希薄となること、高校受験対策を効率的に進めることで受験競争の低年齢化を招く恐れがある

ことも指摘されていた（藤田ほか1997、山本2010）。

2. 学校の設置者と私立学校

学校の設置者　教育基本法 6 条には、学校の設置者について、「法律に定める学校は、公の性質を有するものであって、国、地方公共団体及び法律に定める法人のみが、これを設置することができる」と規定されている。ここで「法律に定める法人」とは、学校教育法 2 条と私立学校法 3 条により学校法人とされている。そのため、日本の学校は、国が設置する国立学校、地方公共団体が設置する公立学校、学校法人が設置する私立学校に大きく分けられる（図表6-4）。このように学校の設置者が限定されているのは、学校で行われる教育活動が日本国憲法に定められた教育を受ける

図表6-4　学校の設置者

	国立学校	公立学校	私立学校	その他
設置者	国立大学法人 独立行政法人 国立専門学校機構	地方公共団体（都道府県、市町村）、地方独立行政法人 公立大学法人	学校法人	構造改革特別区における株式会社、NPO 法人等

図表 6-5　設置者別の学校数・在籍者数とその比率

		幼稚園	認定こども園	小学校	中学校	義務教育学校	高等学校	中等教育学校	特別支援学校	専修学校	各種学校	大学	短期大学	高等専門学校
学校数	国立	49	0	67	68	5	15	4	45	8	0	86	0	51
		0.5%	0.0%	0.3%	0.7%	3.3%	0.3%	7.1%	3.9%	0.3%	0.0%	10.7%	0.0%	89.5%
	公立	3,103	862	19,028	9,230	145	3,521	34	1,100	186	6	98	14	3
		32.9%	13.8%	98.4%	91.6%	96.0%	72.5%	60.7%	94.8%	6.0%	0.6%	12.2%	4.4%	5.3%
	私立	6,268	5,406	241	778	1	1,320	18	15	2,889	1,064	619	301	3
		66.5%	86.2%	1.2%	7.7%	0.7%	27.2%	32.1%	1.3%	93.7%	99.4%	77.1%	95.6%	5.3%
在籍者数	国立	4,902	0	36,171	27,267	3,894	8,254	2,886	2,905	300	0	597,450	0	51,316
		0.5%	0.0%	0.6%	0.8%	6.6%	0.3%	8.8%	2.0%	0.0%	0.0%	20.5%	0.0%	90.2%
	公立	128,562	96,451	6,107,701	2,957,186	54,480	1,989,287	23,000	142,525	22,953	379	160,438	5,363	3,772
		12.7%	12.1%	98.1%	91.6%	93.0%	66.1%	70.2%	97.4%	3.5%	0.4%	5.5%	5.2%	6.6%
	私立	875,544	700,431	79,522	245,245	194	1,010,631	6,870	855	638,882	102,090	2,160,110	96,869	1,817
		86.8%	87.9%	1.3%	7.6%	0.3%	33.6%	21.0%	0.6%	96.5%	99.6%	74.0%	94.8%	3.2%

出典：令和 3 年度版学校基本調査報告書より作成（2021 年 5 月現在）。

権利を保障するという公共的な性格をもっているからであり、営利を追求する活動や特定の勢力に有利となる活動とは区別されるからである。

　近年では、規制緩和の一環で2003年に施行された構造改革特別区域法12条、13条により、株式会社やNPO法人などによる学校の設置が特例的に認められるようになった。2011年12月には、小学校1校、中学校0校、高校21校、大学5校があり、高校はそのほとんどが広域通信制となっている（文部科学省2011）。これらは助成や税制優遇の対象外とされており、経営が不安定なこともあって、その数は増えていない。

　設置者別に現在の日本の学校を見てみると（図表6-5）、小学校と中学校では90％以上が公立学校となっており、大学・短期大学や専修学校・各種学校および幼稚園では私立学校の割合が非常に高くなっている。高等学校では公立学校の割合が高くなっているものの、約3人に1人が私立学校に通っている。

私立学校の法制度　戦前の私立学校は、1899年に公布された私立学校令の下で、国による管理・統制が徐々に強化されていった（市川2006）。戦後はそれまでの反省から、①自主性の尊重、②民主的・公共的運営、③財政的助成に重点が置かれ（福田ほか1961）、1949年に私立学校法が制定されて、その後の私学法制の中心に位置づいた。その1条には、法律の制定目的として、「私立学校の特性にかんがみ、その自主性を重んじ、公共性を高めることによつて、私立学校の健全な発達を図ること」が掲げられている。1970年代には、遅れを取っていた私学振興を進めるため、日本私学振興財団法（1998年に日本私立学校振興・共済事業団法へ継承）や私立学校振興助成法の施行により財政基盤が強化された。

　2006年に教育基本法が改正されたときには、私立学校の果たしている役割の重要性から、私立学校法の理念を継承する形で新しく「私立学校」の条項が設けられた。そこでは、「国及び地方公共団体は、その自主性を尊重しつつ、助成その他の適当な方法によって私立学校教育の振興に努めなければならない」（教育基本法8条）と明記されている。

私学行政と私立学校の自由　戦前の私立学校は、財団法人によって設置・運営されていた。しかし戦後は、私立学校法で新たに学校法人という特別な法人が創設され、学校法人によって設置・運営されている。学校法人は、役員として理事5人以上と監査2人以上を置かねばならず、理事の選任に当たっては一定の基準が設けられることで、より民主的で公正な運営が目指された。

　私立学校は都道府県知事部局が管轄しており、自主性を尊重するために教育委員会とは距離が置かれている。所轄庁である都道府県知事は、学校法人の認可・指導などを行っているが、私立学校の設置・廃止および閉鎖を行う場合には、私立学校審議会への諮問が義務づけられている。このほか、公立学校と私立学校の間で入学定員や選抜方法などを議論する連絡協議会が開催されており、私立学校関係者の意見を聞き取るしくみが整えられている。

　私立学校では国公立学校と同様に、各種法令および学習指導要領にのっとった学校運営・教育活動を行っている。ただし、私学教育の自由から、建学の精神や理念を踏まえた教育目標・方針が設定され、それに基づく独自の教育課程や教育方法が実施されている。これに関連して、国公立学校では認められていない宗教教育も可能となっている（教育基本法15条）。

私立学校の意義と課題　日本の私立学校は、自由で個性豊かな教育活動を展開することで学校教育に多様性をもたらし、教育を受ける権利の保障と学校教育全体の発展に貢献している。たとえば、中高一貫校の導入や特色ある学科・コースは私立学校が主導してきた側面が大きい。また、不登校や高校中退といった、既存の学校教育制度に上手く適応できなかった児童生徒を積極的に受け入れてきた学校もある（伊藤ほか2014）。このような私立学校の存在それ自体が、民主的かつ多元的な価値を体現しており（田中1961）、その存在意義は非常に大きい。

　しかし一方で、私立小学校・中学校のエリート校化に伴う受験競争の激化と低年齢化、入学金・授業料などの経済的負担の大きさ、少子化による入学者確保と私学経営の困難さなどの課題が指摘されている。これらの課題を克服しながら、今後も私立学校の独自性を発揮していくことが求められる。

第2節　義務教育制度

義務教育　日本国憲法26条において、「すべて国民は、法律の定める
ところにより、その能力に応じて、ひとしく教育を受ける
権利を有する。2　すべて国民は、法律の定めるところにより、その保護す
る子女に普通教育を受けさせる義務を負ふ。義務教育は、これを無償とす
る」と規定されている。このように、国民は、「教育を受ける権利」を有し、
その保護する子どもに「教育を受けさせる義務」があると定められている。
戦前の義務教育は、明治憲法のもと、兵役、納税とならぶ国家に対する「義
務」であったが、戦後は、教育を受ける「権利」を保障するものと解されて
いる。義務教育は、以下の4要件（①就学義務、②義務教育の無償、③就学援助奨
励義務、④学校設置義務）により制度として成立している。

就学義務　保護者にその保護する子どもに教育を受けさせる義務のこ
とを「就学義務」という[2]。保護者は満6歳から満12歳（延
長3年）までの6年間（延長9年間）、保護する子どもを小学校または特別支援
学校小学部に就学させなければならない。また、保護者は満12歳から満15
歳までの3年間、その保護する子どもを、中学校、中等教育学校前期課程ま
たは特別支援学校中学部に就学させなければならない（学校教育法16条、17条）。
なお、就学義務を果たさない保護者には、市町村教育委員会は「督促」を行
い（学校教育法施行令21条）、督促を受けても履行しない保護者に対しては10万
円以下の罰則規定が課される（学校教育法144条）。

義務教育の無償　家庭の経済的格差は、教育を受ける機会の獲得にも大
きく影響してくる。経済的に困難な家庭の子どもにと
って、そうでない家庭の子どもと同じように「教育を受ける権利」が保障さ

2　保護者とは、親権を行う者をいうが、親権を行う者がいないとき、後見人をいう。親権
　者は通常父母であるが（民法818条）、児童福祉施設に入所中の児童で、親権を行う者ま
　たは、後見人がいない者については、児童福祉施設の長が親権を行う（児童福祉法47条
　1項）。

れるためには、家庭の経済的格差が教育機会の獲得に及ぼす影響を最小限にとどめる必要がある。その 1 つの手段として、義務教育を無償としている。

　日本国憲法は、義務教育の無償を定めており (26 条 2 項)、その無償の範囲は授業料のみに限定されている (教育基本法 5 条)。法律に定められた義務教育の無償の範囲をめぐり、学説上、授業料に限定するべきだとする授業料無償説 (宮澤 1955) に対して、義務教育に必要なすべての経費 (授業料、教科書購入費、教材費、学用品等) を無償とするべきだとする就学必需費無償説 (永井 1988) との論争がなされてきた。事実上は、義務教育の無償の範囲は、授業料無償説による運用がなされている。しかし、低所得の子育て世帯が拡大している今日、親の所得制限が伴う就学援助制度が様々な理由で利用しにくい地域も少なくなく、子どもの成長発達に必要な基本的社会サービスの充実を公的財源で図ることが喫緊の課題である (後藤 2012)。この実情を踏まえると、義務教育の無償の範囲の拡大は、今後教育行政において検討されるべき課題となろう。

| 就学援助奨励義務　経済的理由のため、その子女に義務教育を受けさせることが困難な保護者に対して、市町村は奨学の方法を講じ (教育基本法 4 条 3 項)、援助をしなければならない (学校教育法 19 条)。国は市町村が行う就学奨励や援助に要する経費について、「就学困難な児童及び生徒に係る就学奨励についての国の援助に関する法律」(2 条、同法施行令 1 条、3〜5 条)、「学校給食法」(7 条、同法施行令 6 条 2 項)、「学校保健安全法」(学保法 24 条)、「生活保護法」(13 条、32 条) などに基づき必要な援助を行う。

　生活保護世帯の小中学生には、学校給食費、通学用品費、学用品費について教育扶助が給付される。また就学援助制度により、要保護者 (生保法 6 条 2 項) のうち教育扶助を受けていない者および準要保護者[3] には、学用品費、通学費、修学旅行費、体育実技用具費、宿泊校外活動費、学校給食費、学校病医療費、日本スポーツ振興センター共済掛金などが給付される (第 11 章第 2 節

3　生活保護を受けているといないとにかかわらず、保護を必要とする状態にある者を要保護者といい (生活保護法 6 条)、要保護者に準ずる程度に困窮していると市町村教育委員会が判断した者を準要保護者という。

参照)。

学校設置義務と就学指定　子どもが義務教育を受ける場である学校の設置義務は地方公共団体に課されている (教育基本法 6 条)。小中学校の設置義務は「市町村は、その区域内にある学齢児童 (生徒) を就学させるのに必要な小学校・中学校を設置しなければならない」(学校教育法 38 条、49 条) として、市町村に課されている。また、特別支援学校の小学部・中学部の設置義務は都道府県に課されている (同 80 条)。国は、これらの地方公共団体の学校設置・維持に対して、建設費の一部を負担する「義務教育諸学校等の施設費の国庫負担金に関する法」および教職員の給与を負担する「義務教育国庫負担法」などを通じて財政的に補助している。

　市町村内に小中学校が 2 校以上ある場合、市町村教育委員会は、子どもの就学する小学校や中学校を指定しなければならない (学校教育法施行令 5 条、6 条)。市町村教育委員会は児童生徒の通学距離や通学経路の安全性、地域的つながりや歴史的事情等を勘案してあらかじめ各学校の通学区域 (校区) を定めている。しかし、市町村教育委員会が保護者による就学指定の変更の申し立てを相当と認めるときは、指定した学校を変更できる (同令 8 条)。保護者の申し立てが「相当と認められるとき」とは、地理的、身体的理由等から指定校に通うのが著しく過重な負担となる場合やいじめへの対応策として保護者が望む場合などである。

　以上のように、義務教育制度は、保護者への就学義務、授業料の無償化、就学援助奨励、学校設置の 4 つを要件として成立している。

猶予・免除と出席停止　保護者は、学齢の子どもを小中学校に就学させる義務を負うが、就学義務の猶予・免除が認められる場合がある。就学義務の猶予および免除は、学齢期 (6 歳から 15 歳) の子をもつ保護者のうち、「病弱、発育不完全その他やむを得ない事由」(学校教育法 18 条) がある場合に認められる。「その他やむを得ない事由」とは、学齢児童生徒の失踪、少年院 (少年院法 1 条) や児童自立支援施設 (児童福祉法 44 条) への入院、重国籍であるため等であり、経済的理由は含まれない。なお、2021 年度の就学免除数は 2851 人、就学猶予者数は 1107 人であった (文部科

学省ホームページ)。

　児童生徒の出席停止は、感染症防止を目的とする (学校保健安全法19条) 以外に、学齢児童生徒の問題行動に対して、他の児童生徒の教育を受ける権利を保護する観点から出席停止の制度がある (学校教育法36条、49条)。他の児童生徒の教育を受ける権利を阻害する問題行為とは、①職員に傷害または心身の苦痛を与える行為、②施設または設備を破損する行為、③授業その他の教育活動の実施を妨げる行為である。なお、学校は出席停止中の児童生徒に対して、適切な学習支援やその他の教育上必要な措置を講じ、当該児童生徒の立ち直りや円滑な学校復帰ができるようにしなければならない。

| 学校選択制　　上述の就学指定制度により、保護者の申し出により相当と認められる場合には就学校の変更は可能ではあったが一般的ではなかった。しかし、近年では、市町村教育委員会は、就学するべき学校の指定に先立ち、あらかじめ保護者の意見を聴取することもできるようになった (学校教育法施行規則32条1項)[4]。これをもとに、近年、学校選択制を一部の地方自治体が実施している。1998年の三重県紀宝町の町立小学校を皮切りに、2000年からは、東京都品川区の区立小学校などが導入している。2012年の小中学校の学校選択制度実施状況は、小学校246自治体 (15.9%)、中学校204自治体 (16.3%) である (文部科学省ホームページ)。文部科学省は、学校選択制を図表6-6のように5つの類型に便宜的に区分している。

　学校選択制の実施をめぐっては賛否両論がある。学校選択制支持論には、国と地方公共団体が公共財 (教育) を独占すると、公共財 (教育) の劣化をもたらすため、市場の競争原理を働かせるべきだとする市場化論がある (フリードマン2012)。私立学校のように公立学校も競争的環境に置けば、生徒を獲得するために教職員が努力するようになり、教育の質が高まるという考え方である。

　また黒崎 (2006) は、教育行政の官僚制や教師の専門職主義を乗り越えるには、「抑制と均衡」(チェック・アンド・バランス) という民主主義の原理を働

4　市町村教育委員会は、就学校を指定する通知において、この保護者の申立ができる旨を示さなければならない (同規則32条2項)。

図表 6-6　学校選択制の類型

①	自由選択制	当該市町村内の全ての学校のうち、希望する学校に就学を認めるもの
②	ブロック選択制	当該市町村をブロックに分け、そのブロック内の希望する学校に就学を認めるもの
③	隣接区域選択制	従来の通学区域は残したままで、隣接する区域内の希望する学校に就学を認めるもの
④	特認校制	従来の通学区域は残したままで、特定の学校について、通学区域に関係なく、当該市町村内のどこからでも就学を認めるもの
⑤	特定地域選択制	従来の通学区域は残したままで、特定の地域に居住する者について学校選択を認めるもの
⑥	その他	①から⑤以外のもの

出典：文部科学省「小・中学校における学校選択制の実施状況について」、2012 年。

かせ、教育行政当局、教職員、親、子ども、地域コミュニティの市民といった関係者の力を再統合させることが重要であり、そのために学校選択制度を「触媒」として導入することが必要だと主張している。

　一方で、市場原理が内在する学校選択制の弊害を懸念する慎重論もあり、曖昧な根拠による保護者の学校選択、学校間格差の固定化、教職員の負担増加、地域社会との紐帯の崩壊等が懸念されている（佐貫 1998、山本 2005 等）。事実、学校選択制の見直しも一部の地域で見られる。2004 年度に学校選択制を導入した群馬県前橋市は 2011 年度に廃止しており、2002 年度に導入した東京都杉並区でも 2016 年より廃止しており、従来の通学区域指定校に戻し、指定校変更認定制度の中で、隣接校に限って通学区域の変更を認めている（東京都杉並区ホームページ）。

　学校選択制は、公教育の核である義務教育の機会均等原理と密接に関わる。学校選択制導入を公立学校再建の「触媒」と評価するか、学校選択制に内在する市場原理により教育の機会均等原理を脅かすものと評価するか、慎重な議論が求められる。

第３節　高校教育制度

1. 高等学校の種類

　高校は、課程、学科、教育課程の運用方法の違いによって分類される。図表6-7は、高等学校の種類を表したものである。課程の違いでは、全日制、定時制、通信制がある。全日制は、昼間に授業が開講され修業年限は３年間とされる高校である。定時制は、夜間その他の特別の時間帯または季節において授業を行う課程で、修業年限は３年以上とされ、４年間としている場合が多い。もともと定時制課程は、経済的事情により働きながら通学しなければならない若者に教育の機会を提供するために設置されたものであるが、近年では働きながら通学する者は減り、不登校などの課題を抱えた場合の進学先として選ぶ場合も増えている。通信制課程は、主に郵便を利用したレポート課題の添削と年に数回程度の面接指導（スクーリング）により指導を行っている。近年では、インターネットやテレビ放送などを使用している学校もある。

　高校の学科は、大きく３つに分類される。１つは普通教育を主とする普通科、専門教育が履修単位の一定割合以上を占める専門学科に加えて、第三の学科として総合学科が1994年に設置された。総合学科は、普通科目と専門科目および総合選択科目から構成される幅広いカリキュラムを提供している。この学科では、総合選択科目を中心に、国際理解、工業、商業、福祉、情報、環境、言語など、多様な「系列」（科目群）が学校ごとに置かれる。2019年現在、生徒数

図表6-7　高等学校の種類

課程	全日制、定時制、通信制
学科	普通科　：普通教育を主とする学科
	専門学科：専門教育を主とする学科（農業科、商業科、工業科など）
	総合学科：普通教育および専門教育を選択履修を旨として総合的に施す学科
教育課程の運用方法	学年制：学年による教育課程の区分を設ける
	単位制：学年による教育課程の区分を設けない

で見ると、普通科が73.1%を占め、専門学科が21.5%、総合学科が5.4%である（文部科学省「学校基本調査」）。

　教育課程の運用方法では、学年制と単位制がある。学年制では、学年ごとに指定された科目の単位を修得しないと卒業・進級できない（原級留置）。それに対して単位制では、3年間で決められた単位数を修得すれば卒業できる。

2. 高校入試制度

高校入試制度と学区制　戦後の新制高等学校発足時では、①小学区制、②総合制、③男女共学制が基本原則とされ、これは高校三原則と呼ばれる。このうち小学区制は、一学区に高校を1校のみ設置し、居住する地域に置かれた高校に進学する制度である。1952年に小学区制を採用していたのは、23道府県であった（佐々木1979）。1947年に公布された学校教育法施行規則59条では、高校への入学条件は中学校卒業のみで、入学希望者が高校の定員を超えた場合にのみ入学者選抜を行うことと定められていた。

　その後、高校進学率の急速な増加[5]、および特定の高校への志願者の集中などの理由で、学力試験による入学者選抜の実施が恒常的になり、1950年代半ばから全国的に小学区制が廃止され、高等学校の通学区域拡大の方向へと進んだ（佐々木1979）。1963年には、学校教育法施行規則59条が改訂され、今日につながる高校入試制度が成立した。

受験競争と一元的能力主義　高校進学率は、高度経済成長が始まる1960年から急上昇し始め、1974年には90%に達して、ほぼすべての国民が高校教育を受ける時代となった。しかし、高校受験競争は緩和されず、逆により多くの生徒を巻き込んでいった。

　1960年代の中等教育政策は、産業構造の近代化に対応するための人材育成という観点から、主に職業教育の拡充をねらいとしていた。しかし、終身雇用制・年功制などを維持し、具体的な職種に特化された能力よりも一般的な

5　中学校卒業者のうち高等学校へ進学した者の割合は、1955年で51.5%、1960年で57.7%、1965年で70.7%に達している（『文部科学統計要覧』2012年版）。

潜在能力を評価する日本企業の雇用システムのもとで、多くの中学卒業者は普通高校への進学を志向し、入学試験の偏差値に価値を置く「一元的能力主義」が日本の中等教育を性格づけることとなった (乾 1990)。

　1970 年代後半以降、生徒の荒れや校内暴力、登校拒否・不登校、高校中退、いじめなどが大きな問題として現れてくるようになる。高校進学率が90％を超えると、競争から降りる選択肢は狭まり、学校の序列化も進行する。高校進学競争は「開かれた競争」から「閉じられた競争」へと質が変化し、抑圧性がより高まることとなった (久冨 1993)。

▌ 高校通学区域の拡大　通学区域については、地方教育行政の組織及び運営に関する法律 (地教行法) 50 条において、「高等学校の教育の普及及びその機会均等を図るため」、都道府県教育委員会が「通学区域を定める」との規定があり、入試制度の導入後も維持されていた。これは、受験競争および高校の序列化を制限する機能を果たしてきた。

　しかし、地方分権化と規制緩和の流れの中で、都道府県教育委員会が通学区域を定めることを規定した地教行法 50 条は 2002 年に削除された。これにより、高等学校の通学区域は廃止することが可能となった。2003 年度に東京都と和歌山県が、選択機会の拡大という目的で通学区域の完全撤廃を実施したのを皮切りに、全国で廃止あるいは学区の拡大が進んでおり、これによる受験競争の激化が指摘されている (小川 2009)。

3. 高校多様化政策の開始

　このようにほとんどの子どもが高校に進学できるようになったが、同時に受験競争の過熱や高校の序列化、荒れやいじめなどの教育問題が進行していった。これに対して、1970 年代後半以降、高校を多様化することで対応していこうとする高校教育改革が構想され、実施に移されていく (横井 2009)。

　具体的には、多様な生徒の実態に対応した新しいタイプの高校 (単位制高校、集合型選択制高校、全寮制高校、単位制職業高校、6 年制高校〔中高一貫教育〕、地域に開かれた高校) が都道府県教育長協議会によって提案された。このうちのいくつかを原型とした高校が、1980 年代から各都道府県で漸進的に導入されていっ

た。集合型選択制高校を原型とする総合選択制高校は、1980 年代前半に埼玉県でいち早く設置された。単位制高校は 1988 年に定時制通信制課程で、1993年に全日制課程で設置が認められた。また、1994 年に総合学科が導入され、中高一貫教育は 1999 年に制度化された。

　また、定時制高校における多様化として、多部制単位制の導入があげられる。多部制単位制の定時制高校では、午前部・午後部・夜間部などの特定の時間帯に行う授業を、生徒が希望に応じて自由に組み合わせることができる。これにより、学習時間や時期、学習方法などを生徒のペースで選択することが可能となる。また、単位制の導入によって、前籍校での修得単位の加算や留年がないなどの特色をもつことができる。こうした柔軟なしくみによって、不登校や中途退学経験者などの学び直しの機会としての役割を果たすことに加えて、発達障害などの困難を抱える生徒や外国籍の若者など多様なニーズをもつ生徒にとっての学びの場となっている。1993 年に最初の多部制単位制定時制高校が設置され、2021 年では定時制高校のうち約 16％が多部制単位制を導入している。

4．ゆとり教育から学力向上への転換

　高校多様化政策が開始された時期は、詰め込み教育見直しの方向で学習指導要領の改訂が進められた時期であった。1978 年の学習指導要領で基礎的基本的事項の重視や総単位数の削減などが実施され（山口 1998）、1989 年の学習指導要領では新たに自ら学ぶ意欲や思考力、判断力、表現力などの資質や能力を重視する「新しい学力観」が提示された。さらに、1996 年の中教審答申で「ゆとり」の中で「生きる力」を育むことが基本方針として提案され、それを受けた 1999 年の学習指導要領改訂によっていわゆる「ゆとり教育」が導入された。

　しかし、1990 年代には経済の脱工業化・情報化・グローバル化を背景として、企業が学校教育に求めるニーズが変化し始め、先端的科学技術者やグローバル企業を運営するエリート等、創造的人材の育成を要求するようになっていた。また大学側からも大学生の学力低下が問題とされ、「ゆとり教育」

は厳しい批判にさらされるようになる。2000年に設置された教育改革国民会議の報告を受け、文部科学省は新たな目標として「確かな学力の向上」を据え、「ゆとり教育」から学力向上へと政策転換を図った。

5. 高校教育の質保証

　中学から高校への進学率が98％を越え、多様なニーズへの対応として、学科・学校および教育課程の多様化が図られた。その一方では、在籍する生徒の学力や学習意欲の格差の問題は残されたままであった。2010年に高校教育授業料無償化制度が導入され、高校教育の質保証が課題として議論された。2011年には、中央教育審議会において、すべての生徒に共通に身につけさせる資質・能力を「コア」と定義づけ、「共通性の確保」と「多様化への対応」のバランスを取ることの必要性が指摘された（中央教育審議会 2014）。

　高等教育機関への進学率が80％近くに達する状況を踏まえ、高校教育の質保証の問題は、高校教育改革と入試改革および大学教育改革とを一体化させた議論となった。その議論を受けて2015年に発足した高大接続システム改革会議からは、高等学校基礎学力テストの実施が提案された。このテストは、高校教育の質保証に加えて、大学入試選抜において、高校段階での学習成果を把握するための参考資料として活用することを意図した。また、実施に当たっては、一定の条件を満たす民間業者主催の検定試験などを採用することが決められた（高大接続システム改革会議 2016）。2019年にテストの名称が「高校生のための学びの基礎診断」とされ、2019年度から2021年度までは試行期間とされた。

第4節　特別支援教育制度

戦前の障害児教育　明治初期の障害児教育は、慈善家や篤志家によるものが中心だった。1875年に古河太四郎によって京都に瘖啞教場が設立され、のちに京都盲啞院となる。また、東京では、1880年に楽善会訓盲院が開設され、やがて全国各地での設置が進んでいく。そして、

1923 年制定の盲学校及聾唖学校令によって、盲学校・聾学校の設置義務が道府県に課された。しかし、知的障害者のための教育は、石井亮一が設立した滝乃川学園をはじめとして、知的障害者施設が知的障害者の学習施設としての機能を果たしていたが、第三次小学校令 (1900 年) で障害児は「瘋癲白痴、又は不具廃疾」とされ、就学免除の対象となっており、公的に保障されていなかった (文部省 1958、中村ほか 2003)。

戦後の障害児教育
（戦後〜特殊教育）　1947 年に制定された教育基本法 3 条で、能力に応じた教育を受ける機会の保障が規定された。しかし、障害をもつ子どもに対する特別な措置の規定はなされていなかった。一方で、同年に制定された学校教育法第 6 章で特殊教育に関して規定され、盲学校、聾学校、養護学校の設置義務が都道府県に課された。義務制の施行期日は、政令で定めることとされており、盲学校と聾学校は、1956 年に義務化が完了したが、養護学校に関しては、1979 年にようやく義務化が実施された。

　養護学校が義務化されたことによって、これまで就学免除や就学猶予になっていた知的障害者や重度障害者に対して教育を受ける権利が保障された。これによって、障害者への教育を受ける権利が確立された一方で、障害をもたない子どもや地域社会からの隔離が起こるという反対意見が存在し、障害者団体による反対運動も展開された (茂木 1990、荒井 2020)。

障害児教育の国際的
動向と特別支援教育　1994 年に発表されたサラマンカ宣言において、「特別な教育ニーズ」「インクルーシブ教育」という 2 つの概念が新しく示され、障害者に対する教育は、転換点を迎えた。「特別な教育ニーズ」とは、障害のみならず、あらゆる困難を抱える子どもたちへ教育を保障するという概念である。「インクルーシブ教育」とは、特別な教育ニーズをもつ子どもに対する教育を教育制度全体の問題として捉え、彼らが通常の学校で学ぶことを原則としている。そして、これまで障害者が在籍していた特別支援学校に対して、一般学校への支援や専門家の養成という新たな役割が付与された。そして、2006 年に障害者権利条約が採択され、インクルーシブ教育が障害者に対する教育として法的拘束力をもつことになった。同条約では障害者に対する教育は、一般教育制度の下に実施され、合理的配

慮の提供が義務化された（コラム「合理的配慮」参照）。

　日本においては、2001 年に文部科学省が「21 世紀の特殊教育の在り方について（最終報告）」を発表したことをきっかけとして、特別支援教育に向けた議論がなされる。ノーマライゼーションの進展と障害の重度化・重複化・多様化に対応するために、個人のニーズに応じた教育を行うことが目的とされた。これに伴い、養護学校のさらなる充実と、小中学校に在籍する学習障害や ADHD、ASD 等の発達障害をもつ子どもへの対応が目指された。

　2006 年に教育基本法が改正され、障害者が教育を受けるための支援の提供が、国と地方公共団体に新たに課された（4 条 2 項）。また、2007 年に学校教育法が改正され、特殊教育は、特別支援教育へと転換した。特別支援教育は、①一人ひとりの教育的ニーズに応じた適切な指導や支援を行う、②知的な遅れを伴わない発達障害を含め、特別な支援を必要とする子どもが在籍するすべての学校で実施される、③共生社会の形成の基礎となるという 3 つの理念の下に実施された。

　この転換によって、従来の特殊教育の対象に加えて、特別な教育ニーズをもつ通常学級に在籍する児童生徒も対象となり、学習障害や発達障害をもつ子どもが対象とされた。また、これまでの養護学校・盲学校・聾学校が、特別支援学校へ、特殊学級は特別支援学級へとそれぞれ改称された（特別支援学校・特別支援学級数の推移は、図表 6-8 参照）。これにより、障害の種別を統合した特別支援学校の設置が可能となった。さらに、特別支援学校は、小学校等に在籍する支援を必要とする児童生徒の教育に関して、在籍校の要請に応じて

図表 6-8　特別支援学校数および特別支援学級数の推移

	特別支援学校					特別支援学級	
	視覚障害	聴覚障害	知的障害	肢体不自由	病弱	小学校	中学校
2010	82	116	656	296	131	30,367	13,643
2013	85	120	706	334	143	34,133	15,610
2016	84	120	761	349	149	39,386	17,842
2019	82	118	786	352	151	46,590	19,717
2021	84	119	801	354	154	48,848	20,630

出典：学校基本調査。

図表 6-9　学校教育法施行令 22 条 3 による障害の種類と程度

区分	障害の程度
視覚障害者	両眼の視力が概ね 0.3 未満のもの又は視力以外の視機能障害が高度のもののうち、拡大鏡の使用によつても通常の文字、図形等の視覚による認識が不可能又は著しく困難な程度のもの
聴覚障害者	両耳の聴力レベルがおおむね 60 デシベル以上のもののうち、補聴器等の使用によつても通常の話声を解することが不可能又は著しく困難な程度のもの
知的障害者	一　知的発達の遅滞があり、他人との意思疎通が困難で日常生活を営むのに頻繁に援助を必要とする程度のもの 二　知的発達の遅滞の程度が前号に掲げる程度に達しないもののうち、社会生活への適応が著しく困難なもの
肢体不自由者	一　肢体不自由の状態が補装具の使用によつても歩行、筆記等日常生活における基本的な動作が不可能又は困難な程度のもの 二　肢体不自由の状態が前号に掲げる程度に達しないもののうち、常時の医学的観察指導を必要とする程度のもの
病弱者	一　慢性の呼吸器疾患、腎臓疾患及び神経疾患、悪性新生物その他の疾患の状態が継続して医療又は生活規制を必要とする程度のもの 二　身体虚弱の状態が継続して生活規制を必要とする程度のもの

注：学校教育法施行令 22 条 3 の障害種・程度を一部修正。

助言や援助を行うこととされた。また、特別支援学校には、寄宿舎の設置が義務づけられており、遠方から通う子どもの通学保障と自立のための教育を行っているほか、近年では福祉的な機能も担っている。

　そして、障害をもつ子どもの就学先の決定に当たっては、学校教育法施行令 22 条の 3 に規定されている障害の程度によって決定される（図表 6-9）。また、これまでは各教育委員会が就学先を決定していたのに対し、本人や保護者が意見を表明し、当人のニーズや専門家の意見、学校や地域の状況を考慮した上で決定されることになった。

　日本は 2014 年に障害者権利条約を批准した（条約に関しては、コラム「合理的配慮」参照）。批准に向けて、文部科学省中央教育審議会が 2012 年に「共生社会の形成に向けたインクルーシブ教育システム構築のための特別支援教育の推進（報告）」を発表した。この報告では、障害者権利条約のインクルーシブ教育システムの理念を踏まえ、現行の特別支援教育の推進がインクルーシブ教育の推進に当たるとしている。そして、個別の教育的ニーズに応えるために、通常学級・通級による指導・特別支援学級・特別支援学校が連続性のあ

る「多様な学びの場」として位置づけられた。

■ 特別支援教育の課題　特別支援教育の開始以来、特別支援学校や特別支援学級に在籍している子どもの数は増加している（図表6-10）。また、2019年度に小学校・特別支援学校の第 1 学年に就学予定者で、特別な教育的支援が必要であると認定された者（1万887人）のうち、特別支援学校に入学した児童は73.5％に当たる8003人、また2835人（26.0％）が特別支援学級に在籍することになった。つまり、特別な教育ニーズをもつ子どもが通常学校に在籍しつつ、個別の支援を受けられる制度の構築が、今後の特別支援教育の課題である。

　特別支援教育に携わる教員の免許も課題としてあげられる。特別な場で教育を受ける児童生徒が増加する一方、特別支援学校の教員免許をもつ教員の割合が低い点が課題の 1 つである。2018年度では、特別支援学校に勤務している教員のうち、学校が対応している障害種の教員免許をもつ教員の割合は、79.8％であった。

　さらに、特別支援学級・通級による指導を受ける児童生徒が増加している一方で、それらに対応する教員免許が設けられていない。特別支援学校の教員免許では、知的障害に対応する教員免許は取得できるが、学習障害や発達障害への対応は十分とは言い難い。また、2018年度より、小学校・中学校・高等学校の教員免許取得に当たって、特別の教育的支援を必要とする子どもへの理解に関する科目が必修となった。しかし、専門性の修得には不十分であり、各種学会が主要な役割を担っているのが現状である。

図表 6-10　特別支援学校・特別支援学級在籍者数の推移

（単位：人）

	特別支援学校					特別支援学級	
	視覚障害	聴覚障害	知的障害	肢体不自由	病弱	小学校	中学校
2010	5,774	8,591	106,920	31,530	19,337	101,019	44,412
2013	5,940	8,624	118,225	32,050	19,653	120,906	53,975
2016	5,587	8,425	126,541	31,889	19,559	152,580	65,259
2019	5,083	8,175	131,985	31,094	18,863	199,564	77,112
2021	4,775	7,651	134,962	30,456	18,896	232,105	91,885

出典：学校基本調査。

　次に、特別支援教育を受ける生徒の進路も課題としてあげられる。窪島 (2019) によると、かつては特別支援学級に在籍している生徒が高等学校に進学することは困難であったが、近年では全国で増加している。そして、高等学校における特別支援教育は、学校独自の取り組みによって行われていたが、2018 年の通級による指導が制度化されたことによって拡充が図られている。通級による指導を含め、後期中等教育段階における特別支援教育のさらなる充実を模索することが求められる。

　最後に、特別支援学校の教育条件整備の課題があげられる。特別支援学校は児童生徒の障害の種類やその程度が多様であるため一律に教育条件を決めにくく、これまでに学校設置基準が定められていなかった。しかし、近年は特別支援学校在籍者の増加に対し教室不足が深刻であり、特別教室を普通教室として使用する、教室をカーテン等で区切って授業を行う等、教育環境が悪化している例も指摘されている。この解消のために 2021 年 9 月に「特別支援学校設置基準」(令和 3 年文部科学省令 45 号) が制定され、特別支援学校のための必要な最低基準が定められた。今後は、教育条件整備が進展することが望まれるが、この設置基準は児童生徒数の上限の定めや既存校への適用規定がなく、特別支援学校の過大化や過密化の解消に向けてはなお課題も残されている。さらなる規定の見直しや財政的手当の必要性についても、引き続き検討が必要であろう。

コラム：合理的配慮

　2016 年に障害者差別解消法が施行され、合理的配慮の提供が行政機関は法的義務、事業者に対しては努力義務として課された。合理的配慮とは、障害者権利条約で初めて国際人権法に導入された概念であり、障害者が通常の環境において活動が可能なように施設設備の改善を行い、配慮や便宜を提供することを目的としくいる。

　障害者権利条約の 2 条によれば、合理的配慮は、障害者がすべての人権や基本的自由を行使するために必要かつ適当な変更および調整であり、特定の場合において提供されるものである。そして、提供される合理的配慮は、他者との均衡を失することがなく、過度な負担を課さないものと定義されている。これに関して、松井ほか (2010) は、障害者が何らかの活動をする際に、障害を考

慮に入れて障害のない人と実質的に同じ処遇となるよう配慮や便宜を提供することが合理的配慮であると解説している。

そして、24条で障害者が教育を受けるに当たって、個人に必要な合理的配慮が提供されることを定めている。ここでいう合理的配慮は、通常学級や特別支援学校といった教育を受ける場所に関係なく、個人の必要に応じて提供されるものである（清水 2010）。しかし、松井ほか（2010）は、特別支援学級や特別支援学校での教育が、合理的配慮に該当すると誤解され、通常学級への入学拒否が起こる可能性を指摘している。つまり、通常学級での就学を希望する児童生徒に、合理的配慮に関する議論や検討を行わずに、特別支援学校や特別支援学級に在籍させることは、合理的配慮の不提供に基づく障害を理由とする差別に該当する可能性が示唆される。

合理的配慮の取り組みは、実際に教育場面で実施されている。清水ほか（2016）は、実際に学校現場や入学試験において提供された合理的配慮を紹介している。たとえば、白血病で骨髄移植を受けた生徒が高校入試を受けるに当たって、主治医や受験校との協議によって、別室受験の実施などの措置が取られた。一方で、松井ほか（2010）は、提供される合理的配慮の内容は、「合理的」であること、「不釣合いな負担」を課さないものであるという2点の限定条件の存在を指摘している。したがって、障害者が教育を受ける機会を保障する上で必要な合理的配慮とその配慮の合理性・提供者の負担との均衡を保ちうる取り組みを模索することが、教育における合理的配慮の今後の課題といえる。

【引用・参考文献】
清水貞夫（2010）『インクルーシブな社会をめざして　ノーマリゼーション・インクルージョン・障害者権利条約』クリエイツかもがわ
清水貞夫・西村修一（2016）『「合理的配慮」とは何か？―通常教育と特別支援教育の課題』クリエイツかもがわ
松井亮輔・川島聡（2010）『概説　障害者権利条約』法律文化社

第5節　教育保障の課題

就学保障の課題　国の統計によると、日本の義務教育就学率[6] は戦後当初から99％台であり、1980年代以降は99.95％を超える高率を示している（文部科学統計要覧2021）。しかし、実際には義務教育未修了者

が戦後相当数生み出されてきた (コラム「夜間中学校」参照)。戦後の混乱が収まり、貧困のために就学できないケースは減り、1979年の養護学校義務制実施後は障害を理由にした就学免除・猶予も減少したが、近年では、不登校やニューカマーの子どもたちの就学が新たな課題となっている。

1. 不登校の子どもたちとその支援

不登校の定義　文部科学省は毎年、不登校に関する調査結果を公表している。それによると、不登校児童生徒とは、年間30日以上欠席した者のうち、「何らかの心理的、情緒的、身体的、あるいは社会的要因・背景により、児童生徒が登校しないあるいはしたくともできない状況にある」者を指す (文部科学省2021)。これには、病気や経済的な理由、新型コロナウイルス感染回避によるものは含まれない。

「不登校」という言葉は、文部省統計において最初から使われていたわけではない。戦後に六・三制義務教育制度が発足した当初、長期欠席する児童生徒が高い割合で存在していたため、文部省は公立小中学校を年間50日以上欠席した長期欠席児童生徒の全国調査を1951年に開始した。その際には、「病気」「経済的な理由」と「学校ぎらい」が長期欠席理由として用いられた。学校基本調査でも長期欠席理由として「学校ぎらい」が用いられた (1966年以降)。定義は「心理的な理由などから登校をきらって長期欠席した者」である (保坂2009)。

その後、貧困等を理由とした長期欠席は1960年代に大きく減少し、学校に行かないことが逸脱的な行為とみなされるようになったことを背景に、1970年代には文部省は、学校基本調査では「学校ぎらい」をそのまま使いながら、文書類においては「登校拒否」という言葉を用い始めた (加藤2012)。

ところが、「登校拒否」(統計上は「学校ぎらい」) が1980年代後半から急増したため、文部省は「登校拒否はどの子にも起こりうる」ものであるとその認

6　義務教育就学率とは、義務教育学齢人口 (外国人を除く就学者数＋就学免除・猶予者数＋1年以上居所不明者数) に対する外国人を除く就学者数の比率である (文部科学統計要覧 2012)。

識を改めることとなった（文部省 1992）。学校基本調査の長期欠席についても、1991 年より 50 日以上を 30 日以上に変更され、1999 年より「学校ぎらい」は「不登校」という言葉に置き換えられることとなった。

不登校児童生徒数の推移　1991 年以降、小中学校不登校児童生徒数は 6 万人台から 1997 年には 10 万人を超え、2000 年には 14 万 3000 人にまで急増する。これをピークとしてその数は一時、減少するが、2013 年より再び増加し、2020 年には 19 万 6000 人に上っている。全児童生徒に占める不登校児童生徒の割合も増加し、2020 年は中学校では 4.09％（24 人に 1 人）となっている（図表 6-11）。不登校児童生徒の在籍学校数の割合は小学校で 71.4％、中学校で 90.7％に及んでいる。

不登校の背景・要因　文部科学省の調査は、「不登校の要因」を①本人に係る要因、②学校に係る要因、③家庭に係る要因に

図表 6-11　全児童、生徒数に占める「不登校」の比率

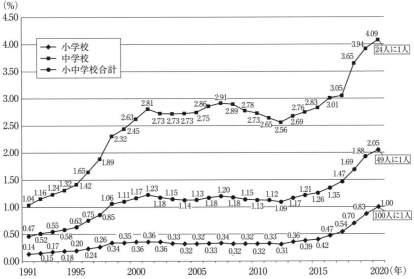

注　：小学校には義務教育学校前期課程、中学校には義務教育学校後期課程および中等教育学校前期課程を含む。
出典：文部科学省「令和2年度児童生徒の問題行動・不登校等生徒指導上の諸課題に関する調査」、2021年。

分類している。2020 年度を見ると（国公私立小中学校計）、①の主たるものとして「無気力・不安」46.9％、「生活リズムの乱れ・あそび・非行」12.0％が高い。②の主たるものでは「いじめを除く友人関係をめぐる問題」10.6％、③の主たるものでは「親子の関わり方」8.9％が高い。（文部科学省 2021）。しかし、これらの理解は難しい。たとえば「無気力・不安」は、本人自身の問題のように受け取れるが、家庭や学校の環境を背景にして生じる場合もある。

「学校ぎらい」の定義において「心理的な理由」があがっていたように、不登校はしばしば当人の心理的な問題として捉えられることがある。しかし、学校文化からのドロップ・アウトである脱落型不登校が1990年代に増加したといわれる（保坂 2000）。不登校出現率と地域・階層（住民の学歴や職種）の相関性も指摘されている（岩田 2008）。不登校は単に個人の心理的な問題ではなく、社会的な問題として捉える必要がある。

不登校対応の取り組み　現在、不登校に対して次のような取り組みが国と自治体によって行われている。1 つはスクールカウンセラーや相談員の配置である。文部省は 1995 年より調査研究事業という形でスクールカウンセラーの配置を開始し、2001 年には制度化を図った。全公立中学校約 1 万校への配置はほぼ完成し、現在公立小学校約 2 万校を目標に配置が拡充されつつある。

スクールソーシャルワーカーの配置も 2008 年より開始され、現在、全公立中学校区への配置（1 万人、うち 1500 人は貧困・虐待対策重点加配）が目指されている。自治体によって、子どもと親の相談員として教員 OB などの人材の学校配置や、教育委員会での24時間体制の電話相談などが行われており、国は必要経費の補助を行っている。

不登校児童生徒の居場所や学習の場として教育支援センター（適応指導教室）を設置している自治体もあり、2017 年度で 1295 カ所が設置されている（文部科学省 2019）。八王子市立高尾山学園（2004 年、小中一貫校）、京都市立洛風中学校（2004 年）・洛友中学校（2007 年）など、不登校児童生徒のための公立小中学校も設置され、私立においても星槎中学校（2005 年、横浜市）や東京シューレ葛飾中学校（2007 年、東京都葛飾区）、東京シューレ江戸川小学校（2020 年、

東京都江戸川区）などが設立されている。東京都は不登校生徒向けの高校（チャレンジスクール）を2000年に開設し、2020年現在5校が設置されている。

　ほかに家庭と学校、医療機関や保健所、児童相談所、民間施設、民生・児童委員などが連携して子どもと家庭を支援するネットワークづくりが進められている。不登校対応専任教員の配置（大阪府）、教員や臨床心理ケースワーカーなどがチームを結成して家庭を訪問し、在宅学習や学校復帰の支援を行う「ホームスタディ制度」(埼玉県志木市) など、自治体独自の取り組みも行われている。

フリースクール　不登校の子どもたちを受け入れることを主な目的とした民間施設を、一般にフリースクールと呼ぶ。フリースクールは全国に400以上存在するが（本山2011）、利用する子どもが10人にも満たない小規模なものが多い。フリースクールには利用料がかかり、数も少ないため、利用しているのは不登校の子どもたちの一部でしかないが、その子どもと保護者にとっては居場所や教育を受けられる場として重要な役割を果たしている。

　文部科学省は、①公的な指導機会が得られないときは民間の相談・指導機関も考慮されてよい、②一定の要件を満たしていれば学校外の施設での相談・指導を受けている日数を指導要録上の出席扱いにしてよいとして（文部省1992）、フリースクールの活用を認めている。ただ、フリースクールは私立学校法に定められた学校法人（私学）ではないため、公費助成はない。憲法89条は、「公金その他の公の財産は、宗教上の組織若しくは団体の使用、便益若しくは維持のため、又は公の支配に属しない慈善、教育若しくは博愛の事業に対し、これを支出し、又はその利用に供してはならない」としており、特に後段の部分により、法的に学校として認められていないフリースクールに公費助成を行うことはできないというのが行政の解釈である。

不登校施策の課題　子どもたちの抱える困難が学校に通えないという事態に結びついた結果が不登校であるが、これまでの自治体教育行政・学校は子どもに登校させる自体を目標に置く傾向があった。そのため発生要因や不登校児童生徒の実態の把握が十分に行われず、また学

校復帰しない（できない）場合には支援がないという事態も生んできた（横井 2013）。不登校の要因やそれに至る経過は様々である。学校のあり方を広く見直すとともに、不登校になった場合の支援をより手厚く行っていくことが求められる。

2. 在日外国人の子どもの教育機会

増加するニューカマー　在日外国人は、戦前から在住する韓国・朝鮮人とその子孫を中心とするオールドカマーと、1970年代以降に来日した日系人や外国人就労者らのニューカマーに大きく分けることができる。前者には特別永住権があるが、後者にはそれがない。ニューカマーでは、日系ブラジル人や中国帰国者とその家族・子孫が大きな比重を占めている。

　2020 年末現在の在留外国人数は 288 万 7000 人であり、総人口の 2.30％を占める。2000 年末に比べて 129 万 3000 人増えており、長期的に増加傾向にある。「特別永住者」の割合は 1960 年代中頃まで 90％近くを占め、その後も 2006 年まで最大構成比を占めていたが、2020 年末で 30 万 4000 人、10.5％と大きく減少している。近年は、ニューカマーが大幅に増え、大きな比重をもつようになった（法務省入国管理局 2021a）。

外国人の子どもと就学義務　わが国の義務教育は日本の国家社会の形成者の育成という役割をもつことから、就学義務は日本国籍を有する保護者に課されており、外国人の保護者には及ばないというのが国の見解である（江澤 2010）。就学義務制度は、国民に義務を課しながら権利を保障するという重層的な性格をもつものであり、義務をはずされれば同時に権利を失いかねない。いかにして外国人の子どもの教育機会を保障するかは重要な教育問題の 1 つといえる。

　わが国も批准している「経済的、社会的及び文化的権利に関する国際規約（A 規約）」は、「初等教育は、義務的なものとし、すべての者に対して無償のものとする」よう定めており（13 条 1）、子どもの権利条約はそれに加えて、中等教育もすべての子どもに利用できる機会を与えるよう規定している（28

条 1・2)。これを踏まえてわが国でも、①公立の義務教育諸学校へ就学を希望
する場合には無償で受け入れること、②教科書の無償配付および就学援助を
含め日本人と同一の教育を受ける機会を保障することとしている（文部科学省
ホームページ「帰国・外国人児童生徒教育等に関する施策概要」）。

外国人の子どもの就学・進学　　2018 年末の在留外国人のうち、義務教育
　　　　　　　　　　　　　　　　　　就学年齢にある者（6〜15 歳）は 14 万 8000

図表 6-12　日本語指導が必要な外国籍児童生徒の母語別在籍状況

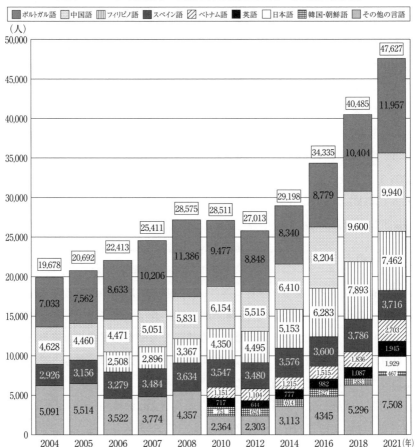

出典：文部科学省「日本語指導が必要な児童生徒の受入れ状況等に関する調査結果の概要（2021
年）」、2022 年。

人、16〜18 歳は 4 万人、計 18 万 8000 人である（法務省入国管理局 2021b）。2021
年 5 月 1 日時点の外国籍の子どもの公立学校（小中高校・特別支援学校）在籍数
は 11 万 5000 人であり、この 5 年間で 2 万 5000 人増加している。内訳は小学
校 7 万 4000 人、中学校 2 万 8000 人、高校 9000 人などとなっている（文部科
学省 2022）。

　2019 年、文部科学省は外国人の子どもの就学状況について初めて全国調査
を行った（文部科学省 2020）。その結果、住民基本台帳に記載されている学齢
相当の外国人の子どもは 12 万 3830 人（小学校相当 8 万 7033 人、中学校相当 3 万
6797 人）いるが、そのうち不就学が 630 人、就学状況が確認できない者が
8658 人、住民基本台帳に記載されているが、就学状況が不明の者が 1 万 183
人であり、これらを合わせて 1 万 9471 人が不就学状態となっている可能性が
あるということが判明した。

　就学していても、日本語能力に課題があり、授業理解に困難を来している
場合も多い。公立小中学校に在籍する外国籍の子どものうち、日本語指導が
必要な外国籍の児童生徒数は 2021 年 5 月 1 日現在で 4 万 8000 人いる（図表 6
-12）。母語はポルトガル語、中国語、フィリピン語、スペイン語が多く、こ
の 4 言語で 7 割に上る。地域は愛知県が最多の 22.6% を占め、ほかに神奈川、
東京、静岡、大阪、三重、埼玉が多い。また、日本語指導が必要な日本国籍
の児童生徒も 1 万 1000 人いる（文部科学省 2022）。

図表 6-13　公立学校在籍期間 5 年以上の外国人生徒の日本語能力と指導時間

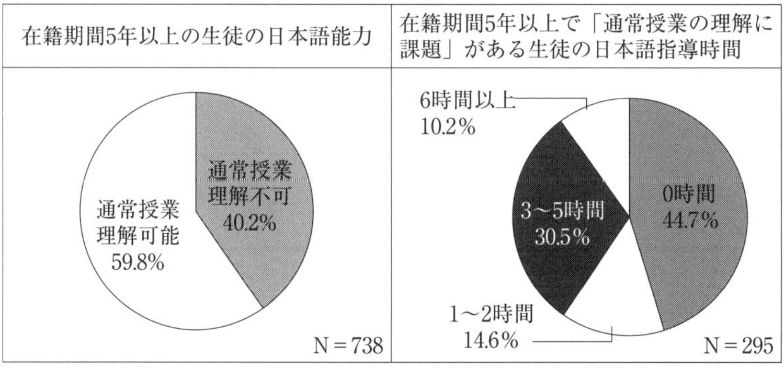

出典：外国人集住都市会議『外国人集住都市会議東京 2012 報告書』、2013 年。

　外国人集住都市会議によると、公立学校在籍 5 年以上の中学校 3 年生でも 40.2％が通常授業の理解ができていない（図表6-13）。高校進学率も低く、28 市町の外国人の中学校卒業生の高校進学率は帰国・不明等を除いても 80％程度にとどまる（外国人集住都市会議 2012）。

外国人学校をめぐる課題　公立または私立の小中高校に在籍せず、外国人学校に在籍する子どももいる。外国人学校とは、日本に在住する外国人の子どもの教育を担う教育施設である。通常、独自の教育課程をもつため、学校教育法 1 条に定められた学校（1 条校）として認可されないが、一部に学校教育法 134 条に定める各種学校、私立学校法 64 条に定める準学校法人として都道府県より認可される学校がある。

　2021 年 5 月現在、高校相当の学校も含め、各種学校に認可されている外国人学校は全国に 141 校あり（学校基本調査 2021）、ブラジル学校、朝鮮学校、中華学校、韓国学校等のほか、国際バカロレア資格などに対応した教育を行うインターナショナル・スクールも含まれる。オールドカマーの学校やインターナショナル・スクールは各種学校の認可を受けている場合が多いが、ニューカマーの学校では無認可も多い。2000 年代半ばでブラジル学校 96 校、朝鮮学校 73 校、中華学校 5 校、韓国学校 4 校、インターナショナル・スクール 24 校、その他の学校 10 校、合計 212 校あった（月刊「イオ」編集部 2006）。ただ、学校数は変動しやすく、ブラジル学校は 2007 年 12 月の 88 校から、2008 年秋のリーマンショックの影響で、2011 年 9 月には 75 校と急減している（拝野 2013）。

　外国人学校のうち各種学校（準学校法人）となった学校は私学（学校法人）に準じた助成を受けられるが、助成額は非常に低い。無認可校の場合、公費助成は得られない上、各種学校に認められる学割定期券の利用や授業料への消費税の免除がない。一部の自治体では無認可校を各種学校に引き上げるため、認可基準に関する校地・校舎の自己所有要件および資金要件の緩和を行っており、文部科学省の調査研究協力者会議でも緩和を促している（外国人学校の各種学校設置・準学校法人設立の認可等に関する調査委員会 2012）。

　以前には外国人学校を卒業しても大学入学資格とはならなかったが、現在

では、国際的な評価団体（WASC、ECIS、ACSI）[7]認定外国人学校の 12 年の課程を修了した者のほか、高等学校卒業程度認定試験の合格、あるいは大学の個別の入学資格審査による認定によっても大学入学資格が得られる。

┃ 国・自治体の教育施策と課題　　国は、①日本語指導等、特別な配慮を要する児童生徒に対応した教員の配置、②帰国・外国人児童生徒教育担当指導主事等連絡協議会の開催、③日本語指導の指導者養成研修、④第二言語としての日本語カリキュラム開発などを推進している（文部科学省ホームページ「帰国・外国人児童生徒教育等に関する施策概要」）。また、日本語指導が必要な児童生徒のために、「特別な教育課程」を編成できるようにし（2014 年に学校教育法施行規則改正）、2017 年度より 10 年計画で日本語指導担当教員の基礎定数化も進めている。

　外国人の子どもの教育保障に尽力する自治体も生まれている。日系ブラジル人をはじめ、外国人が人口の 3.3％を占める群馬県太田市では、バイリンガル教員や支援員の配置、日本の学校で初めて学ぶ子どもを対象としたプレクラスや小学校入学前の子どもを対象としたプレスクールの設置、日本語指導方法の研究や独自教材の開発に取り組んでいる（外国人集住都市会議 2012）。先述したように不就学状態の外国人の子どもが多数出ており、国・自治体の対応はまだ不十分である。日本語指導教員が不足しており、雇用も不安定で待遇も十分ではない。2019 年に日本語教育推進法が制定され、外国人等に対して日本語教育を受ける機会を最大限に確保するという理念が掲げられたが、その効果が出るにはまだ時間がかかる。他方、自治体では予算不足などもあって、外国人の日本語学習の機会、外国人の子どもの教育機会の保障が十分にはできていない。グローバル化が進む中、外国籍の子ども、外国にルーツをもつ子どもの教育保障が大きな課題として浮上してきている。

7　WASC = Western Association of Schools and Colleges、ECIS = European Council of International Schools、ACSI = Association of Christian Schools International。

━━━━━━━━━━ **コラム：先住民族アイヌと教育** ━━━━━━━━━●

　2007 年の国連総会において、先住民族が独自の言語で教育をする権利や、差別されずに教育を受ける権利を定めた「先住民族の権利に関する国際連合宣言」が採択され、その後の世界各国の先住民族をめぐる教育政策に大きな影響を与えている。

　かつて、明治政府による北海道の開拓に伴い近代的な土地所有制度が導入されたことにより、アイヌの人々は強制的な移住を余儀なくされた。さらに、1899 年に制定された「北海道旧土人保護法」の下で「土人学校」や「アイヌ学校」と呼ばれる学校が設置（1937 年に廃止）され、アイヌ語よりも日本語の習得が優先されるなどの同化政策が推し進められた。これらの政策の結果、多くのアイヌの人々が社会的、経済的、そして文化的に不利な状況に置かれることとなる。

　その影響は今日も続いており、北海道の調査（北海道環境生活部 2017）によると、以前から改善したとはいえ、居住市町村内の生活保護受給率と比べてアイヌの人々の割合が高い状態が続いている。また、高校卒業後の進学率も、居住市町村内の数値と比べてアイヌの人々は 10 ポイント以上低い。

　しかしながら近年、アイヌ民族をめぐる政策に変化の兆しが見られている。2017 年に改訂された新学習指導要領には「アイヌの文化についても触れること」の文言が追記された。また、2019 年には「アイヌ施策推進法（アイヌの人々の誇りが尊重される社会を実現するための施策の推進に関する法律）」が制定され、アイヌが北海道の先住民族であると法律上初めて明記された。2020 年には国立博物館「ウポポイ（民族共生象徴空間）」が北海道白老町に設置されるなど、アイヌ文化への注目度が高まりを見せている。

【引用・参考資料】
アイヌ政策のあり方に関する有識者懇談会（2009）『報告書』
北海道環境生活部（2017）『北海道アイヌ生活実態調査報告書』

3. 教育機会確保法の制定とその課題

　以上、見てきたように日本の学校教育はいまだ教育保障という点で多くの課題を残している。義務教育を十分に受けられなかった人々には、貧困や差別、障害・病気などにより学校に通う機会が奪われた子ども、義務教育が課されない外国人の子ども、不登校の子どもなど、様々な人々がいる。

　日本の義務教育は年齢主義を採用しており、学齢をすぎると親の就学義務
はなくなり、子どもの教育を受ける権利も保障されなくなる（本章第 2 節参照）。
義務教育を受ける機会が十分に得られず、中学校卒業証書も得られないまま
に学齢期をすぎてしまったいわゆる義務教育未修了者は、もう一度学び直し
たいと思っても、学齢をすぎたがゆえに義務教育機会を補償しようとする自
治体は少ない。また、不登校状態が続き、出席日数が大きく不足していても、
校長判断で卒業証書が授与される場合が多い。これを形式卒業と呼ぶことが
ある。中学校卒業証書がなければ高校進学はできないが、形式卒業の場合、
十分な教育を受けずに卒業することになる。

　義務教育未修了者（外国人も含む）を受け入れるものとして夜間中学校があ
る。これは、学校教育法施行令 25 条によって「二部授業」を行うことが認め
られており、これを根拠として中学校に設置される夜間学級である（コラム
「夜間中学校」参照）。しかし、全国に多数の義務教育未修了者がいるにもかか
わらず、公立夜間中学校数は 2000 年代においても全国 8 都府県に 30 校程度
しか設置されておらず、その整備が課題となっていた。また、不登校の子ど
もへの支援策として、不登校期間の代替的教育の用意や進路選択の支援が重
要になるが、教育支援センター（適応指導教室）や訪問教育の充実、対応教職
員の拡充、民間施設（フリースクールなど）への助成などが求められてきた。

　こうした状況に対して、夜間中学校やフリースクールの関係団体などが運
動を繰り広げ、2016 年 12 月、教育機会確保法（義務教育の段階における普通教育
に相当する教育の機会の確保等に関する法律）が成立した。これは不登校児童生徒
への個々の状況に応じた支援や安心して教育を受けられる学校の環境整備、
義務教育を十分に受けていない者への教育機会を年齢・国籍に関わりなく確
保することなどを目的とし、自治体・学校とフリースクールを含む民間団体
との連携の推進やすべての都道府県・政令指定都市に夜間中学校を設置する
ことなどを目標としている。

　一部では不登校支援のための自治体と民間の連携も進められているが、教
育支援センターの教職員配置は自治体独自財源に任されているなど、条件整
備は進んでいない。他方、夜間中学校は設置がいくらか進み、2022 年 4 月現

在、15 都道府県に 40 校となった（文部科学省ホームページ「夜間中学の設置促進・充実について」）。ただ、ニーズがないとして早々に検討を打ち切った県もある。大都市部では外国人の子どもが多数入学しており、日本語教育をはじめ、どのように夜間中学校の教育や条件整備を行うべきか、さらなる検討が求められている。

コラム：夜間中学校

　義務教育を受ける機会を失い、十分に読み書きができないまま生活をしている人がいる。戦後の新学制施行後 2000 年頃までの義務教育未修了者総数は 160 万 6000 人と推計されている（日本弁護士連合会 2006）。これらの人々の教育権を保障しているのが夜間中学校である。

　1947 年施行の新学制により中学校が義務教育となったが、家庭の経済的事情から昼間に就労を余儀なくされ、中学校を長期欠席している学齢者が多くいた。これらの生徒のために教員が独自に夜間に授業を行い始め、その後、市町村教育委員会が関わり夜間中学校が開設された。1950 年代には 80 校を越え、10 代の日本人が多数通った。1960 年代には、社会情勢の変化や就学奨励策の導入により、学齢の長欠問題が解消され、応急的に開設された夜間中学校は次第に減少し、1960 年代中頃には 20 校ほどになった。

　1966 年には行政管理庁による夜間中学校の早期廃止勧告が出されたが、相当数の学齢超過の義務教育未修了者が残された。それらの人々の教育権を回復することを求める夜間中学校増設運動が 1967 年から開始され、1969 年に大阪市立天王寺夜間中学校が開設された。その後、大阪府内で夜間中学校が次第に増加し、全国の学校数も 30 校を超えた。1970 年代から生徒に在日韓国朝鮮人が急増した後、中国残留孤児が加わり、1980 年代には不登校経験者が学び、1990 年からは就労・結婚で来日した外国人の子ども等が急増し、現在多数派となっている。

　近年では、2015 年の文部科学省の通知により、学齢の満了とともに中学校の卒業資格を付与された「形式卒業者」にも門戸が開かれた。各年の全国の生徒数に対する形式卒業者数（％）は、2016 年 54 人（2.9％）、2017 年 87 人（4.7％）、2018 年 119 人（7.0％）、2019 年 213 人（12.2％）、2020 年 234 人（15.5％）、2021 年 341 人（21.3％）であり増加傾向にある（全国夜間中学校研究会『全国夜間中学校研究大会記念誌』各年版より）。このように、夜間中学校は、時代ごとに義務教育を十分に受けられなかった人々の教育権を保障しており、2021 年には全国 12 都府県に 36 校が設置され、1603 人が学んでいる。

　夜間中学校の関係者によって開始された増設運動は長年にわたり継続され、2006 年には日本弁護士連合会から「意見書」が出された。2016 年 12 月には「教育機会確保法」が成立し、国・各自治体においては、夜間中学校の開設の推進、未設置区における自主夜間中学校等への支援等に取り組むことが求められている（本章第 5 節参照）。近年では、2021 年に県立夜間中学校が開設（徳島県、高知県）され、新たな動向が注目されている。
（注：夜間中学校の呼称は、中学校夜間学級、夜間中学など多岐にわたるが、ここでは「夜間中学校」に統一した。）

【引用・参考文献・資料】
日本弁護士連合会「学齢期に修学できなかった人々の教育を受ける権利の保障に関する意見書」、2006 年 8 月 10 日
文部科学省通知「義務教育修了者が中学校夜間学級へ再入学を希望した場合の対応に関する考え方について」、2015 年 7 月 30 日

〈考えてみよう〉
1. 義務教育制度における就学義務とは誰に課されている義務か、また教育を受ける権利をもっている者は誰なのか考えてみよう。
2. 現代においても義務教育を十分に受けられない（なかった）人たちがいる。それはどんな人々か、なぜ機会を逃したのか、その要因を考えてみよう。
3. 高校は多様化が進んでいるが、どんな課程や学科があるか、確認してみよう。また、なぜ高校の多様化が進められているか考えてみよう。
4. 特殊教育、特別支援教育、インクルーシブ教育はどう違うのか考えてみよう。

【引用・参考文献】
荒井英治郎（2007）「憲法第 89 条をめぐる政府解釈と私学助成」『東京大学大学院教育学研究科教育行政学論叢』第 26 号
荒井裕樹（2020）『障害者差別を問いなおす』筑摩書房
市川昭午（2006）『教育の私事化と公教育の解体―義務教育と私学教育』教育開発研究所
伊藤健治・横関理恵・高嶋真之ほか（2014）「多様な若者の学びを保障する高校教育―北星余市高等学校調査の中間報告」『公教育システム研究』第 13 号
乾彰夫（1990）『日本の教育と企業社会――一元的能力主義と現代の教育＝社会構造』大月書店

岩田香奈江（2008）「不登校問題に対する政策的対応の現状と課題—東京都の不登校発生率地域差に対する社会構造的要因に注目して」『人文学報．社会学』第 43 号

江澤和雄（2010）「就学義務制度の課題」『レファレンス』No.712

梅根悟（1961）『教育の歴史』新評論

小川洋（2009）「通学区域の見直しと高校の特色作り—総合選抜制を中心に」『国立教育政策研究所紀要』138 集

外国人学校の各種学校設置・準学校法人設立の認可等に関する調査委員会（2012）「各都道府県における各種学校設置・準学校法人設立の認可基準の状況と文部科学省の通知を踏まえた弾力化の状況」

外国人集住都市会議（2012）『外国人集住都市会議いいだ 2011 報告書』

外国人集住都市会議（2013）『外国人集住都市会議東京 2012 報告書』

加藤美帆（2012）『不登校のポリティクス—社会統制と国家・学校・家族』勁草書房

久冨善之（1993）『競争の教育—なぜ受験競争はかくも激化するのか』労働旬報社

窪島務（2019）『発達障害の教育学 「安心と自尊心」にもとづく学習障害理解と教育指導』文理閣

黒崎勲（2006）『教育の政治経済学』同時代社

月刊「イオ」編集部編（2006）『日本の中の外国人学校』明石書店

高大接続システム改革会議（2016）「高大接続システム改革会議『最終報告』」

後藤道夫（2012）「子どもの貧困と学校教育」世取山洋介・福祉国家構想研究会編『公教育の無償性を実現する—教育財政法の再構築』大月書店

佐々木亨（1979）『高校教育の展開』大月書店

佐貫浩（1998）「『地域と学校』問題の今日的課題」『教育』第 48 巻第 1 号

田中耕太郎（1961）『教育基本法の理論』有斐閣

中央教育審議会（2014）「新しい時代にふさわしい高大接続の実現に向けた高等学校教育、大学教育、大学入学者選抜の一体的改革について〜すべての若者が夢や目標を芽吹かせ、未来に花開かせるために〜（答申）」

中央教育審議会初等中等教育分科会高等学校教育部会（2014）「初等中等教育分科会高等学校教育部会　審議まとめ〜高校教育の質の確保・向上に向けて〜」

永井憲一（1988）「義務教育の無償制の意義」『憲法判例百選 II』有斐閣

中村清（2008）『国家を越える公教育—世界市民教育の可能性』東洋館出版社

中村満紀男・荒川智（2003）『障害児教育の歴史』明石書店

拝野寿美子（2013）「ブラジル人学校の生き残り戦略—リーマンショックと東日本大震災を経て」『神奈川大学心理・教育研究論集』第 33 号

土方苑子（2002）『東京の近代小学校—「国民」教育制度の成立過程』東京大学出版会

福田繁・安嶋彌（1961）『私立学校法詳説　改訂版』誠文堂新光社

藤田英典・田中孝彦・寺崎弘昭（1997）『教育学入門』岩波書店

フリードマン, M & R、西山千明訳（2012）『選択の自由—自立社会への挑戦』日本経済新聞出版社（原著 Milton Friedman, Rose Friedman〔1990〕*Free to Choose: A Personal Statement*, Mariner Books）

法務省入国管理局（2021a）「在留外国人統計結果の概要 2020 年」

法務省入国管理局（2021b）「在留外国人統計（2021 年 6 月末現在)」

保坂亨（2000）『学校を欠席する子どもたち―長期欠席・不登校から学校教育を考える』東京大学出版会

保坂亨（2009）『"学校を休む"児童生徒の欠席と教員の休職』学事出版

堀尾輝久（1971）『現代教育の思想と構造―国民の教育権と教育の自由の確立のために』岩波書店

松崎運之助（1979）『夜間中学―その歴史と現在』白石書店

宮澤俊義（1955）『日本國憲法コンメンタール篇 I』日本評論新社

宮島喬・太田晴雄編（2005）『外国人の子どもと日本の教育―不就学問題と多文化共生の課題』東京大学出版会

茂木俊彦（1990）『障害児と教育』岩波書店

茂木俊彦（2007）『障害児教育を考える』岩波書店

本山敬祐（2011）「日本におけるフリースクール・教育支援センター（適応指導教室）の設置運営状況」『東北大学大学院教育学研究科研究年報』第 60 集第 1 号

文部科学省（2011）「『学校設置会社による学校設置事業』調査結果」

文部科学省（2012）「外国人の子どもの就学機会の確保に当たっての留意点について」（初等中等教育局長通知）

文部科学省（2019）「『教育支援センター（適応指導教室）に関する実態調査』結果」

文部科学省（2020）「外国人の子供の就学状況等調査結果について」

文部科学省（2021）「令和 2 年度児童生徒の問題行動・不登校等生徒指導上の諸課題に関する調査」

文部科学省（2022）「日本語指導が必要な児童生徒の受入れ状況等に関する調査結果の概要（2021 年)」

文部省（1958）『盲聾教育八十年史』二葉

文部省編（1981）『学制百年史』帝国地方行政学会

文部省（1992）「登校拒否問題への対応について」（初等中等教育局長通知）

柳本雄次（2011）「特殊教育から特別支援教育へ」石部元雄・柳本雄次編著『特別支援教育（改訂版)―理解と推進のために』福村出版

山口満（1998）「学習指導要領の変遷」月刊高校教育編集部編『これまでの高校、これからの高校―高校教育のあゆみと展望』学事出版

山本由美（2005）「品川区『教育改革』の全体像と問題点」堀尾輝久・小島喜孝編『地域における新自由主義改革―学級選択、学力テスト、教育特区』エイデル研究所

山本由美編（2010）『小中一貫教育を検証する』花伝社

横井敏郎（2009）「高校教育改革政策の論理とその課題」『国立教育政策研究所紀要』138 集

横井敏郎（2013）「日本における自治体不登校ガバナンスの課題」日本教育行政学会研究推進委員会編『教育機会格差と教育行政』福村出版

渡部昭男（2013）「貧困・能力・必要―教育的ニーズへの対応と教育行政学の課題」日本教育行政学会研究推進委員会編『教育機会格差と教育行政―転換期の教育保障を展望する』福村出版

第 7 章

学校組織と学校経営

〈本章のポイント〉

　学校は、多くの教職員による組織であり、校務分掌や職員会議等により経営されている。学校経営では、教師の専門性を軸にした疎結合の組織特性を活かし、校長を中心としながら、すべての教職員による民主的で自律的な学校経営を実現させることが重要である。また今日では、少子化や過疎を踏まえた学校づくりが課題である。コミュニティ・スクールや地域学校協働本部、学社融合、三者協議会等、保護者や住民等の参加と協働によって、これらの地域課題に応える開かれた学校づくりの推進が必要とされている。

第1節　学校の組織と経営

学校という組織

　はじめに、学校を組織として捉える上の基本的な考え方を確認しておきたい。まず、学校とは、いうまでもなく多くの教職員や児童生徒で構成され、その教育活動は個人プレイではなく、複数の人により支え合い協力し合う中で成立している。組織とはこのような「2人以上の人々の意識的に調整された活動や諸力の体系」であるとされ、その成立のためには①互いに意思を伝達できる人がいる（コミュニケーション）、②人々が行為によって貢献意欲をもつ（貢献意欲）、③共通の目的の達成を目指している（共通目的）の3要素が必要と考えられてきた。これは裏を返せば、複数の人々がいても、コミュニケーションが成立していなかったり、貢献意欲が低い人がいたり、目的が個人間でバラバラである場合、それは組

136

織とは言い難い、あるいは組織として問題を抱えていることを意味する。

　学校は、この組織としての3要素を意識した上で、さらに3つの基本原則を確認することが大切とされている（吉本 1965）。それは第一に、学校経営の主体性やその自由を尊重する外的構造の必要性である。組織は、それを構成する人々によって絶えず生成され変化するため、そのことが組織の外側から尊重されることが重要であるということである。第二に、教職員のすべての力が最大限に発揮される真の協力体系の必要性である。組織の3要素で確認したように、学校も組織であるためには、その構成員による目的の共有と協力が重要であるということである。第三に、子ども自身のよりよい発達を目的とすることである。学校は日本国憲法に基づき教育を受ける権利を社会的に保障する目的を有するが、その上位には子どもの権利条約に確認されるように、子どもの最善の利益の保障と、子ども自身による幸福追求の実現が目指されなければならない。

　学校とは、これらの基本原則に倣い、子どもたちが自らの尊厳を守ることができるよう様々な人々の諸力を調整するところに組織としての存在意義がある。本章ではこの原則を確認した上で、学校組織の特徴と課題、および学校経営の基本的問題について取り上げていく。

校務分掌組織　学校には教育活動だけではなく、教務、事務、研究・研修等の様々な校務が存在している。このような校務を処理する分業体制のことを校務分掌と呼ぶ。教職員は、校長が定める校務分掌組織に配置され、授業や生活指導のほかに、学校経営上の種々の業務に携わっている。この背景には、1976 年の文部次官通達以来、全教職員によって学校の組織的機能を向上させ、学校組織の目的と計画の遂行を図ろうとする考え方がある。

　校務分掌は法令によっても明確に定められている（学校教育法施行規則 43 条）。同規則 44 条では教務主任および学年主任、45 条では保健主事、46 条では事務長ならびに事務主任に関する規定がなされ、中学校では生徒指導主事（70 条）と進路指導主事（71 条）を、高等学校では学科ごとに学科主任（81 条）を置くことが定められている。その他、必要に応じて他の主任等の設置を認め

る規定（47条）があり、各学校は経営上に必要な分業体制を柔軟に整備することが可能となっている。

　学校組織は、校長を責任者とし、その下に副校長や教頭、各種委員会組織、職員会議等の経営部門があり、その次に教務や学年等の各種校務部門を位置づけている。経営部門では、学校安全や特別支援教育等の各種委員会のほか、学校評議員（同規則49条）を集めた評議員会議や学校関係者評価会議、学校運営協議会（地教行法47条5項）の設置によって学校経営に保護者や地域住民の参画を進める学校もある。校務部門では、法令に基づく校務分掌組織のほかに、生徒指導部、研究部、情報部など、教育活動の円滑な実施に向けて様々な分掌組織が整備されている。

職員会議　高等学校以下において、主に学校経営の要となるのが職員会議である。かつての職員会議は、管理職からの意思伝達、教職員間の連絡調整、全教職員の経営参画機会（協議、意思決定）を担う機関であった。しかし、法令上その権限や役割は長く規定されず、職員会議は校長の補助機関か、それとも最高意思決定機関かをめぐり意見が対立していた。

　この状況を受けて、職員会議は2000年の学校教育法施行規則改正で初めて法的に規定された。同規則48条は「小学校には、設置者の定めるところにより、校長の職務の円滑な執行に資するため、職員会議を置くことができる」とし、また同条2項として「職員会議は、校長が主宰する」と校長の役割を明確に定めた（中学校は同規則79条、高等学校は104条で上記規定が準用される）。この法改正によって、職員会議は校長の補助機関とされ、学校経営上の最終的な意思決定権が校長にあることが確認された。そのため、全教職員の参加と共同意思決定の場として運営されてきた職員会議は、そのあり方に見直しが迫られることとなった。

　その後、教育行政の指導により職員会議を法規定通りに厳格に運営させようとする動きも見られた。2006年4月13日の東京都教育委員会の通知「学校経営の適正化について」（17教学高第2336号）は、職員会議を法令上の補助的機能に限定することを都立学校長に指導するとともに、校長が会議の場で全教職員の意向を挙手などの採決で確認することを不適切として禁じた。ま

た、都教委の通知は、職員会議の代わりに、学校全体の業務に関する企画立
案および連絡調整を目的に、管理職や主幹教諭、各種主任らで構成される企
画調整会議を学校経営の中枢機関とすることを指導し、教職員の意向は主任
を通し企画調整会議にあげる形で、学校経営の「適正化」を進めようとした。
しかしながら、この通知は、それまでの職員会議の民主的運営を否定するも
のと解され、教職員の学校経営参画への意欲を削ぐ、モノをいわない教師が
増えるなどの批判を生んだことでも知られている（土肥ほか 2009）。こうした
批判もあり、学校経営は教職員がそれぞれの専門性を発揮し、一致協力して
協議や意思決定に関わることが変わらず重要とされている。学校経営を一部
の管理職のみに閉ざさずに、すべての教職員とともに民主的に進めていく工
夫が今後も求められている。

学校の組織特性と疎結合組織

学校組織は企業や軍隊等の組織とは異な
る特性をもつといわれている。わが国のか
つての学校組織は鍋ぶた型の単層構造と呼ばれてきた。これは、管理職であ
る校長と教頭が突出し、残りの教職員たちは主任も含めて実質的にすべてが
横ならびで組織される状態を意味する。単層構造における教職員は、管理職
の指揮監督のもとで教育活動を行う一方、同僚と互いの教育観や信念、教職
経験や教科特性などを調整し、学校経営目標を大きく共有し、目前の課題に
柔軟に対応し、学校教育の複雑な諸活動、諸課題に自律的な判断や工夫を行
うことが期待されている。

　この単層構造では、教職員は自律的でありながら緩やかに結合している状
態となる。これを「疎結合（ルース・カップリング）」と呼ぶ。学校組織はまさ
に疎結合組織としての特性をもっている。組織一般は諸活動と諸関係を調
整・統制して、その目標を達成するためにあることから、機能的分業と規則
に基づく職務遂行、そして職階と指揮命令関係等に基づく官僚制（bureau-
cracy）の組織が、最も効率的で合理的な構造だと考えられてきた。ところが、
学校組織はその組織の目標達成において、官僚制ではなく疎結合の組織にそ
の有効性が主張されている。それはなぜか。

　疎結合組織が学校に適している理由は、学校組織の目的である教育活動が

多義的で、複雑で、不確実だからである。学校組織の目的はいうまでもなく
教育活動であり、児童生徒の発達への助成的介入を行うべく発達科学と真理
に基づき教育活動を集団的に遂行することである。しかし、教育活動には学
校内外の複雑な諸関係が作用し、その結果は予測しにくく、様々な矛盾を抱
えることも珍しくない。さらに、発達可能態としての子どもたちは、その能
力もニーズも様々で、それぞれが固有の生活史と環境を背負っている。その
ため、教師の教育技術と教育実践も非定型にならざるを得ず、こうした非定
型な教育活動を構成するには、学校組織も柔軟性を備えていなければならな
い。これらの理由から学校組織には官僚制よりも疎結合が適しているとされ
ているのである。これまでの学校は、柔軟な組織によって専門職としての教
師の裁量を尊重し、それによって教育組織としての目標をより合理的に追求
しようとしてきたのである。

学校組織の改革動向とその論点

ところが、近年の学校組織は、鍋ぶた型
からピラミッド型、単層構造から重層構
造へと改められようとしている。2007年の学校教育法改正によって、教職員
の職位として新たに副校長、主幹教諭、指導教諭が設けられ、それらの職に
ミドルリーダーとして校長の業務を補佐する役割を与え、学校経営における
責任体制の明確化と校長のリーダーシップの確立が図られている。つまりは、
学校の組織目標の達成に向けて組織内の指揮命令関係を強化し、より効率的
で結合的な組織への転換が目指されているのである。

この背景には、わが国の経済の低迷や国際的な学力調査結果の不振を受け
て、学校教育への抜本的な改革が要請されているとともに、これまでは自明
であった教育専門職への社会的信頼が失われつつあることがある。組織が専
門職個人の裁量を尊重し、学級、学年、各教科等の諸活動が緩やかに結合し
ているだけでは、もはや学力向上などの社会的要請に応えられないと考えら
れているのである。しかしながら、これまでの疎結合組織の利点を捨て、教
職員への統制が強化されることになれば、教育活動と教育内容は定型化に向
かい、教育技術と教育方法の不確実性は現実から排除されてしまう。また、
教師の専門職としての自律的な判断や決定の能力が育たなくなり、結果的に

教育の質の低下を招くことが懸念されよう。それが真に教育の目的に適うとは言い難いことからも、今日の学校組織は、教育の公の目的に適合する組織形態を教育活動の現実に基づき解明していくことが求められる。

知識基盤社会と「学習する組織」論

経済のグローバル化と情報産業革命の拡大に基づく知識基盤社会の進展は、今日の学校教育にも強い影響をもたらしている。教育社会学者のアンディ・ハーグリーブス（Andy Hargreaves）は、今日の学校は知識基盤社会に適応するための柔軟性と創造性を育む教育を実施しなければならないが、一方で知識基盤社会における経済活動が市民社会のつながりを蝕み、社会的な緊張関係を増大させることに自覚的でなければならないと警告する。知識基盤社会の拡大は、他者への信頼の喪失、政治や企業、専門職への不信、貧富の差の拡大、治安の悪化など、私たちの社会生活全般、そして子育て・教育の営みにも様々な不安を及ぼし始めるのである。

　「学習する組織」論とは、こうした知識基盤社会に伴う変化や困難を想定し、状況依存的ではなく持続的で自己更新力を備えた組織を、学習を柱に構造化、理論化したものである。この理論を打ち出したピーター・センゲ（Peter Senge）によると、学習する組織は、システムの複雑性への理解や自身との省察的な対話、そして内なる志を要素とする「深い学習サイクル」と、それを構築、持続させるために必要なビジョン・価値・哲学、インフラの刷新や場の創造、そして実践を支える理論やツールによって構築される「戦略的な構造」によって成立する（センゲ2011）。不確実な時代における学校組織は状況適合的でいては変化に飲み込まれるだけである。そうではなく、これまでの教育実践を組織的に省察し、探究と創造を核に生成的学習を遂行することで学校組織は時代の不確実性を乗り越えなければならない（曽余田2010）。そのためにも、教職員一人ひとりが自らの実践や経験の意味をたえず省察し、新たな気づきを得るために、学習を核とした学校経営が求められる。

第2節　自律的学校経営の推進

　今日のわが国では、地方分権と規制緩和を背景に、特色ある学校づくりに向けた自律的な学校経営が追求されている。1998年の中教審答申は、「学校の自主性・自律性の確立」に向けて教育委員会と学校の関係を見直し、学校の裁量権を拡大することを提言していた。2000年の学校教育法施行規則等の改正では、職員会議の位置づけの明確化（本章第1節）に加え、①学校評議員制度の導入と②校長の資格要件の緩和が実現した。

学校評議員制度　学校評議員とは、校長が行う学校運営に関し学校外の意見を聴取するための制度であり、学校運営に対して保護者や地域住民等の意向を反映し、協力を獲得し、学校が外部に説明責任を果たすために設立された。学校評議員は、校長の推薦により保護者や地域住民等のうちから学校設置者によって委嘱され、「校長の求めに応じ、学校運営に関し意見を述べることができる」（学校教育法施行規則49条）。これは、学校経営に保護者や地域住民が直接的に参画する制度ではなく、あくまで校長が行う学校経営を支援するための制度である（磯田2000）。学校評議員は1校当たり5人程度で、多くは地域の自治会や社会福祉施設、社会教育団体等関係者、保護者らが務めている（文部科学省調査、2006.8）。

民間人校長の誕生　校長の資格要件の緩和とは、教員免許状がなくとも校長を採用・任命できる条件（22条）が追加されたことを意味する。これにより、有資格者と同等の資質を有すると任命権者が認めた場合には、民間人であっても校長として任命し、採用することが可能となった。2006年には教頭の資格要件についても同様の改正がなされた。

　民間人校長の任用は、経済団体からの推薦と一般公募のほか、自治体事務職員からの人事異動で任用される者もいる。民間人校長の任用の背景には、民間等で培われた高い経営手腕への期待が大きい。これまでにも、土曜寺子屋等の新たな取り組みを導入した東京都杉並区和田中学校の藤原和博校長（すでに退職）が知られ、ほかにも会議の短縮や効率化、企業知識を活かした

就職指導、学校と地域社会等の連携等で学校改革を主導する例が見られている。

　一方、民間人校長には教職の経験がない場合もあり、かつては教育活動の方向性や教育実践への評価をめぐり教職員との間で強い摩擦を生み、正常な学校経営に支障をきたしてしまったケースもある。そのため、民間人校長等の登用に際しては、半年から 1 年程度の研修機会を事前に保障し、学校の組織特性や教師の教育実践についての十分な理解を獲得させることも重要な課題とされている。

学校評価と PDCA サイクル

今日の自主性・自律性を追求する学校経営では、学校評価に基づく経営サイクルも定着しつつある。政府は、1998 年の中教審答申において自己点検・自己評価の実施とその結果の公開、そして学校運営に関する地域住民の意向の反映について示し、2000 年の教育改革国民会議では、学校の情報を積極的に公開すること、保護者等からの意見に対する結果を公表すること、そして学校評価を含む学校の評価制度の導入による学校改善の推進が提案されてきた。文科省はこれらを受けて、2002 年に小学校設置基準および中学校設置基準（省令）を公布し、2007 年の学校教育法改正によって、教育の質の保証・向上、学校運営の改善、信頼される開かれた学校づくり、を目的とする学校評価の実施を法定化した。

　学校評価は概ね次の 3 つを組み合わせて実施されている。第一に、各学校（教職員）による自己評価である。教職員が自らの教育実践や業務体制を振り返り、全国学力・学習状況調査等の各種結果も用いて、学校の取り組みを自己評価し改善に活かす方法である。第二に、保護者や地域住民らによる学校関係者評価である。PTA 会議や学校評議員会議による意見聴取やアンケート調査によって、児童生徒、保護者、地域住民からの具体的意見や要望より学校の教育活動を評価するしくみである。第三に、直接的な利害関係をもたない外部評価者による第三者評価である。大学教員や企業関係者等で評価委員会を組織し、年に数回の学校訪問や聴取を行う中で、より専門的で客観的な評価を目指す方法である。

　今日の学校はこれらの評価も含めて、PDCA サイクル（Plan〔目標設定〕・Do〔実行〕・Check〔評価〕・Action〔改善〕）によって自律的に学校を改善し、様々な教育課題に対処していくことが政策的にも求められてきた。ただし、学校経営と改善の手法は企業の経営管理に由来する PDCA サイクルに限られるわけではなく（大学評価学会 2011）、次節で扱う開かれた学校づくりや学校運営協議会制度等の取り組み、またこれまでに進めてきた自律的学校経営の実践を組織的に省察することで、学校の地域性や独自文脈、そして組織目標に適した経営手法を追求していくことが大切である。

コラム：教師の日常的な授業研究を支える学校組織
（福井大学教育地域科学部附属中学校の実践例）

　福井大学教育地域科学部附属中学校（以下、附属中）では、イベント的な研修ではなく、日常的に教師が学び合い、自らの授業実践を協働的に省察できる組織を意図的につくり出している。それが「部会」という授業研究組織である。全教職員は 4 つの部会に分かれ、日中でも共通の空き時間をもてるよう時間割も工夫し、週 1 回の定期開催を行っている。この点で、時間割作成を担う教務主任や教頭らと、校内の授業研究の旗振り役である研究主任の連携には目を見張るものがある。

　部会の意義は、温かく気軽な雰囲気の中で同僚と互いを支えケアし合う関係を築けること、そして専門教科を越えたメンバー構成の中で子どもの実際の学習状況を根拠に授業の全容を多様な視点から分析し合えることである。附属中の教師たちは、部会の中で次の実践に向けた新たな方策を見い出し、同僚教師からの励ましも得て、日々の授業実践の改善に取り組めている。

　また教師の省察的学習のサイクルを創り出すことにおいても部会が果たす意義は大きい。附属中の教師たちは、授業単元を終えると授業実践記録や生徒の学習成果物を部会にもちより、同僚と協働的に分析を行い、実践の省察を夏のレポートや年度末の紀要原稿にまとめている。教師たちは部会の場で実践を同僚に語り、文字化し、文脈との相互作用を意識化することで、自らの実践の中にある暗黙知を実践知として認識していく。また、書かれた実践記録・夏レポート・紀要原稿は、部会で共有されることで同僚との協働学習をより活発にし、実践の省察を自らにも他者にも多重にもたらす。この意味でも、実践の記録は、教師たちの協働省察の触媒の役目を果たすのである。

　附属中の取り組みの詳細については、以下の 2 冊を参照するとよい。
・福井大学教育地域科学部附属中学校研究会（2010）『学び合う学校文化』（シ

リーズ 学びを拓く　探究するコミュニティ第1巻）エクシート。
・福井大学教育地域科学部附属中学校研究会（2011）『専門職として学び合う教師たち』（シリーズ　学びを拓く　探究するコミュニティ第6巻）、エクシート。
（注：同校は2017年4月より福井大学教育学部附属義務教育学校となった。）

第3節　開かれた学校づくりと保護者・住民との関係

**コミュニティ・スクール
（学校運営協議会制度）の設立**

わが国では学校の自主性・自律性の確立に向けて、保護者や地域住民の意向を的確に反映させるしくみの必要性が指摘されてきた。そこで、校長と保護者や地域住民が共同し、より透明性が高く、地域に信頼される学校づくりを実現する観点から、2004年に学校運営協議会を設立することが決定した（地教行法47条に5項の追加）。

　学校運営協議会の法的権限は、①教育課程の編成その他の事項について校長が作成する基本方針の承認を行う、②学校運営に関し教育委員会または校長に意見を述べる、③教職員の採用その他の任用に関する事項について任命権者に対して直接意見を述べることができ、その意見は任命権者に尊重される、というものである。学校運営協議会の設置には、学校設置主体である教育委員会の判断が必要であり、委員の任命もまた保護者や地域住民の中から教育委員会が任命するしくみである。2017年4月の地教行法改正では、新たに①コミュニティ・スクールの努力義務化、②学校運営支援の協議事項化、③「地域学校協働活動推進員」の委嘱について追加された。「地域学校協働活動推進員」は、「社会的信望があり、かつ、地域学校協働活動の推進に熱意と識見を有する者」（社会教育法9条7第1項）とされ、「教育委員会の施策に協力して、地域住民等と学校との間の情報の共有を図るとともに、地域学校協働活動を行う地域住民等に対する助言その他の援助を行う」（同法9条7第2項）と定められている。学校運営協議会は2018年4月1日時点で日本全国に5432校（文科省調査より）が設置ずみであり、2011年4月1日で789校だったことからも全国各地で設置が進んでいる。

　学校運営協議会の成果には、①保護者や地域住民の協力による学校改善、学校内外での大人と子どもの関係構築、地域の教育資源・人材を活かした学習活動などが充実し、②保護者と教師との信頼関係が構築され、③地域事情にあった学校運営に適切な管理職と教員の配置が実現可能であることがあげられる。一方、①設置は教育委員会の積極性に左右され、②人事面での教育委員会への要求は少なく、③教職員の負担増や保護者や地域住民の低い参加意識も問題視され、④学校運営協議会委員の人選の困難さや固定化の問題や、⑤PTA等の既存組織との連携が不十分、⑥具体的な改善策の提案がない、⑦保護者や地域住民のニーズを把握できない、⑧運営経費が不足、などの課題も指摘されている。特に、保護者委員の劣位性やジェンダー問題の表出が認められるとの指摘もあり（仲田2015）、多くの住民や保護者の関わりによる開かれた協議会として運営していくために乗り越えるべき課題は多い。

　学校運営協議会には、国や自治体による条件整備の不十分さと、制度を活用する学校側の実践的課題が残されている。しかし、社会が不安定化する状況で、もはや学校だけに教育の課題を任せるべきではなく、学校運営協議会の設立の意義を活かし、限られた資源の中で、わが国の子育て・教育を社会全体の営みとして再構築していく努力が求められている。

学校支援地域本部から地域学校協働本部へ

　2006年の教育基本法改正で13条「学校、家庭及び地域住民等の相互の連携協力」が新設されたように、わが国の今日の子育て・教育は、学校と家庭と地域がこれまでになく連携協力し、課題に対応することが求められている。これを受けて、2008年には学校支援地域本部事業がスタートした。この事業の目的は、学校の求めと地域の力をマッチングして、より効果的な学校支援を行い、教育の充実を図ることである（文部科学省・学校支援地域活性化推進委員会2008）。

　文科省は、学校支援地域本部事業の推進によって、①教員や地域の大人が子どもと向き合う時間が増えるなど、学校や地域の教育活動のさらなる充実が図られるとともに、②地域住民が自らの学習成果を活かす場が広がり、③地域の教育力が向上することを期待している。特に、学校への支援活動を通して地域における生涯学習の振興や地域の教育力の向上を期待し、学校を拠

点に地域自体の活性化を図るねらいも見て取れる。

　学校支援地域本部は、地域コーディネーター、学校支援ボランティア、地域教育協議会で構成される。地域コーディネーターは、学校とボランティア、あるいはボランティア間の連絡調整などを行い、学校支援地域本部の実質的な運営を担う。学校支援ボランティアは、学校の管理下で実際に活動する地域住民のことである。具体的に想定される活動は、授業の補助や、実験・実習の補助等の学習支援活動、部活動の指導、図書の整理や読み聞かせ、グラウンドの整備や芝生の手入れ、花壇や樹木の整備等の校内の環境整備、登下校時等における子どもの安全確保、学校行事の運営支援などである。地域教育協議会は、学校支援地域本部で行う支援方針等を企画立案する委員会で、その構成員は、学校やPTA委員、地域コーディネーター、ボランティア代表のほか、公民館等の社会教育関係者や地域の自治会委員や商工会議所等の関係者等が想定される。協議会の設置場所は学校に限らず、公民館等の社会教育施設の利用も想定される。

　また、2017年には社会教育法が改正され、地域による学校「支援」から地域と学校の「連携・協働」を目指した、地域学校協働活動の体制整備等に係る市町村教育委員会の責務が定められた（5条2、9条7）。地域学校協働活動は、幅広い地域住民等の参画により、地域と学校が連携・協働しながら、地域全体で子どもの成長を支え、地域を創生する活動のことである。また、この地域側の協働活動の基盤となる組織が「地域学校協働本部」である。地域学校協働本部では、これまでの学校支援地域本部に代わり、地域ボランティアの個別活動の総合化と地域コーディネーターの調整機能の強化が目指される。各自治体では、地域側の拠点となる地域学校協働本部と学校側の拠点であるコミュニティ・スクールの連携と協働によって、地域づくりと学校づくりのさらなる充実を図ろうとしている。

　学校と地域の連携・協働において今後の課題となるのは、持続的かつ自律的な運営を支える条件整備の拡充、地域学校協働本部の担い手の確保、地域コーディネート機能の確立と育成である。地域学校協働活動が学校支援の視点にとどまらず、社会教育を基盤にいかにして住民の自主学習活動や既存の

地域団体同士のネットワークづくりを進められるか、これは地域における社会教育活動の成果を振り返り検討される必要があるだろう。

「開かれた学校づくり」の実践事例

これらの国の施策とは異なる様々な「開かれた学校づくり」も存在している。たとえば、習志野市（千葉県）の秋津小学校区では、完全週5日制後の土曜日の校舎と敷地が開放され、地域住民を中心に秋津小学校コミュニティルームを開設してきたことで知られている。この部屋は住民が鍵を管理し、学校施設とは独立した運営方式が採られている。これにより、校内の諸施設が校区住民に全面的に共用・開放され、学校というハードを活用した生涯学習とまち育ての取り組みが進展している。また、学校は住民の生涯学習活動との連携を模索し、住民の授業への参画や合同運動会など学校の教育活動への新たな工夫にもつなげている（岸 2003、2008）。

　このような、学校と校区住民の双方にメリットを生むよう、学校教育と社会教育を融合させる取り組みのことを学社融合と呼ぶ。学社融合の取り組みは、文科省が進める学校運営協議会や学校支援地域本部とも異なり、住民の主体的な生涯学習活動が柱となる。学校教育への支援が主目的ではないため、住民が学校に使われるだけにはならず、住民同士の関係性が形成されない、あるいは一部の住民のみに参画主体が限られる問題を回避しやすい。近年では、秋津コミュニティに倣い、北海道恵庭市等でも社会教育主事の支援を受けて学社融合の取り組みが広まり始めている（横井ほか 2008）。

　また、生徒・教師・保護者が学校や地域の諸問題について意見を交わす三者協議会や、その三者に地域住民を加えた四者フォーラムを開催する学校が現れている。長野県辰野高等学校では、年に1回、住民たちを交えた四者による「辰高フォーラム」を開催し、辰野のまちづくりについて活発な議論を交わしてきた（宮下 2004）。生徒は住民や保護者に意見を述べ、また指摘や助言も受けながら、高校生が市民として自律的に成長を遂げていくための機会を得ている。保護者や住民のみならず教師たちもまた、三者協議会や四者フォーラムに参加する生徒たちの発言と行動から、生徒たちの本音を正面から受け止めた教育活動の意義を再確認している。これまでは北海道立富良野高

等学校や美瑛高等学校等の単独での取り組み（横井ほか 2007）が多いが、高知県の「土佐の教育改革」（2000 年）のように自治体規模で広がりを見せる例もある。全国に散在する点としての事例であるが、三者協議会での決定事項を学校経営に反映させる独自の規定を設ける学校もあり、三者協議会と四者フォーラムは、保護者や地域住民と、何より生徒が学校経営や地域づくりに参画できるしくみとして、わが国の学校経営における新たな可能性を示してくれている。

海外の学校運営・学校参加　海外では、学校経営、学校づくりに保護者や住民が参画することは決して珍しいことではない。保護者や住民、そして生徒を含めた開かれた学校づくりと自律的学校経営の追求は、1980 年代後半から欧米を中心に進展する世界的な改革動向である。

　たとえばアメリカのシカゴでは 1988 年から各校に学校委員会（Local School Council）と呼ばれる統治機構の設置が義務づけられている（坪井 1998、山下 2002、篠原 2008）。学校委員会には保護者が最大の 6 人、ほかに住民から 2 人、そして学校からは校長と教職員 2 人の計 11 人が参加しており、高校ではさらに生徒代表が 1 人加わる体制を取っている。この学校委員会によって、保護者と住民は校長の選任と評価に参画し、校長の学校経営に問題があると判断されれば、その契約を更新せず別の校長を新たに公募し選任することができる。さらに、校長を中心に作成される学校改善計画の承認や、学校予算の使途に関する決定も学校委員会の権限であり、学校の教育活動の目的と理念を、教職員と保護者と住民が共同でつくりあげるシステムとなっている。また、シカゴでは保護者の学校経営への参画を支援する NPO 等が設立され、ワークショップの開催や日常的な相談活動によって学校経営に参画する保護者をエンパワーメントし、民主的な議論の手法や教育に関する専門的な学習等を支援し、学校委員会を活性化させる一助となっている。

　フランスでは、1968 年に生徒と保護者の参加による学校経営が制度化され（小野田 1989）、その後も若干の制度変更を伴いながら現在まで続いている。フランスの特徴は、中等教育段階のリセにおける学校経営への生徒参画にある。

たとえば、各学級から選出される生徒委員 2 人は、保護者代表らとともに成績判定や進路判定に関わる会議に参加し、生徒代表からさらに選出される代表 3〜5 人は、保護者代表や教職員、校長らで運営される学校管理委員会（予算、教育計画、校則、健康、安全等について討議）に参加している。さらに、フランスの生徒参画は、学校を越えたネットワークにも発展している。学校の生徒代表たちは今日の教育課題に関する学習と議論を重ね、地区の教育行政施策に生徒代表が意見表明も行うなど、自立した市民としての活発な活動を見せている（大津 2012）。

学校と保護者・住民の良好な関係づくりに向けて

国や地方自治体、学校の教職員、あるいは保護者や地域住民の主導によって展開する開かれた学校づくりであるが、現実には学校と保護者・地域住民の良好な関係づくりにおいて問題が生じる場合もある。特に、保護者ないし住民が学校に「無理難題（イチャモン）」をもちこみ、教職員が抵抗ないし萎縮することで両者の関係がこじれてしまうケースは、都市部や郡部に関係なく存在している（小野田 2006）。

　小野田によると、学校への無理難題要求の背景には、今日の保護者や地域住民が抱える社会不安や孤立、そして攻撃的な口調や態度によって他者を責め自らを防衛しようとする心理状態がある（小野田 2006）。したがって、学校に寄せられる無理難題の中にも、保護者の子どもへの真っ当な願いや学校への正当な要求が含まれている可能性がある。そのため、教師たちはそれらを直ちに抵抗し排除するのでもなく、あるいは容易に屈服してしまうのでもなく、強い言葉や態度の裏にある保護者の願いや思いを丁寧に読み取る姿勢が求められている。

　ただし、今日の教職員は教育活動のほかに多くの事務作業を抱え、予測し得ない問題発生にも対応し続けており、肉体的にも精神的にも多重の負担を抱えて働いている。こうした学校と教職員に余裕の失われた状態に対して、国や地方教育行政が責任をもって条件整備に取り組むとともに、校務分掌の整理など学校経営上の工夫によって教職員の負担を軽減する試みが求められている。

　最後に、学校と保護者や住民の良好な関係づくりは、なにも学校と教師たちの努力に任せるだけでもいけない。学社融合の取り組みに見られるように、学校への支援活動を論じる前に、社会教育・生涯学習事業を柱とする住民の自己学習や地域づくり活動の活性化の視点をもつことが重要である。その上で自治体行政は子育て・教育に関係する社会教育団体、福祉事務所や児童相談所、医療機関や警察、多分野で活動するNPO組織との協働を模索し、学校のハード・ソフトも活用し、地域の住民の生活を豊かにする地域づくりの発想をもつ必要がある。そうした総合事業によって、保護者や住民同士の関係づくりを支えることが今日の行政に求められるもう1つの課題といえよう。

第4節　過疎化少子化時代の学校づくり

過疎化少子化と学校の小規模化

　日本における過疎化少子化とそれに伴う学校規模の縮小が中長期的な課題となって久しい。日本の総人口は2004年をピークに急激な減少を続けている。2100年には明治後期と同程度の人口規模、高齢化率は40％前後という推計が示されており、少子化の進行が著しい（図表7-1）。

　また、小中学校の規模を見てみると、学校教育法施行規則では適正規模が12〜18学級（41条、79条は準用）とされているにもかかわらず、小学校の43％、中学校の51％が11学級以下となっており、適正規模を下回っ

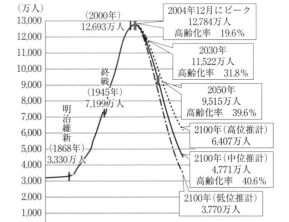

図表7-1　日本の人口推移

出典：国土交通省「『国土の長期展望』中間とりまとめ概要」、2011年。

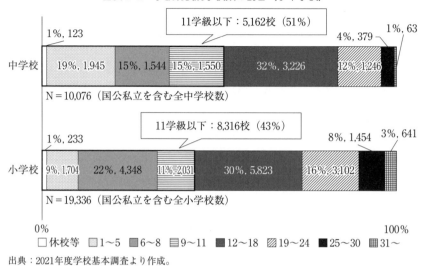

図表 7-2　学級規模別学校数の割合（小中学校）

出典：2021年度学校基本調査より作成。

ている（図表7-2）。進行する少子化を踏まえると、適正規模を維持していくことは困難といわざるを得ない。今後ますます、少人数・小規模の学校の存在を前提とした学校教育のあり方を積極的に考えていくことが不可欠となる。

┃へき地教育の振興　もともと、日本には農村や島しょ地域、山間部などいわゆるへき地の小規模な学校が多く、これらの学校の教育条件整備が課題となってきた。戦後、へき地教育の振興が重要政策の１つとして取り上げられ、教育の機会均等の理念のもと、へき地教育の水準向上を目的に掲げた「へき地教育振興法」（1954年）が制定されるなど、取り組みが進められてきた。

　1959年に制定された「へき地教育振興法施行規則」では、へき地校として指定する基準が示されている。この基準は時代の変化に伴って改正されてきた。現行の基準（2022年最終改正）では、最寄りの駅や病院、高校、役所などへの距離によって点数が定められ、このほかにも複数の要素が加味された上で、１級から５級と準へき地の全６段階でへき地性が測定されるしくみとなっている。へき地校に対して行政は、教育環境の整備や教職員へのへき地手当の支給など必要な措置を講ずることが求められる。

学校の規模と配置

へき地教育の振興と並行して、日本では一定の集団規模を確保することが望ましいという前提のもと学校の規模と配置の「適正化」を目指す政策が推進されてきた。

　公立小中学校の政策について見てみると、1956 年には「公立小・中学校の統合方策について」（文部省通達）で小規模校の統合方針が示された。しかし、この通達に基づき進められた急速な学校統廃合が問題とされ、1973 年の「公立小・中学校の統合について」（文部省通達）では、規模を重視する無理な統合はせず、地域住民の合意と通学負担への配慮が必要であること、小規模校の存置が望ましいこともあることが示された。

　現行法では、学校規模の標準は「12 学級以上 18 学級以下」「ただし、地域の実態その他により特別の事情のあるときは、この限りでない」（学校教育法施行規則 41 条、79 条は準用）とされている。2015 年には文科省が地方自治体向けに適正規模・適正配置等に関する「手引」を作成し、基本的な方針や留意点、工夫などを参考として示している。「手引」では、12〜18 学級は弾力的な標準であること、学校規模の適正化の検討は「児童生徒の教育条件の改善の観点を中心に据え」て行われる必要があり、同時に、小規模校を存続させる市町村の判断も尊重されるべきであることが明記された（文部科学省 2015a）。

　公立高等学校については高校標準法に、「都道府県は、……公立の高等学校の配置及び規模の適正化に努めなければならない」（4 条）とある。2011 年の改正で、本校の規模を「240 人を下らないものとする」と定めていた 5 条が削除され、適正規模および適正配置の標準は各都道府県で策定・運用することが求められている。平成に入ってから高校数は減少し続けており、学校の小規模化も著しい。たとえば、過疎地域が広域に分布する北海道では、約 4 校に 1 校が 1 学年 1 学級の小規模校となっている。

　以上見てきたように、人口増大期に想定された一定規模以上の学校を標準とすることは、現代の日本では限界を迎えている。現代的な課題を踏まえ、教育水準の維持向上と教育機会均等の観点から、児童生徒の教育環境として適切な学校の規模と配置を検討していくことが求められる。「それぞれの地域の実情に応じて、教育的な視点から少子化に対応した活力ある学校づくり

のための方策を継続的に検討・実施していくこと」（文部科学省 2015b）と述べられているように、どのように過疎化少子化時代の学校づくりをしていくかということが全国的な課題となっている。

| ■ **過疎化少子化時代の学校づくり** |

全国的な学校規模の縮小が進む中、各地の小規模校やへき地校では、その特性を積極的に活用した教育実践が展開・蓄積されてきた。

島根県の離島・中山間地域では、過疎地域は後進地域ではなく、今や人口減少という全国的な社会問題の最先端に位置づいているという発想の転換のもとに、地域活性化と学校の魅力化を連動させる地域ぐるみでの取り組みが進められてきた（樋田ほか 2018）。

北海道奥尻島では、島の資源を最大限活用し、地域と連携した高校教育実践が展開されている（詳しくはコラム参照）。

へき地校や小規模校における、段階の異なる学校間の連携（小中連携教育、中高一貫教育など）は、都市部の大規模校とは異なる文脈で取り組まれてきた。地方では町に学校が数校しかないところも少なくなく、限られた教育資源を活かしつつ町の子どもたちの教育を充実させようと導入が進められてきた。

小規模校の中でも特に複式編制の学級については、同学年編制の原則のもと戦後一貫して解消するべきものとされてきた。しかし、異年齢で集団を形成することによる社会性の涵養や、子どもが自主的・協働的に学習を進める授業づくりなど、これまで蓄積されてきた複式編制教育の実践には、同学年編制の教育においても参照されるべき知見が多分に存在している（玉井 2015）。

このように日本各地の学校で展開・蓄積されてきた、地域特性や小規模性を積極的に活かした教育実践のあり方は、これからの日本の学校づくりにおいて示唆に富んだものであるといえよう。

日本の学校は、「地域コミュニティの核」（文部科学省 2015a）とも表現されるように、防災や保育、交流の場等、様々な機能を併せもった拠点として地域に位置づいてきた。学校があることで創出されうる多様な関係性や活動は地域にとってかけがえのないものであり、地域における学校の意義を看過することはできない。児童生徒の学びの保障を中核とし、地域の持続性とも相

補的な学校づくりが求められている。

コラム：離島小規模高校の魅力ある学校づくり
──北海道奥尻高等学校の取り組み

　北海道の離島に、活発な教育活動で近年、島の学校としての存在感を増しつつある高校がある。北海道奥尻島唯一の高等学校、北海道奥尻高等学校である。全日制普通科、1学年1学級の小さな学校で、2016年4月に北海道立から奥尻町立となり、島の高校としての歩みが新たに始まった。

　1975年、分校として開校した奥尻高校は、1977年には1学年2学級の本校となり、島内の高校教育を保障してきた。しかし、2002年に生徒数の減少に伴い1学年1学級となり、その後も入学者数は減少を続けていた。さらに、幼少期から続く固定的な人間関係や、消極的選択としての島内進学、高校と地域のつながりの希薄さといったことが課題となっていた。

　これらの課題に向き合うため、町立高校化を契機に取り組まれたのが全国からの生徒募集（通称島留学）と「まなびじま奥尻プロジェクト」である。島の内外どちらからも選ばれる学校づくりを目指して始動した「まなびじま奥尻プロジェクト」では、島全体を学校とみなし、島の資源を最大限活用するというコンセプトのもと、学びの場を学校に限定しない様々な実践が展開されてきた。

　「まなびじま奥尻プロジェクト」のもと行われてきた活動の全容をここで示すことはできないが、活動の1つである「町おこしワークショップ」では、生徒は奥尻島で活躍する様々な分野の専門家（漁業、農業、観光、エネルギーなど）と意見交換をしながら地域の現実課題に向き合い、課題解決のための具体案を行政関係者や専門家を含む地域住民に向けて提案することを目指す。また、「奥尻パブリシティ本部」は、高校生の目線から町の活性化のための課題を探求し、様々な方法で魅力の発信を目指す活動である。これまで、観光のためのアプリや島の紹介パンフレット、ホームページの作成や、奥尻振興策についての町長への政策提言実施など、多彩な活動がなされてきた。このほかにも、森から海までつながる奥尻島の自然環境を全身で学ぶ「スクーバダイビング」、地域住民も参加できる英会話教室「English Saloon」、各地の大学生と遠隔でつながり、受験や勉強、進路の相談ができる「Wi-Fi ニーネー」など、多彩な活動があり、毎年度工夫が重ねられてきた。

　2016年度の入学者は11人であったが、2019年度には島留学生15人を含む31人が入学している。奥尻島に高校がなければ、進学する生徒は島を出ていかなければならない。奥尻高校があることで島に高校生世代の姿があること自体、島にとって大きな意味がある。さらに、高校の活発な活動によって、地域住民や島留学生の保護者、島外にいる大学生、大学関係者、企業関係者といった

様々な人々とのつながりが形成されてきた。高校を基点とした豊かな関係が築かれていくことで、島に活気がもたらされていると同時に、地域の持続的な発展を高校生とともに地域住民が考える土壌がつくられてきている。

【引用・参考文献】

高嶋真之・大沼春子・篠原岳司ほか（2019）「北海道奥尻高等学校の町立化に伴う変化―教職員・生徒・地域住民へのインタビュー調査より」『公教育システム研究』第 18 号

〈考えてみよう〉

1. 教師の専門性を尊重することは重要であるが、独善的で閉鎖的な学校経営に陥ってはいけない。自律的学校経営の実現に向けた課題を整理してみよう。
2. コミュニティ・スクールや三者協議会の導入は、今日の教師の多忙化状況も踏まえ、いかなる意義が期待されているかを確認しよう。
3. 地域にとって、学校があることにはどのような意味があるのだろうか。考えてみよう。

【引用・参考文献】

磯田文雄（2000）「学校の自主性・自律性の確立」『月刊高校教育』5 月号、学事出版

大津尚志（2012）「フランスにおける生徒・父母参加の制度と実態―市民性教育にも焦点をあてて」『教育学研究論集』第 7 号、武庫川女子大学大学院

小野田正利（1989）「フランスにおける学校運営への生徒参加に関する研究」『長崎大学教育学部紀要』第 36 号

小野田正利（2006）『悲鳴をあげる学校―親の"イチャモン"から"結びあい"へ』旬報社

貝ノ瀬滋（2010）『小・中一貫コミュニティ・スクールのつくりかた―あなたの学校にもできる！　三鷹市教育長の挑戦』ポプラ社

岸裕司（2003）『「地域暮らし」宣言―学校はコミュニティ・アート！　元気コミュニティ秋津』太郎次郎社エディタス

岸裕司（2008）『学校開放でまち育て―サスティナブルタウンをめざして』学芸出版社

国土交通省（2011）「『国土の長期展望』中間とりまとめ概要」国土交通省国土計画局作成資料

佐古秀一・曽余田浩史・武井敦史（2011）『学校づくりの組織論』（講座　現代学校教育の高度化 12）学文社

篠原岳司（2008）「現代シカゴ学区における学力向上政策と学校改善計画―分散型リーダーシップの理論と『実践』」『日本教育政策学会年報』第 15 号、八月書館

シリーズ「大学評価を考える」第 4 巻編集委員会編・大学評価学会発行（2011）『PDCA サイクル、3 つの誤読―サイクル過程でないコミュニケーション過程による評価活動の提案に向けて』晃洋書房

センゲ, ピーター・M、枝廣淳子・小田理一郎・中小路佳代子（2011）『学習する組織―システム思考で未来を創造する』英治出版

曽余田浩史（2010）「学校の組織力とは何か―組織論・経営思想の展開を通して」日本教育経営学会編『日本教育経営学会紀要』第 52 号、第一法規

玉井康之（2015）「全国的小規模校化の中でのへき地小規模校教育の積極面と汎用的活用の可能性」『へき地教育研究』第 70 号

坪井由実（1998）『アメリカ都市教育委員会制度の改革―分権化政策と教育自治』勁草書房

土肥信雄・藤田英典・尾木直樹ほか編（2009）『学校から言論の自由がなくなる―ある都立高校長の「反乱」』岩波書店

仲田康一（2015）『コミュニティ・スクールのポリティクス』勁草書房

樋田大二郎・樋田有一郎（2018）『人口減少社会と高校魅力化プロジェクト―地域人材育成の教育社会学』明石書店

三菱総合研究所（2010）『平成 21 年度「学校支援地域本部事業」実態調査研究―報告書』文部科学省委託調査

宮下与兵衛（2004）『学校を変える生徒たち―三者協議会が根づく長野県辰野高校』かもがわ出版

文部科学省（2015a）「公立小学校・中学校の適正規模・適正配置等に関する手引～少子化に対応した活力ある学校づくりに向けて～」

文部科学省（2015b）「公立小学校・中学校の適正規模・適正配置等に関する手引の策定について」（文部科学事務次官通知）

文部科学省（2021）「高等学校教育の現状について」文部科学省初等中等教育局作成資料

文部科学省・学校支援地域活性化推進委員会（2008）「『みんなで支える学校　みんなで育てる子ども』―『学校支援地域本部事業』のスタートに当たって」

文部科学省・初等中等教育局学校評価室（2006）『義務教育諸学校における学校評価ガイドライン』

山下晃一（2002）『学校評議会制度における政策決定』多賀出版

横井敏郎・安宅仁人・篠原岳司ほか（2007）「高校三者協議会実践の意義と可能性（その 2）―富良野高校、美瑛高校の事例調査を通じて」『公教育システム研究』第 6 号、北海道大学大学院教育学研究院教育行政学研究グループ

横井敏郎・辻村貴洋・篠原岳司ほか（2008）「現代自治体子育て・教育行政の調査研究―『子どもが健やかに育つまち』をめざす恵庭市」『公教育システム研究』第 7 号、北海道大学大学院教育学研究院教育行政学研究グループ

吉本二郎（1965）『学校経営学』国土社

第 8 章

教職員制度と教員の仕事

〈**本章のポイント**〉

　教職員をめぐる法制度は、その任用や身分保障のあり方も含め、わが国の公教育の安定的な運用とその質の担保のための重要な基盤となっている。中でも、教員の資格認定に関わる免許制度のあり方、そして養成や研修のしくみは教職員の専門性を維持し向上させる教職員制度の中核である。一方、今日のわが国の教員の勤務実態はきわめて過酷である。教師が心身の健康を維持し、日々の教育に向かえるよう、「チームとしての学校」や学校の業務改善の促進、国の教育条件整備の拡充などの一体的な取り組みが求められている。

第1節　教職員制度

┃ 教職員の種類と新たな職階

　教職員と聞くと多くの者が授業を担当する教員をイメージするだろう。しかし、教職員とは、厳密には教員（教諭・助教諭）のほかに、校長や教頭、養護教諭、事務職員等を含めた多くの専門職員の総称である。ここでは、教職員の種類をその職階も含めて説明する。

　まず、児童（生徒・幼児）の教育をつかさどる教諭（学校教育法27条9項ほか）は、教員免許状に基づく高い専門性や職業観に裏打ちされた、学校教育における教育活動の中心的担い手である。教育活動は「児童（生徒・幼児）と具体的に接する活動」に加えて、分掌組織に基づく様々な校務を含めて定義されるのが一般的である。一方、この定義は教諭の職務内容を無限定に拡張させ

る問題もあり、今日では管理職による業務管理の重要性が指摘できる。

　校長は、学校経営の最高責任者であり「校務をつかさどり、所属職員を監督する」(同法 27 条 4 項ほか)。教頭はこれを補佐する立場であり、「校長を助け、校務を整理し、必要に応じて教育を行うとともに、校長に事故があるときには校長の職務を代理し、校長が欠けた時は校長の職務を行う」(同法 27 条 6 項)。また、教頭職は校長の補佐役および代理的管理業務とともに、学校の教育活動への従事も定められており、教職員全体への指導助言の役目も期待されている。このことから、校内で最も多忙な職であることが多い。

　2007 年の学校教育法改正では新たに副校長、主幹教諭、指導教諭の職階が追加された。副校長は、「校長を助け、命を受けて校務をつかさど」り、また教頭と同様に代理としての役目を担う (同法 27 条 5 項ほか)。副校長の新設により教頭職は「校長及び副校長を助け」(同法 27 条 6 項ほか) と改められ、副校長を置く学校ではその下位に位置づけられた。主幹教諭は校長、副校長、教頭「を助け、命を受けて校務の一部を整理し、並びに児童 (生徒・幼児) の教育をつかさど」り (同法 27 条 7 項ほか)、教頭のもとで校務の整理を担う。指導教諭は、教育活動への従事とともに「教諭その他の職員に対して教育指導 (保育) の改善及び充実のために必要な指導及び助言」を行う (同法 27 条 8 項ほか)。指導教諭は管理職としては規定されていないが、教諭に対する指導的役割は教頭および主幹教諭が行う校務の整理に含まれることから、主幹教諭の下位に位置する中間管理職としての性格ももちあわせている。副校長、主幹教諭、指導教諭は任意設置であるが、近年では主任職 (学校教育法施行規則 44 条 5 項 6 項ほか) を、教諭ではなく主幹教諭や指導教諭で充てるケースもあり、鍋ぶた型であった学校組織は、2007 年の法改正を機に徐々にピラミッド型の組織へと移行しつつあるといえる。

　学校教育法では、これらの職以外にも児童の養護をつかさどる養護教諭 (37 条 12 項)、児童の栄養の指導及び管理をつかさどる栄養教諭 (37 条 13 項)、事務をつかさどる事務職員 (37 条 14 項)、教諭の職務を助ける助教諭 (37 条 15 項)、教諭又は助教諭に準ずる職務に従事する講師 (37 条 16 項) 等が定められている。なお、2017 年 4 月からは小中学校において、事務職員が学校経営に

関与できるよう事務長および事務主任を充てることができるようになった（学校教育法施行規則46条ほか）。高等学校は従来から事務長を置くことが定められている（同規則82条）。また、学校図書館法5条では学校図書館の専門的職務をつかさどる司書教諭を定め、司書教諭講習を修了した主幹教諭等を充てることができる。ほかにも高校では実習助手（60条4項）や技術職員（60条6項）、寄宿舎を設ける特別支援学校では寄宿舎職員（79条）等の専門職員もいる。このように、教職員とは多種多様な職の総称であり、学校教育はこれらの専門職の組織化によって成立しているのである。

主任制度とは何か

上記の職位とは別に、校務分掌にて主導的な役割を担う「主任」という充て職がある。主任は、1975年に学校教育法施行規則によって定められ、その職務は「校長の監督を受け」ながら、担当校務に関する事項について「連絡調整及び指導、助言に当たる」ことである。したがって、主任職は管理職ではなく、教育活動にも校務にも経験豊かな中堅の教諭が担うことが多い。

この主任制度は、教諭に対する指導的立場を法的に規定したことから、鍋ぶた型の単層型組織観とは矛盾し、学校組織の教職員の階層化を進めるものと考えられ、かつては一部の教職員から反発も招いてきた。一方、ピラミッド型の重層型組織を支持する立場は、学校が鍋ぶた型の単層構造から脱却する第一歩として主任制度を評価し、むしろ管理職に相当しない職であり権限がときに不明確であることを課題として捉えていた。

県費負担教職員制度と義務標準法

第4章第2節で説明したように、公立小中学校の教職員は、都道府県教育委員会に任用されその費用で給与が払われる一方、勤務する学校は市町村立であり、当該市町村教育委員会の服務監督を受けている。この県費負担教職員制度（学校教育法29条、市町村立学校教職員給与負担法）は、地方分権にのっとり教職員の服務監督は身近な学校設置者が行うものとしながら、教育の機会均等を保障するために教職員の任用と給与負担は都道府県が行い、市町村間の待遇の格差を是正し、教育資源および教育力の標準化を進める目的を有している。教員給与については、義務教育費国庫負担法に基づく国庫と地方の負

担割合と、義務標準法で決められる教員定数に基づき算定され、支払われている（第4章第3節参照）。

教職員の服務と身分保障　教職員の服務と身分は複数の法律によって定められている。公立学校の教職員の服務は主に地方公務員法で定められ、公務員として遵守すべき義務や制限は任命権者にその監督権が与えられている。給与を負担する都道府県教委は、任命権者である市町村教委の行う服務監督に技術的な基準を設けることが可能である（地教行法43条4項）。

　服務には職務上の服務義務と身分上の服務義務がある。職務上の服務義務は、勤務時間において職務遂行のために遵守すべき義務であり、勤務外では適用されない。主なものには、法令遵守及び職務上の命令に従う義務（地方公務員法32条）と職務に専念する義務（地方公務員法35条）がある。職務専念義務は、任命権者の承認を得て教育に関する兼職等に従事する場合や所属長の承認を得て勤務場所外での研修を受ける場合に免除されることがある（職専免）。

　身分上の服務義務は、公務員としての身分を有する限り遵守しなければならず、勤務時間外にも効力をもつ。具体的には、信用失墜行為の禁止（同法33条）、守秘義務（同法34条）、政治的行為の制限（同法36条）、争議行為等の禁止（同法37条）、営利企業等の従事制限（同法38条）がある。さらに、教育公務員の政治的行為は地方公務員法ではなく国家公務員法の制限に従わなければならず（教育公務員特例法18条）、その区域外を離れれば制限を課されない地方公務員法よりも制限が厳しい。一方、任命権者が本務の遂行に支障がないと認める場合には、教育に関する他の職や事業、事務に従事することが可能となっている（同法17条）。

　教職員がこれらの服務義務に違反した場合、その事由によって任命権者が「懲戒」または「分限」の処分を行う。懲戒処分とは、服務義務違反に対する公務員法上の責任追及であり、規律・秩序維持のために任命権者が課す、いわゆる制裁である。分限処分とは、職員の道義的な責任は問題とせず、勤務実績、職務遂行、適格性、職制または定数等の問題で行われるものである。

懲戒の種類には、①戒告、②減給、③停職、④免職があり（地方公務員法 29 条）、条例に定める手続きにのっとり任命権者が判断する（同法 29 条 4 項）。分限の種類は、①降任、②降級、③休職（公務員の身分を留保したまま、一定期間職務に従事させないこと）、④免職があり、同法 28 条によって勤務成績不良や心身の故障などの事由が定められている。ほかにも、禁固以上の刑に処される、教員免許状の有効期限の満了および失効の場合等、分限処分に類似する失職の措置が下ることがある。

　このように公務員の服務監督については、身分保障の限界を超えた処分についても規定がされている。これらの処分は本人への重大な不利益を伴うため、任命権者には慎重かつ公正な基準と判断が常に求められている。

第 2 節　教員の免許・養成・研修

教員の資格と免許状の種類　教員として教壇に立つためには、学校種別や教科に見合った教育職員免許状（教員免許）の取得が必要である（教育職員免許法 3 条）。教員免許は普通免許状、特別免許状、臨時免許状に分類される（同法 4 条）。

　普通免許状は、学校種ごとの教諭、養護教諭、栄養教諭の免許状を指しており、中等教育ではさらに教科種別にも分類される。特別免許状とは、普通免許状をもたない社会人が教壇に立つためのもので、都道府県教委が実施する教育職員認定試験の合格によって授与される。臨時免許状とは、有資格者を任用できないとき、臨時に学校種ごとの助教諭および養護助教諭を任用するための免許状である。

　免許状は、学位に基づく基礎資格によって専修免許状、一種免許状、二種免許状（高等学校を除く）にも分類ができる（同法 4 条 2 項）。専修免許状には修士号、一種免許状には学士号、二種免許状には準学士の称号が必要となる。基礎資格のほか、大学等での養成課程にて法令に定められた所定の科目を履修し単位を修得していることが免許取得の条件である。

教員養成の変遷　ここで、わが国の教員養成システムの変遷を見ていこう。戦前の教員養成は、一部を除きその多くが中等教育段階における師範学校において行われていた。師範学校は、初等教育教員養成のための師範学校のほかに、中等教育教員養成のための高等師範学校、女子高等師範学校、青年学校に大別されていた。師範学校では教育の内容と指導技術を磨き、卒業後は一人前として直ちに教壇に立てるよう、実践的な教育が中心だったとされる。また、師範学校は全寮制で学費は免除されるとともに、卒業生は教員になることが義務づけられ、徹底した画一的教員養成が行われていたとされている。師範学校は昭和初期に入ると戦時下の影響を受け始め、国民学校令（1942年）以降に出された師範教育令では、天皇制教学体制の維持と強化の目的がより明確に定められることとなる。このように戦前の師範学校の教員養成は、国体の維持と発展に携わる天皇の官吏育成としての性格も付与されていたのである。

　戦後のわが国の教員養成は、師範学校に代表される目的型養成の反省に立ち、①大学による教員養成と②開放制免許状制度という二大原則に則して行われている。

　大学による教員養成とは、戦前の中等教育機関における養成を改め、高等教育機関において教員の学問レベルの底上げを図るものである。これにより、特定の思想や価値を相対化し、幅広い教養と学問に支えられた専門教育によって、閉鎖的で画一的な実践的教員養成からの脱却を図っている。

　開放制免許状制度とは、免許状を取得するために必要な要件を満たせば、大学や学部に関係なく教員免許を取得できるしくみのことである。これにより、文部科学省による課程認定を受けた大学と学部は、それぞれの特色ある専門教育を基礎に教員養成を行うことが認められ、学校組織における教員の多様性や高度な専門性を確保することが可能となっている。

　しかしながら、知識基盤社会の進展と教育課題の複雑化を背景に、21世紀に入り教員免許制度の見直しが始まっている。中教審「教員の資質能力向上特別部会」答申（2012年8月）は、教育委員会と大学との連携・協働による養成と採用と研修の一体的な改革が必要であるとし、教員を高度専門職業人と

して確立させるため、教員養成を修士レベル化する必要性を指摘している。改革の方向性は、教職大学院等の課程において、学校現場での実習と一定期間ごとのふり返りによって理論と実践の往還を重視した探究的実践演習を行い、実践的指導力等の資質能力を育成することにある。このように、困難な時代を見据えて教職の高度化を目指そうとする議論には、今後も注目が必要である。

教員免許更新制の導入と廃止

2009 年度からは普通免許状と特別免許状に 10 年の有効期間が定められた (教育職員免許法 9 条)。これを教員免許更新制と呼ぶ。教員免許更新制の目的は、教員の資質能力の維持・向上のために、定期的に「最新の知識技能を身につけ、自信と誇りをもって教壇に立ち、社会の尊厳と信頼を得る」こととされる (文部科学省 2007)。更新には、一部の免除者を除いて、大学等が開講する教員免許更新講習を 2 年間で 30 時間以上を選択・受講し、修了認定を受けなければならない。しかしながら、この制度はかつての 10 年経験者研修との受講時期の重複、更新講習受講料の自己負担、郡部に勤務する教員への講習機会の確保等、教員への負担や責任を高めることが制度導入以前から問題視されてきた。導入当初から廃止を求める意見も多く、新たな教員の資質能力向上策へ改変される必要性が指摘され続けていた (今津 2009、喜多ほか 2010)。

　この教員免許更新制は 2022 年 5 月の改正教育職員免許法の成立により、同年 7 月 1 日をもって廃止された。廃止を提案した 2021 年 9 月の中央教育審議会「令和の日本型学校教育」を担う教師の在り方特別部会・更新制小委員会の「審議まとめ」は、その廃止の理由を、①教員の自律的かつ主体的に学ぶ姿勢が発揮されにくい、②10 年に一度の講習受講は最新の知識技能を学び続けることと整合しない、③個別最適な学びと方向性が異なる、④現場の経験を重視した学びが重視されない、⑤講習の受講は個人的なもので組織的なものにはなりにくいこととしている。中央教育審議会は、これらの問題を踏まえて教員免許更新制を発展的に解消し、「新たな教師の学びの姿」を実現して教師の専門職性の高度化の推進を図ることを示したのである。

　しかしながら、更新制廃止と合わせて導入が議論された新しい教員研修シ

ステムには、すでに問題も指摘されている。2023年4月から導入されるこの
システムは、教員一人ひとりの教員研修の記録作成を教育委員会等の任命権
者に義務づけることで、教員の資質能力の向上を任命権者による適切な目標
設定と現状把握によって保証することを目的としている。ところが、研修記
録の義務化によって教員の学びが豊かになり資質向上が図られるとの考えは
論理的ではなく、その政策的意図を疑問視する声があるほか、記録作成を通
じて教員の学びが校長または任命権者に管理されることになり、教員個人の
自律的かつ主体的な学びが阻害される恐れが指摘されている。教員免許更新
制の廃止を機に、これまでに生じた問題への反省を踏まえ、教員たちが自ら
の意思で主体的に学ぶことが尊重されるよう、その研修のあり方にも慎重な
検討が求められる。

┃ 教員の研修　　教員は全体の奉仕者として「職責を遂行するために、絶え
ず研究と修養に努めなければならない」(教育基本法9条、教
育公務員特例法21条)とされている。そのため、任命権者は研修に要する施設、
研修を奨励する方途、その他研修に関する計画の樹立、実施に努めることが
規定され(教育公務員特例法21条2項)、教員には「研修を受ける機会が与えら
れなければならない」(同法22条)とされている。研修は教員の権利として規
定されているのである。なお、2017年4月からは、任命権者は文部科学大臣
が定める教員の資質向上に関する指針を参酌し、校長および教員の資質向上
のために必要な指標とそれを踏まえた教員研修計画を策定することが求めら
れる(同法22条の2〜5)。

　研修の種類は、任命権者による行政研修と教員自らが行う自主研修に大別
される。行政研修は教特法21条に示され、自主研修は同法22条の「教員は、
授業に支障のない限り、本属長の承認を受けて、勤務場所を離れて研修を行
うことができる」に即したものである。

　行政研修には、初任者研修(同法23条)、中堅教諭等資質向上研修(同法24
条)といった法定研修と、そのほかに国や地方の任命権者が企画実施する任
意研修がある。初任者研修は1989年度から実施され、初任教員は採用の日か
ら1年間、条件付採用期間として指導教員のもとで研修を重ねなければなら

ない。中堅教諭等資質向上研修は、教員免許更新講習の受講時期との重複から見直しが迫られていた10年経験者研修（2003年から実施）を改め、中堅教諭等の資質向上を目的に実施時期を弾力化し、2017年4月より施行されている。そのほか、任命権者は教育センター（教育研究所）を拠点に研修プログラムを企画し、初任の校長や教頭らには必修の研修を課すことが多い。また、北海道の例のように、任意の課程として、英語教育、カリキュラム・マネジメント、特別支援教育、生徒指導など、現代的な教育課題に即応する講座も随時実施されている（図表8-1）。

図表 8-1　北海道における教職員研修体系

出典：「令和4年度（2022年度）北海道教職員研修計画」（28頁）より。

　このほかにも、わが国には校内研究に積極的に取り組んできた学校も多い。義務教育諸学校には校務分掌に研究部が置かれ、主任を中心に校内の研究課題を策定し計画的に研修を進める例がある。さらに、校内研究の成果を公開研究会の開催や紀要の作成等で熱心に発信する学校もある。学校の外でも、教員の自主研修の機会は多様である。教職員組合が企画する学習会や研究集会のほか、同法 26 条の規定により休職による大学院進学の機会も開かれている。

指導力不足教員と指導改善研修

　一方、わが国では指導に改善が必要な教員に対応するため、2001 年に地教行法を改正し、任命権者によって指導力不足教員を認定するシステムが作られている（47 条 2 項）。文科省の「指導が不適切な教員に対する人事管理システムのガイドライン」(2008 年 2 月) によると、指導力不足教員は「知識、技術、指導方法その他教員として求められる資質、能力に課題があるため、日常的に児童等への指導を行わせることが適当ではない教諭等のうち、研修によって指導の改善が見込まれる者であって、直ちに後述する分限処分の対象とはならない者」と定義されている。

　ここにおける研修とは、指導が不適切な教員の能力と適性に応じ指導の改善を図る指導改善研修のことである (教特法 25 条)。研修期間は原則 1 年で、最大で 2 年まで延長が可能である。研修後は、改善が認められれば現場復帰、改善の過程にあるとすれば研修継続、改善の余地がなければ分限免職や事務職員等への転任などの措置 (地方公務員法 17 条 1 項) が講じられる。文部科学省の調査 (公立学校教職員の人事行政状況調査) によると、指導改善研修を受けた者は、2018 年度は 44 人 (2010 年度 140 人)、そのうち研修終了後の現場復帰が 20 人、依願退職が 6 人、分限免職・休職が 0 人、転任が 1 人、研修継続が 15 人である。なお、2000 年から 2010 年の累計では、指導が不適切だと認定された教員のうち 892 人が現場復帰し、777 人が退職 (依願退職、分限免職、転任を含む) している。

第3節　教員評価・人事管理と教職員の労働条件

▌**新しい教員評価制度の導入**　教員の勤務評定は、1956年制定の地教行法により任命権者が行うこととされたが（地教行法46条）、制度導入後の1958年以降、教職員組合を中心に勤務評定への反対闘争が勃発し、その実施をめぐって各地で大きな混乱が生じた。その後、一部の自治体では勤務評定が実施されず、実施した自治体では評価過程が教員に知らされない場合もあり、勤務評定が自己啓発や教員研修に結びつかないとの批判も出される結果となった。かつての教員評価制度は、高度で複雑で微妙な教員の仕事を評価することの目的や、その正当な方法について結論が定まらない中で、各地で曖昧な施行がなされていたのである。

　しかしながら、2000年以降、教員評価をめぐる政策は大きく動き出している。2000年の教育改革国民会議の最終報告「教育を変える17の提案」には「教師の意欲や努力が報われ評価される体制を作る」と明記され、優れた教員への金銭的または人事措置による処遇と低評価の教員の配置換えおよび免職等を行うことが提言された。その後、2001年に閣議決定された公務員制度改革大綱の中で公務員全体における能力評価と業績評価からなる新たな評価制度の導入が謳われ、2002年の中教審答申「今後の教員免許制度の在り方について」によって、各都道府県教委等に新しい公務員制度改革の動向を踏まえつつ新たな教員評価システムの導入を早急に検討するよう提言されたのである。

　東京都では、国の提言に先んじて新たな教員評価システムの開発と運用が進められてきた。2000年4月施行の「能力と業績に応じた適正な人事考課制度」は、自己申告制度と業績評価制度の組み合わせでデザインされている。自己申告では、管理職との面談によって自己目標の設定と目標に対する自己評価を行う。ここでは、各自で反省し見い出された課題を来年度の自己目標へと反映させる能力開発型の評価が想定される。業績評価は、能力・情意・業績という評価項目に対し5段階の総合評価が行われる。評価は3度にわた

って行われ、第一次を教頭、第二次を校長が絶対評価で行った後、第三次評価を都教育委員会が3段階の相対評価を行う。この評価は給与にも反映されるもので、評価結果は本人に開示される。

　この動きも背景に、文科省は新たな教員評価システムを本格導入させるよう2006年度に都道府県に指導した。中教審もまた2006年7月の答申「今後の教員養成・免許制度の在り方について」で、教員の資質能力の向上を図る目的との関連で、能力と業績に応じた評価と処遇を行うことを提言した。これらの政策的背景の中で、新しい教員評価制度は人材育成と能力開発に重点を置いた目標管理型評価として開発され、2006年以降続々と全国で導入され始めている。

新たな教員評価制度の課題　　新たな教員評価制度には、評価結果と処遇の連動についての慎重な意見が出されている。文科省によると、業績評価の結果を昇級・降級に活用している都道府県・政令市は2018年4月の時点で55県市である。しかし、教育の仕事は営利を目的とする民間企業のように個人の業績が組織全体の収入を高めるものではない。このような公の事業で業績給を導入することは、教員間での限られたパイの奪い合いにつながり、組織全体の業績を高める動機には結びつかず、むしろ教員の同僚性の構築を阻害するリスクが生じうる（妹尾2010）。

　さらには、教職は金銭のような外発的インセンティブによって意欲が高まる仕事ではなく、教職に限らず一般的な知識労働において成果主義は労働者の意欲や生産性の向上と相関しない（苅谷ほか2010）。また、教員評価に成果主義給与（メリットペイ）を導入する場合、教育の成果を総括的に捉え妥当性をもって明示することはきわめて困難であり、用いられる評価指標は数値化が可能な一部の学力等に偏る傾向が指摘される（藤村2011）。このように、限定的な評価指標によって成果主義が運用されれば、開発される被評価者の動機や成果もまた、指標の範囲内における限定的なものとなるだろう。したがって、教員評価の実施に関わっては、成果主義の前提や目標管理型評価のシステムがはらむ問題性を認識し、教員一人ひとりが内発的に意欲を喚起し共同的に職能成長を遂げられる「教育的（educative）」な評価論（勝野2012）を追

究することが課題となる。

━━━━━━━━━━━━━ **コラム：教員の地位に関する勧告** ━━━━━━━━●

　1966 年 10 月 5 日、日本も含め 76 カ国の代表が参加したユネスコの特別政府間会議がパリで開催され、教員の地位に関する勧告が採択された。

　この勧告は「人格の円満な発達並びに共同社会の精神的、道徳的、社会的、文化的及び経済的進歩」（第 3 節）という教育原則の実現にとって、教員の役割が最も重要であるとして、その役割にふさわしい地位が保障される必要があることを謳っている。つまり、この勧告は教員の地位や身分保障を目的としたものであり、教員にとっての「人権宣言」ともいっても過言ではない。

　教員の地位については、「教員の任務の重要性及びその任務を遂行する教員の能力の評価の程度に応じて社会において教員に認められる地位又は敬意並びに他の専門職と比較して教員に与えられる勤務条件、報酬その他の物質的利益の双方」（第 1 節）と定義した。また、教員の地位だけではなく、教員の権利と責任、養成と採用および労働条件などについての基準までも勧告の中に含まれている。

　勧告で見落としてはならないことは、教員の仕事は専門職であるとされている点である。勧告の採択によって、教師専門職論が初めて提示され、日本を含めた各国での教職の専門職化運動が活発になった。専門職としての教員は「職責の遂行にあたって学問の自由を享受する」（第 8 節）上で、「教員が受け持つ生徒の教育及び福祉について各個人の及び共同の責任感を要求する」（第 3 節）と勧告で示された。また、教員のもっている専門職性を維持するために、教員養成や初期研修の段階で身につくものだけではなく、現職での研修と職能開発を継続的に強化しなければならないとしている。

　なお、勧告は「教員の社会的及び経済的地位、生活及び労働の条件、勤務条件並びに教員としての将来性を改善すること」（第 12 節）を通じて、有能かつ経験のある教員の不足を解決することも意図している。しかし、現実には、勧告からかけ離れた状況が教育現場に生まれた。日本では、教育予算が削減され、正規教員の採用が抑制されたため、臨時教員が年々増える結果が生じた。一部では少人数教育も推進されているが、非正規教員への依存度が高まり、教育の質が後退させられている。教員不足の問題を抜本的に改善し、勧告の内容を活かし直すことが求められている。

　勧告は条約ではなく、法的な拘束力をもっていないので、勧告の適用を促進するために、ユネスコ・ILO 教員の地位勧告適用合同専門家委員会（CEART）が 1967 年に設立された（2000 年 9 月に「ユネスコ・ILO 教職員勧告適用合同専門家委

員会（CEART）」と改称）。同委員会は日本の教員評価制度について批判的意見を
数回勧告している。

【引用・参考文献】
文部科学省ホームページ「教員の地位に関する勧告（仮訳）」
ILO 駐日事務所ホームページ「ILO 駐日事務所トピック解説　教員の地位勧告
　（2006 年 11 月 2 日付第 53 号）」（https://www.ilo.org/tokyo/information/featured-
　articles/WCMS_249624/lang--ja/index.htm）

専門職としての教師と教職の困難性

教職には、子どもの発達と教育内容に関する豊かな見識と教育実践上の優れた経験が常に問われている。そのため、その仕事には常に予期せぬ困難が待ち構えている。たとえば、佐藤学は教職におけるアポリアとして、再帰性、不確実性、無境界性をあげ（佐藤 1997）、久冨は、教職が至難の業である要素に、①学校の学習が好きだとは限らない子どもたちに教えるということ、②学校という文脈で「教える」ことのもつ特質と難しさ、③集団規律を確保する課題、④仕事の結果・成果を明示しづらいという性質、⑤教師の力量を明示する必要とその難しさがあるとする（久冨 2008）。経済のグローバル化と知識基盤社会の進展を受けて、学校教育はこれまでの教職の知識と経験では対応しきれない状況に追い込まれている。こうした背景からも、高度な専門知識と高等技術に由来する技術的熟達モデルとしての専門職像を転換し、反省的に日々の教育実践を問い直し、協働して実践の改善を追求できる反省的実践家としての専門職像を構築することが重要な課題とされている。

教員の労働条件と勤務実態

しかしながら、今日の学校現場と教職員は、様々な業務過多の影響を受けて多忙化の一途をたどっている。2018 年公表の文部科学省「教員勤務実態調査（平成 28 年度）」結果によると、前回の 2006 年調査に比べ、教職員のいずれの職種でも勤務時間が増加している。また、もち帰り業務時間も変わらず多い。その背景は、小学校は学級担任制であるため、担任は子ども対応が連続し、校務や授業準備・採点・保護者対応等は放課後でも片づかず、残業で間に合わない

ことがあげられる。また、中学校は教科担任制のため授業の空き時間に間接
業務が行えそうだが、現実は生徒指導上の対応に追われるほか、放課後の部
活指導や学校行事の準備等のため残業と休日出勤、そしてもち帰り仕事が多
くなる。2008年の札幌市教委の調査（『教育職員の勤務実態調査結果（概要版）』）
では、札幌市の教員は日中に休憩時間をほとんど利用できず（83％）、時間外
勤務等の月平均時間は全校種・全職種で71.7時間、職種別では特に教頭が
93.7時間と突出している。全日本教職員組合「勤務実態調査2012」（2013年10
月公表）でも、全国から6880人の回答がある中で、教職員の月平均時間外勤
務は69時間32分、教諭等に限定すると72時間56分という結果が出ている。
さらに教諭等のもち帰り仕事の合計時間は月平均22時間36分、また月80時
間以上の時間外勤務をしている教諭等が35.8％にも上っている。これらのわ
が国の実態は、2014年6月公表のTALIS（Teaching and Learning International
Survey：国際教員指導環境調査）が示すように、国際的に見てもきわめて深刻で
ある。同調査によると、日本の中学校教員の1週間当たりの勤務時間は調査
参加国で最長の53.9時間（平均38.3時間）であり、中でも「課外活動の指導に
使った時間」が7.7時間（平均2.1時間）、「一般的事務業務に使った時間」が5.5
時間（平均2.9時間）と、わが国の教員は教育指導以外においても特に労働時間
が長いことが明らかとなっている。厚生労働省は、過労死の危険が高まる目
安を、1カ月当たり概ね80時間を超える時間外労働が2カ月から6カ月にわ
たる場合、あるいは概ね100時間を超える時間外労働が1カ月にわたる場合
としている。このいわゆる「過労死ライン」を踏まえれば、わが国の教員の
過労状況は著しく深刻であるといわざるを得ない。

　文部科学省は2019年1月25日の中央教育審議会答申を受けて、各教育委
員会および学校に対し、「勤務時間管理の徹底と勤務時間・健康管理を意識
した働き方改革の促進」「学校及び教師が担う業務の明確化・適正化」「学校
の組織運営体制の在り方」等の徹底を通知している（同年3月31日付・事務次官
通知）。中でも、「チームとしての学校」（第9章参照）を推進し、ほかの職員や
専門職らとともに教師が担う業務の明確化と役割分担に取り組むことが明記
された点が特徴的である。

　また、この間、教員の無定量な労働時間を恒常化させる法的要因であった「給特法（公立の義務教育諸学校等の教育職員の給与等に関する特別措置法）」が同年12月に改正され、自治体の条例によって 1 年単位の変形労働時間制の導入が可能となった。変形労働時間制とは、労働時間を月単位・年単位で調整することで、繁忙期等により勤務時間が増加しても時間外労働としての取扱いを不要とする労働時間制度のことである。しかしこれは、教員の勤務時間縮減を実現するものではなく、長期休業中に休日の「まとめ取り」を可能にするための制度導入である。つまりこの法改正は、給特法が従来から批判されてきたしくみ、すなわち、給料月額 4 ％の教職調整額を支給する代わりに時間外・休日勤務手当を支給しない特殊ルールには全く手をつけていない。そのことから、現状の過重な超過勤務の実態を改善するどころか、それを法的に追認するものとして批判されている（高橋 2020）。

教員の病気休職者数の増加　　こうした勤務状況の過酷化と多岐にわたる業務上のストレスも重なり、近年では教員の心の健康問題が深刻化している。公立学校における精神疾患による病気休職者数は 2009 年度で 5458 人（全在職者数の 0.6 ％）と 16 年連続増加し、2018 年度でも 5212 人と十分な改善が見られていない。なお、この場合の病気休職とは分限処分の 1 つであり「心身の故障のため、長期的な休養を要する」（地方公務員法 28 条 2 項）場合の措置である。したがって、上記調査結果は病気休職に至る以前の病気休暇の実数は含まれず、心の病を抱える教員全体における氷山の一角である。また、特に経験の浅い新任教員に対しても同僚や先輩教師からの日常的なサポートが不足することがあり、また教育活動や保護者対応上での困難に対し管理職からの「突き放す」言動なども重なり、心身ともに追い詰められるケースが後を絶たない（久冨ほか 2010）。

　このような実態を踏まえて、今日の学校は教員の勤務状況とメンタルヘルスに配慮した組織の見直しを行うとともに、管理職による教職員の業務管理を緻密に行い、過酷な労働状況を改善することが急務となっている。

外部専門家との連携と業務の改善　　教員の多忙の解消に向けて、業務や役割の軽減ないし分業も必要とされてい

る。近年では校内に外部の専門家や地域人材が加わり、児童生徒に関わる業務を教職員と協働で進める取り組みも増えている。外部専門家の代表的な例が、スクールカウンセラーとスクールソーシャルワーカーである（第9章参照）。

　わが国の教員は、これまでも家庭訪問などを通じて生徒指導や教育相談に力を発揮し、成果もあげてきた。しかしながら、近年の学校と保護者の関係の変化と、子どもや家族を取り巻く社会経済状況の変化を前にして、多忙化の一途をたどる学校と教員だけでは従来の取り組みを続けるにも限界がある。今後、学校とこれらの外部専門家との連携が進み、より高度な子ども理解と子ども支援の体制を築くことが求められている。

　教員の業務軽減のもう1つの方途が、学校の組織改善を伴った業務の効率化と、互いの業務を支え合い専門性を高め合う同僚性の構築である。茅ヶ崎市立浜之郷小学校では、学びの共同体の学校を目指して、全教職員による授業研究・校内研修の時間を確保すべく、校務分掌は研究部を中心とし、教務や児童指導等は必要最低限の役割にとどめ、「一人一役」の体制を構築した。これにより、分掌ごとに開かれていた提案のための会議が省かれ、緊急かつ大量な仕事が分担者に舞い込めば他の教職員が自然に手助けする体制を生み、教職員間の同僚性が深化する効果も生んでいる。また、浜之郷小学校の会議は月1回の職員会議と週1回の学年会議だけとなり、全校一丸となった校内研修と教員一人ひとりの授業研究の時間を十分に確保するに至っている（大瀬2000、2003）。

　加えて、国による教職員定数の見直しも重要な課題である。2011年度には義務標準法が改正され、全国一斉で小学校1年生の35人学級が実現した。また、地方レベルでは義務教育費国庫負担金制度の総額裁量制を利用し、非常勤講師の任用で教員数を増やしさらなる少人数学級を実現させている。こうした努力により、教員の業務量が軽減されていくことが期待されているが、総額裁量制による少人数学級の実現は、教員給与・手当の削減や非常勤講師等の任用に依存する面もあり、教員の身分保障や安定的雇用には必ずしもよい影響をもたらしていない。こうした実情を鑑み、地方の努力ばかりに委ねず、少人数学級と教員数の増加に係る国の積極的な予算措置がさらに望まれ

てきた。

　2021 年 3 月 31 日、誰一人取り残すことなくきめ細やかな教育体制と安心・安全な教育環境を計画的に整備する目的から義務標準法の改正法案が成立した。これにより、2021 年度から 5 年間で小学校 2 年生から 6 年生までの学級編制の標準を 40 人から 35 人に引き下げていくことになる。学級編制標準の計画的な引き下げは約 40 年ぶりであり、これにより約 1 万 4000 人の教職員定数の改善が図られる予定であり教育条件整備の劇的な改善につながることが期待されるが、中学校の定数改善はこの改正では実現しておらず、課題はなお残されている。

　このように、学校は既存の学校経営体制および業務内容を見直し、会議時間の削減等を進め、簡素化、効率化の余地を探すことで、教員の仕事の多くを教室における児童生徒を中心とするものに回復させなければならない。そのためにも、一人ひとりの教員が自律的かつ共同的に専門性の開発に取り組め、また心身が健康な状態で子どもたちと向き合えるよう、国の教育条件整備の拡充と学校経営改革の促進がますます求められているのである。

〈考えてみよう〉
1. 各自治体における教員研修（行政研修）の取り組み状況を調べてみよう。また、身近な研究組織や学習サークルなど、教員の自主研修の取り組み例を調べ、その目的や内容について行政研修と比較してみよう。
2. 教員の労働実態と勤務条件の改善を進めていくために、これまでの給特法のしくみについて調べてみよう。また、2019 年法改正による変形労働時間制導入の影響について検討してみよう。

【引用・参考文献】
今津孝次郎（2009）『教員免許更新制を問う』岩波書店
大瀬敏昭（2000）『学校を創る─茅ヶ崎市浜之郷小学校の誕生と実践』小学館
大瀬敏昭（2003）『学校を変える─浜之郷小学校の 5 年間』小学館
勝野正章（2012）「学校評価と学校改善」小川正人・勝野正章編著『教育行政と学校経営』放送大学教育振興会
苅谷剛彦・諸田裕子（2010）「教員評価から見えてくるもの」苅谷剛彦・金子真理子編著『教員評価の社会学』岩波書店

喜多明人・三浦孝啓編（2010）『「免許更新制」では教師は育たない―教師教育改革への提言』岩波書店

久冨善之編著（2008）『教師の専門性とアイデンティティ―教師改革時代の国際比較調査と国際シンポジウムから』勁草書房

久冨善之・佐藤博（2010）『新採教師はなぜ追い詰められたのか』高文研

佐藤学（1997）『教師というアポリア―反省的実践へ』世織書房

妹尾渉（2010）「全国の『教員評価』実施動向から」苅谷剛彦・金子真理子編著『教員評価の社会学』岩波書店

高橋哲（2020）「改正給特法総論　『異質』な一年単位変形労働時間制導入の問題」『現代思想』第 48 巻第 6 号、青土社

藤村祐子（2011）「米国ミネソタ州における『職能開発型』教員評価・報酬制度に関する考察―The Quality Compensation Program for Teachers の分析」『日本教育行政学会年報』第 37 号

文部科学省（2007）『文部科学時報』No. 1582、2007 年 11 月、ぎょうせい

第 9 章

学校を支える教職員・施設と専門職協働

〈本章のポイント〉

　学校には教室だけでなく、図書館や保健室、給食調理室等の複数の施設が置かれている。また通常教科を教える教員だけでなく、養護教諭や栄養教諭などの教員も配置されている。学校の管理・運営を担い、教育活動を支える事務職員や、生徒を心理面や生活面から支援するスクールカウンセラー、スクールソーシャルワーカーなどの専門職、様々な面で学校と関わるボランティアや地域住民など、多くの人々によって学校は支えられている。近年は、教員とこれら多様な専門職等が協働する学校運営が求められ、文部科学省は「チームとしての学校」という方針を打ち出している。

第1節　学校施設と多様な教職員

1. 保健室と養護教諭

| 学校保健の重要性

近年子どもを取り巻く社会・生活環境が大きく変化する中で、子どもの精神疾患や生活習慣の乱れ、飲酒・喫煙、薬物乱用、性に関する問題行動と感染症などの問題が顕在化している。食物や化学物質等のアレルギー疾患、過度なスポーツによる運動器疾患・障害、発達障害などにより、医療を継続的に受けながら学校生活を送る子どもたちもいる。また災害や事故・事件の発生に関わる心のケアも学校が対応すべき課題となっている。

　このような子どもたちの健康課題に対応するため、学校において重要な役割を果たすのが養護教諭である。学校は子どもの健康や安全を確保できて初めて、子どもの成長発達を保障することができる。また学校は、子どもたちが生涯にわたり自らの健康を育んでいける基礎的な力を養う場でもある。学校保健は子どもたちの心身の成長発達に中核的な役割を果たすことが期待されている。

養護教諭の制度化と役割の変化

　わが国の養護教諭の歴史は、1905 年に岐阜県の小学校で、当時流行していたトラホーム (伝染性の慢性結膜炎) の予防対策を行うため学校看護婦が採用されたことに始まる。その後、大正期には各地で学校看護婦が公費で配置され、疫病対策や病弱・虚弱児対策を担っていく。1929 年には文部省訓令「学校看護婦に関する件」によって職務内容が規定されたものの、この段階では教員の補助的な仕事とみなされていた。しかし、1941 年に公布された国民学校令において、学校に児童の養護をつかさどる養護訓導を配置することが定められ、教育職員として位置づけられた (日本学校保健会 2005、数見 2008)。第二次世界大戦後、学校教育法が新たに制定され、「児童生徒の養護をつかさどる」(37 条 12 項) ものとして養護教諭が学校に配置されることとなった。

　戦後 10 年間ほどは、子どもたちの体力低下や栄養不足の改善、感染症対策と不衛生環境改善が学校保健の課題であった。1950 年代後半から 1970 年代初頭までの高度経済成長期にこの課題は大きく改善されるが、近視や虫歯、肥満、アレルギー疾患、公害被害など慢性的な健康問題が増加する。1970 年代以降は、体力低下や心身症、アレルギー、不登校、いじめ、校内暴力など子どもの心身に関わる深刻な問題が見られるようになり、保健室もこれまでの衛生室、けがや病気の応急処置室といった場所から、心の拠り所や癒しの場、アジール (避難所) として子どもたちに開かれた場所へと変貌を遂げていった。1990 年代以降は子どもたちの心身の問題がより多様化し、メディア漬けの生活による慢性疲労や軽度発達障害、性の問題行動など、学校保健が対応すべき課題は拡大して今日に至っている (数見 2008)。

養護教諭の配置　学校教育法では、小学校、中学校および中等教育学校には養護教諭を置かなければならないとされ、養護教諭は必置職である（37 条、49 条、69 条）。しかし、学校教育法附則 7 条で、「当分の間、養護教諭を置かないことができる」とされている。高校と幼稚園についても、高等学校設置基準 9 条、幼稚園設置基準 6 条により、養護をつかさどる主幹教諭、養護教諭等を置くよう努めなければならないとされている。このためすべての学校に養護教諭が配置されているわけではない[1]。

現在の養護教諭の配置定数は、3 学級以上の学校に対して 1 人であり、児童数 851 人以上の小学校、生徒数 801 人以上の中学校については複数配置と定められている（義務標準法 8 条）。特別支援学校には各校 1 人、児童生徒数 61 人以上の場合には複数配置となる（12 条）。高校の養護教諭等（養護をつかさどる主幹教諭と養護助教諭を含む）は、全日制生徒数 81～800 人、定時制生徒数 120～800 人に対してそれぞれ 1 人が配置され、生徒数 801 人以上の学校は全日制、定時制いずれも 2 人となる（高校標準法 10 条）。

養護教諭が配置されている公立学校の割合は（2006 年の場合）、小学校で 96.0％、中学校 95.3％であり、ほとんどの公立学校に配置されている。これに対して、私立小学校 70.7％、中学校 38.0％と私学の配置率は低い（中央教育審議会 2008）。2021 年の全国小中学校の養護教諭の配置数（本務）は、小学校 1 万 9446 人、中学校 9631 人で、そのうち男性はそれぞれ 23 人、8 人のみと圧倒的に女性が多い（2021 年学校基本調査）。

保健室の利用状況　学校教育法施行規則 1 条および学校保健安全法 7 条は、学校への保健室の設置を定めている。2016 年度の保健室の利用児童生徒数は小学校 41 万 6000 人、中学校 39 万 9000 人、高校 80 万 5000 人である（日本学校保健会 2018）。2006 年度調査では、それぞれ 20 万 2284 人、18 万 3852 人、27 万 2642 人であり、大幅に増加している。1 校当たりの 1 日平均保健室利用児童生徒数は、小中高校とも平均 20 人前後である（図表 9-1）。保健室利用の理由は、小学校では「けがの手当」が最も多く

1　小中学校の場合、本校と分校、および同一敷地内または 500 メートル以内の距離にある小中学校は 1 校とみなされる（同法 16 条、同法施行令 6 条）。

図表 9-1　1 校当たりの 1 日平均保健室利用児童生徒数

(単位：人)

	小学校	中学校	高校
小規模校（149 人以下）	9.0	7.6	11.8
小規模校（150〜299 人）	19.0	18.7	16.7
中規模校（300〜499 人）	25.1	22.0	18.7
大規模校（500 人以上）	36.9	25.1	20.0
大（複数配置校）（500 人以上）	51.5	38.5	22.8
全体	22.0	19.0	19.8

出典：日本学校保健会『保健室利用状況に関する調査報告書（2016 年度調査結果）』、2018 年。

35.7％であるが、中学校・高校は「体調が悪い」が最多でそれぞれ 21.8％、25.7％を占める。また健康相談の内容では、小中高とも「身体症状」が 23〜31％で最も多く、次いで「友だちとの人間関係」が 20〜24％で多い。保健室登校の児童生徒がいた学校の割合は小学校 32.4％、中学校 36.5％、高校 36.8％であり、1 年間の実人数はそれぞれ 1.9 人、2.9 人、2.8 人である（日本学校保健会 2012）。

　保健室の利用者数は増大傾向にある。従来からある身体検査等に加えて、保健室登校対応、アレルギー・化学物質対応、児童虐待・家族関係への対応、飲酒・喫煙・薬物問題の指導など、課題が広がっている。学校保健法が 2008 年に学校保健安全法に改定されるとともに、養護教諭の役割として新たに健康相談、保健指導、健康観察等が追加された。

　現在の養護教諭と保健室は、①病気や怪我への処置など、子どもの命と健康を守る、②健康診断や子どもの日常から健康状態や課題を把握する、③受容や共感を通じて子どもの心の居場所となるとともに生きる力を支援し自立に向けて励ます、④からだや健康のことを学ばせる、といった役割と機能をもつようになっている（数見 2008）。これらを実現するには、他の教職員との協働が欠かせない。ときには職場全体に働きかけたり、校務分掌の保健部や教育相談部、特別支援教育組織に加わり、リードすることも求められる。保護者との連携や地域の専門機関との協力関係を作ることも養護教諭の重要な

役割である（藤田2008）。

　日本の養護教諭は、海外のスクールナースと異なり、教育職として位置づけられている点に特徴があり（数見2008）、そのことが今日の養護教諭の多面的な活動を可能にしている。子どもたちの健康維持と様々な問題の緩和解消のために、養護教諭は大きな役割を果たしている。

2.　学校図書館と司書教諭・学校司書

学校図書館　　学校図書館法により、学校には図書館を置くことが定められている。学校図書館は、「図書、視覚聴覚教育の資料その他学校教育に必要な資料を収集し、整理し、及び保存し、これを児童又は生徒及び教員の利用に供することによって、学校の教育課程の展開に寄与するとともに、児童又は生徒の健全な教養を育成することを目的として設けられた施設」（2条）であり、すべての学校に設置が義務づけられている（3条）。わが国の学校図書館法は世界に先駆けて1953年に制定された法律であり、多くの国々に影響を与えている。

　同法により、学校図書館設置率は現在ほぼ100%である。しかしながら、学校図書館の環境整備は依然不十分であるといわざるを得ない。たとえば、面積規定がないため広さが十分ではなく、学校によってバラつきがあり、図書も慢性的に不足している。28.8%の小学校、38.9%の中学校が国の定める蔵書冊数の基準を満たしておらず（文部科学省2020）、満たしていたとしても古くて傷んだ図書が多く、現代の子どもの読書状況に対応できていない。さらに、学校図書館が長年抱えてきた課題に、"人"の不在があげられる。

司書教諭と学校司書　　学校図書館に関わる職員に司書教諭と学校司書がある。学校図書館法5条で規定される司書教諭は、司書教諭資格を有する教員であり、校務分掌の1つとして発令される。司書教諭は学校図書館法制定当時（1953年）、猶予期間として「当分の間……置かないことができる」とされたことから、長く配置がなされなかったが、1997年の法改正により12学級以上の学校には2003年度までに司書教諭を配置することとされた。現在の配置状況は小学校69.9%、中学校63.0%、高校81.5

％である（文部科学省 2020）。しかし、実際のところ、司書教諭発令がなされても形式的な配置にとどまり、学校図書館活動に従事していない場合も見られる。

　司書教諭とは別に、学校図書館の専門職員として学校司書がいる。司書教諭が教員であるのに対して、学校司書は事務職員に相当し、主な業務は、蔵書管理や図書の貸出・返却、予算管理、学校図書館だよりの発行、館内の装飾、読み聞かせなど多岐にわたる。学校司書はこれまで図書館運営に重要な役割を果たしてきたにもかかわらず法的位置づけがなかったが、2015 年の法改正により初めて配置への努力義務が明文化された（6 条）。配置状況は小学校 68.8％、中学校 64.1％、高校 63.0％である（文部科学省 2020）。

┃ 読書活動推進法・基本計画

近年、子どもの読書推進の取り組みが多く見られるようになっている。国は「子どもの読書活動の推進に関する法律」を制定し（2001 年 12 月）、2002 年には子どもの読書活動推進基本計画を定めた。2018 年には第四次基本計画を策定している。国の基本計画を受けて各自治体でも基本計画策定が進められている。国の動きの背景には、思いやりの心を育むといった子どもの内面への働きかけと、学力向上に対する読書活動への期待がうかがえる。図表 9-2 にあるように、2000 年以降、子どもの読書冊数は増加傾向にある。

図表 9-2　過去 31 年分の 5 月 1 カ月間の平均読書冊数の推移

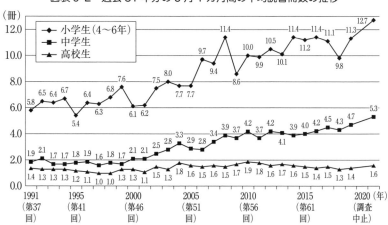

　国は読書活動推進のため、2007年度より5カ年計画を立てて、約1000億円の学校図書購入費用を地方交付税によって地方自治体に配分した。2022年度からは第六次「学校図書館図書整備等5か年計画」として、5カ年で学校図書整備（約995億円）と新聞配備（約190億円）、学校司書配置（約1215億円）のための費用を地方交付税で措置することとしており、さらなる学校図書館の充実を図っている。

恵庭市の学校図書館づくり　自治体や学校での読書活動推進の取り組みには、国の計画に従ったものばかりでなく、地域や学校の個性を活かした自主的なものも多い。子どもの読書機会の充実には、学校図書館だけでなく地域全体での読書環境整備や住民の協力が重要である。

　北海道恵庭市では、学校図書館を改善しようとするボランティアの人々の取り組みが契機となって、学校図書館の充実に取り組んだ（図表9-3）。2004年に小学校全校、2006年には中学校全校に専任の学校司書を配置するとともに、学校司書を市立図書館職員として位置づけ、研修や会議を通じて専門性を高める機会を用意した。学校図書購入費を大幅に増額して、図書を今の子どもたちに合ったものに入れ替え、また居心地のいい施設配備や楽しく温かい装飾を行った。学校図書の更新によって、教員は教科学習に学校図書館を活用しやすくなった。館内装飾や子どもたちが楽しみにしている読み聞かせ活動などは、住民からなる学校図書館ボランティアの協力で可能になっている。恵庭市の学校図書館は暗く古い本の倉庫から、朝・昼・放課後と子どもたちが後を絶たない学校随一の人気の場所となり、平均読書冊数も大幅に増加した。この事例からは、条件整備の重要性とともに、学校図書館

図表9-3　ボランティアによる読み聞かせ
（恵庭市立島松小学校）

づくりが学校司書や住民ボランティア、公立図書館などとの連携によって進むことが分かる。

3. 学校給食・食育と栄養教諭・給食調理員

| 学校給食の歩み

1889 年に山形県鶴岡町の私立忠愛小学校で貧困児童救済を目的に給食を出したのが、わが国の学校給食の始まりとされる。大正期になると国も給食を奨励するようになり、1932 年には国庫補助により貧困児童救済のための学校給食が実施された。また戦時下の 1944 年には六大都市の小学校児童 200 万人に米、味噌等の特別配給による学校給食が実施されている。

　戦後当初、食糧不足がひどく、多くの人々が飢えに苦しむ中、学校関係者の間から学校給食により子どもたちの飢えを緩和しようという声が高まった。1946 年 12 月 11 日、国は文部・農林・厚生三省事務次官通達「学校給食実施の普及奨励について」を出して、学校給食を実施・推進していく方針を示し、1947 年 1 月には全国都市の児童約 300 万人に対して学校給食が開始された。1950 年に八大都市で完全給食[2]が始まり、翌年には全国市制地域に拡大された（日本学校給食会連合会ホームページ「学校給食の歴史」）。

| 学校給食法

日本への食糧援助には、アメリカのララ（アジア救援公認団体）やガリオア資金（占領地救済資金）、ユニセフが大きな役割を果たしていたが、1951 年の日米講和条約締結とともにガリオア資金の援助が打ち切られたため、学校給食費の値上げや給食自体を中止する学校が増加した。学校給食を安定的に実施する要求が高まり、1954 年 6 月に学校給食法が制定された（雨宮 1992）。

　文部大臣は学校給食法案の提案理由として、「教育の一環としての学校給食が適正に実施されるということは、とりもなおさず、児童自らが体験を通して、望ましい日常の食生活の営みを学び取ることであって、学校教育が児童の現在及び将来の生活を幸福にする所以であり、教育的に実施される学校

2　学校給食法施行規則 1 条は、パンまたは米飯、ミルク、おかずが揃っている完全給食、ミルクのみのミルク給食、ミルクとおかずだけの補食給食の 3 つに区分している。

給食の意義はまことに重要である」と述べていた（内閣府2008）。同法の要点は、学校給食を単に栄養を摂取するだけの食事ではなく、教育活動の一環として位置づけていることにある。

　同法制定により、国・地方公共団体と学校設置者は、小学校等の学校給食の普及・発達と実施の任務を負うことが明確にされた（同法4条、5条）。学校給食の実施に必要な施設設備および運営に要する経費については学校設置者の負担とされ、それについて国は補助できるとされた（6条、7条）。また同法は学校給食の栄養に関する専門職員を置くことを定めた（5条）。

　これと合わせて学校給食施行令、「特別支援学校の幼稚部及び高等部における学校給食に関する法律」、「夜間課程を置く高等学校における学校給食に関する法律」等の関連法規が整備され、夜間定時制高校と特別支援学校幼稚部・高等部での学校給食の実施、学校給食の開設に必要な施設設備の経費の2分の1の国庫補助、学校給食従事職員の給与等人件費の地方交付税措置化などが進められた。こうして学校給食が広く普及する体制ができあがっていった。

学校給食の実施状況　2018年度に学校給食を実施している国公私立学校は図表9-4の通りで、小学校の実施率は99％を超えている。

　学校給食の調理方式は、自校の調理施設設備で調理員が調理する単独調理方式と給食調理センターを設置して複数校の給食を調理する共同調理方式の2種類がある。前者は自校の分だけを調理する場合と別の学校の分も調理して提供する場合（親子方式）がある。2018年度の実施状況は、単独調理方式よりも共同調理方式の方がやや多く、公立小学校の52.0％、公立中学校の62.4％に及んでいる（図表9-5）。

食育基本法と食に関する指導　学校給食は広く普及したが、社会環境の変化とともに、偏食や不規則な食事など食生活の乱れ、肥満や過度の痩身、生活習慣病、また牛海綿状脳病（BSE）問題や腸管出血大腸菌O-157食中毒、牛肉偽装事件など食をめぐる問題がクローズアップされてきた。そこで、国民の食に関する意識や知識の向上を図る「食

図表 9-4　学校給食実施状況（2018 年度）

区分	学校数	実施率（学校数比）			
		計	完全給食	補食給食	ミルク給食
小学校	19,635 校	99.1% (19,453 校)	98.5%	0.3%	0.3%
中学校	10,151 校	89.9% (9,122 校)	86.6%	0.4%	2.9%
特別支援学校	1,132 校	89.9% (1,018 校)	88.8%	0.1%	1.1%
夜間定時制高校	565 校	68.0% (384 校)	52.6%	15.2%	0.2%

注　：数字は 2018 年 5 月 1 日現在。
出典：文部科学省「学校給食実施状況等調査―2018 年度結果の概要」、2019 年。

図表 9-5　公立小中学校調理方式別完全給食実施状況（2018 年度）

	単独調理方式		共同調理方式		その他調理方式	
	学校数	比率	学校数	比率	学校数	比率
小学校	9,089 校	47.2%	9,948 校	52.0%	157 校	0.8%
中学校	2,227 校	25.5%	5,458 校	62.4%	1,056 校	12.1%

注　：数字は 2018 年 5 月 1 日現在。
出典：文部科学省「学校給食実施状況等調査―2018 年度結果の概要」、2019 年
　　　より作成。

育」が注目されるようになり、2005 年 6 月、食育基本法が成立した。

　同法は、食育を「『食』に関する知識と『食』を選択する力を修得し、健全な食生活を実践することができる人間を育てる」ことと定義し、国・地方公共団体等が食育に関する施策を総合的かつ計画的に推進することを求めている。また学校が食育推進の指針作成や教職員の配置、特色ある学校給食、体験活動などを実施するのに必要な支援を国・地方公共団体は行うとしている。

　食育基本法の制定を受け、2008 年に学校給食法が改正された。法の目的として従来の「学校給食の普及充実」に加えて、「学校における食育の推進」が規定され（1 条）、栄養教諭が学校給食を活用した食に関する指導を行うという条文が加えられた（10 条）。

栄養教諭・学校栄養職員　　学校給食を実施する際に子どもたちの栄養を管理し、また食に関する指導を行う役割を担

うのが栄養教諭・学校栄養職員である。

　学校給食法制定当時は学校栄養職員の配置への国庫補助がなかったが、1964年に「学校栄養職員設置費補助制度」が設けられ、学校栄養職員を置いた市町村に対して国は補助を開始した。しかし、市町村の財政力による配置の格差が生じたため、1974年より「公立義務教育諸学校の学級編制及び教職員定数の標準に関する法律」等を改正し、公立義務教育諸学校および共同調理場への学校栄養職員の配置定数を定めた。またその給与は都道府県の負担とし、その経費の2分の1（2006年度より3分の1）を国庫負担することとした（金田2009）。

　その際、学校教育法も改正され、「学校給食栄養管理者」として栄養士免許を有する専門職員を置くこととされた。1986年には学校給食に関する基本計画への参画、栄養管理、学校給食指導、衛生管理などを学校栄養職員の職務とすることが明確にされた（文部省体育局長通知1986）。

　その後、学校での食に関する指導体制を整備するため、2004年5月に栄養教諭制度が創設された（学校給食法5条、教職免許法2条）。栄養教諭は従来の学校栄養職員と異なり、教諭や養護教諭と同じく児童生徒に対する指導を直接的に担う教育職員として位置づけられ、教育公務員特例法などの身分規定も適用される。栄養教諭は小中学校、義務教育学校、特別支援学校小学部・中

図表9-6　栄養教諭・学校栄養職員の定数の算定基準

単独給食実施校

学校給食を受ける児童生徒数	定数
549人以下	4校に1人
550人以上	1校に1人
550人未満の給食実施校が3校未満の市町村	1市町村に1人

共同調理場

共同調理場に係る学校の児童生徒数	定数
1,500人以上	1場に1人
1,501～6,000人	1場に2人
6,001人以上	1場に3人

注：栄養の指導・管理をつかさどる主幹教諭を含む。

学部に配置され（学校教育法37条、49条、49条の8）、その職務は食に関する指導と学校給食の管理を一体的に行うこととされている。

　栄養教諭・学校栄養職員の配置基準は、図表9-6のようになっている（義務標準法8条の2）。国は学校栄養職員の栄養教諭への速やかな移行を図るとしているが、2015年度の国公私立学校等における栄養教諭・学校栄養職員数は1万2074人であり、そのうち栄養教諭は5428人（45.0%）にとどまっている（文部科学省2017）。

学校給食調理員　学校給食調理員は、学校給食の実施に必要な調理業務に携わる職員である。任用について特段の定めはないが、調理師法に基づく調理師免許を有している者が多い。文部科学省は学校給食調理員の配置基準を図表9-7のように定めている。2018年度の公立学校における学校給食調理員数は4万5000人で、そのうち非常勤職員の比率は44.6%である（文部科学省2019）。

　学校給食調理員は地方交付税の積算対象であるが、栄養教諭と異なりその給与は国庫負担の対象となっていない。1960年に文部省は図表9-7の配置基準を示したが、①その後における共同調理場の普及、施設設備の近代化等により現時の学校給食の実状に合致しない点も見られるので、設置者においては地域や調理場等の状況に応じて弾力的に運用すること、②学校給食の質の低下を招かないよう配慮しながら、パートタイム職員の活用、共同調理場方式、民間委託等の方法によって人件費の経常経費の適正化を図ることを求める通知を出している（文部省体育局長通知1985）。公立小中学校の単独調理場および共同調理場において約半数が、調理・運搬・食器洗浄の業務を外部委託しており、学校給食の外部委託が進められている。

図表9-7　学校給食調理員配置基準

児童または生徒の数	従 事 者 の 数
100人以下	1人または2人
101〜300人	2人
301〜500人	3人
501〜900人	4人
901〜1,300人	5人
1,301人以上	6人に児童生徒数が500人をますごとに1人を加える

出典：文部省体育局長通知「学校給食に従事する職員の定数確保および身分安定について」、1960年12月。

学校給食の課題　近年では学校給食に起因する大規模な食中毒の発生が大きな問題となっている。1996 年 7 月に大阪府堺市で起きた腸管出血性大腸菌 O-157 による学童集団下痢症では、児童 7892 人を含む 9523 人の市民が罹患し、3 人の児童が死亡した。この背景には、地方財政難のもとでの献立の統一化と食材の大量一括購入、調理体制の大規模化、人員削減があるといわれている（雨宮ほか 1997）。学校給食法によって教育活動として位置づけられて以降、学校給食は大きく発展したが、質を高めながら安全に子どもたちに給食を提供する体制を模索することが課題となっている。

4. 学校事務職員

学校事務職員の制度と配置　学校事務職員は、学校教育法において校長や教諭等と並び、学校に「置かなければならない」と定められた職である（37 条、中・高・特別支援は同条の準用規定）。小中学校の事務職員の配置人数は、1 校当たり 1 人が基本とされている。このほかに大規模校や、困窮家庭の多い学校への加配措置が規定されている（義務標準法 9 条）。しかし、「特別の事情のあるとき」は置かないことができるとされており（学校教育法 37 条 3 項）、たとえば 3 学級以下の学校は配置定数が 4 校につき 3 人となっている（義務標準法 9 条 2 項）など、小規模校への全校配置が保障されているわけではない。公立小学校の実際の配置数を見てみると、学校数 1 万 9028 校に対して事務職員総数は 2 万 2527 人、1 校当たりの平均事務職員数は 1.18 人となる（2021 年度学校基本調査）。

　一方で高校では事務長を含め複数の事務職員が配置されていることが多い。小中学校に比べると、各種契約や入試業務など各学校で独立して処理を求められる業務が多くなるため、複数の事務職員による組織的な事務室運営が行われている。実際の配置数は、公立高校（全日制・定時制）3521 校に対して事務職員総数は 1 万 5350 人、1 校当たりの平均事務職員数は 4.36 人であり、小学校に比べると 1 校当たりの職員数が多いことがわかる。

学校事務職員の職務　2017 年、学校教育法の改正により事務職員の職務は「事務に従事する」から「事務をつかさどる」こととなった。これは 2015 年の中央教育審議会答申「チームとしての学校の在り方と今後の改善方策について」に示された学校像の見直しを背景とした変更である。改正と同時に出された文科省通知では、「学校組織における唯一の総務・財務等に通じる専門職」として「より主体的・積極的に校務運営に参画する」ことへの期待が示された（文部科学省 2017）。

　事務職員の業務は多岐にわたるが、大きくは①庶務・②財務・③管財の 3 つの領域に分類することができる。

　①庶務：まず事務職員は、教職員や児童生徒、保護者、各種行政機関、地域住民、外部関係者など多方面の学校関係者との間で発生する様々な業務への対応が求められる。内容は幅広く、教職員の給与・任免・福利厚生・公務災害に関するもの、教育行政機関に提出する調査統計等に関するもの、学校内外でやりとりされる各種文書の作成や管理、就学援助制度の広報や手続きに関する支援など就学支援関係、学校への問い合わせや窓口での対応、各種証明書発行、児童生徒の転出入等学籍に関するものなどがあげられる。

　このように多様な業務に加え、事務職員からの積極的な働きかけも行われている。校内の環境整備に関するニーズ調査や、教材選定時の教員支援、「事務室だより」による各種情報の広報などがあげられる（詳しくは柳澤 2016）。特に、就学支援に関する諸制度に、支援が必要な家庭を確実につなげていくためには、制度自体の周知徹底と申請手続きのための直接的な支援が重要であり、担任教員等と連携した定期的・継続的な働きかけが期待される。

　②財務：財務領域は、学校で扱うお金全般に関わる業務であり、公費である学校予算と、保護者から集める学校徴収金を扱う。

　学校予算は税金を財源に学校に配当され、教材費や学校の管理運営上必要な物品、消耗品等の調達、施設設備の補修工事等に充てられる。事務職員は公費執行のための手続きにのっとり、これら物品の選定や調達、購入物品の検証、業者との契約といった業務を担う。

　他方、学校徴収金は保護者から直接集められる私費であり、義務教育にお

いても私費負担の対象や金額は各学校に委ねられている部分が多い。学校給食費や教材費、校外学習費、修学旅行費、部活動費、PTA 会費等があげられる。事務職員はこれらの見積もりや集金、執行、決算、児童生徒転出入時や年度末の清算等の業務を必要に応じて他の教職員と連携を取りながら行う。

　財務全般に携わる事務職員は、支出の対象や内容、金額に改善の余地がないか教職員と連携しながら検討し、私費負担の抑制や公費支出化につなげていくなど、適切な学校財務の実現に向けて取り組むことが求められる（具体的な取り組み内容については、栁澤 2016、武田 2017 参照）。

　③管財：学校の土地や施設設備、物品等の維持管理と整備に関する業務も事務職員が担っている。多くの児童生徒や教職員がすごす学校が、教育活動を安全かつ快適に行える場所であるためには日常的な環境整備が欠かせない。土地や施設設備について、危険箇所や不具合を日常的に点検し、必要に応じて修繕等を行う。ICT 機器を含む教具の管理や整備も業務に含まれる。

　このように学校のあらゆる活動に携わる事務職員の職務は広く複雑なものであり、内容や範囲の確定が難しい。学校規模や環境、個人の経験年数等によっても、やるべきことやできることが異なってくる。加えて、単数配置が基本となっている小中学校では事務職員同士での情報共有が困難であるといった事情もあり、職務の標準化がかねてより課題とされてきた（清原 1997）。

　そのため、各地方自治体は「標準的な職務内容」の通知を作成し、内容や範囲の明確化に取り組んできた。さらに、2019 年の働き方改革の流れを受け、2020 年には文科省通知で「標準的な職務の内容及びその例」が示された（文部科学省 2020）。

　また、単数配置の弊害を克服するため、小中学校における学校事務の共同実施が取り組まれている。各校に勤務する事務職員が週 1 回などを目安に定期的に集まり、複数の学校の業務を共同で行うものである。事務処理の効率化のみならず、情報共有や若手育成、事務職員の資質向上の機会となることが期待されている（長谷川 2010）。これらの取り組みは、地方自治体で進められていたが、2017 年には「共同学校事務室」が制度化され（地教行法 47 条の 4）、設置した場合の事務職員定数の加配措置も明記されるなど（義務標準法 15 条 5

号）、学校事務の共同実施に向けた制度的な整備も進んできている。

学校事務職員の役割　　事務職員は学校のあらゆる活動に関わる多彩な業務を担っており、学校における教育活動を日常的に支える存在ということができる。直接子どもの教育に関わる「直接的教育活動」に対し、事務職員の業務は「間接的教育活動」と位置づけられるものであるが、後者もまた子どもの学びの質保障にとって不可欠である（藤原2011）。このように、日常的に子どもの学びの環境づくりに関わる存在であるということから、行政職員でも教員の補助職員でもない、学校にいる事務職員としての役割が重要視されてきた（柳原ほか 2010）。

　また、円滑な学校運営を実現し、学びの環境の整備・維持向上を図るには、他の教職員との密な連携が重要となる。「事務をつかさどる」専門職として学校経営へ積極的に関わる参画主体であることが法規定上に位置づけられてもいるように、学校事務の専門職である事務職員は、教員をはじめ学校に関係する多様な職種の職員と連携して学校の教育活動に携わり、子どもの学びを支えるよりよい環境づくりを実現していくことが期待されている。

第2節　新たな専門職と「チームとしての学校」

1. 新たな専門職等の配置

専門職等の配置　　学校は校長・教頭等の管理職、教諭・講師等、養護教諭・栄養教諭、事務職員・学校栄養職員・学校用務員、実習助手・技術職員・寄宿舎指導員など、学校教育法等に規定される教職員によって運営される。しかし、これらの教職員だけでは児童生徒の多様なニーズに対応できないため、新たな専門人材が必要とされ、近年子どもと保護者の悩みを受け止める相談活動、子どもを取り巻く環境の改善に関わる福祉的活動、特別支援教育を担う新しい専門職等が置かれている。

スクールカウンセラーと公認心理師　　いじめの深刻化や不登校児童生徒の増加などを背景に、児童生徒や保護

者の抱える悩みを受け止め、学校のカウンセリング機能の充実を図るため、スクールカウンセラーが1995年度より配置されている。

　2000年度まではスクールカウンセラー活用調査研究委託事業として実施され、配置経費は国の全額負担であったが、その後は国庫補助事業とされ、都道府県・指定都市に対する国の補助率は2007年度までは2分の1、それ以降3分の1となっている。すでに全公立中学校約1万校に配置ずみであり、現在は全公立小学校約2万校への配置が目指されている。

　スクールカウンセラーは、文部科学省の規定により①財団法人日本臨床心理士資格認定協会認定臨床心理士、②精神科医、③児童生徒の臨床心理に関して高度に専門的な知識および経験を有する大学の常勤教員（退職者を含む）などから選考される。また自治体は、①大学院修士課程を修了して心理臨床業務・児童生徒相談業務を1年以上経験した者、②大学・短大を卒業して同業務を5年以上経験した者、③医師で同業務を1年以上経験した者などをスクールカウンセラーに準ずる者として置くことができる（文部科学省2017）。スクールカウンセラーが学校や教育委員会に常駐しているケースは少なく、大半は非常勤職である。各校へのスクールカウンセラーの派遣日数は週1日にとどまる場合が多い。またスクールカウンセラーになれる人材が不足している地方もあり、相談体制の地域間格差が生じている。

　2015年に公認心理師法が成立した。公認心理師は保健医療、福祉、教育その他の分野において心理学の専門的知識技術をもって心理相談、助言等を行う。臨床心理士が上記協会による認定資格（民間資格）であり、協会指定大学院の修士号の取得を要件とするのに対して、公認心理師は国家資格であり、主務大臣指定の心理学等の科目を大学・大学院で修めることが要件とされる（公認心理師法）。今後、公認心理師資格をもった者がスクールカウンセラー等として教育相談に携わるようになることで、相談体制の充実が図られることが期待される。

スクールソーシャルワーカー　1906年にニューヨーク市のセツルメント・ハウスが始めた学校へ通えない子どもたちの教育権を保障するための訪問教師活動が、スクールソーシャルワーク

の起源である。その後、1970 年代に子どもの家庭状況を把握しつつ、子どもの最善の利益を求めて学校・家庭・地域の連携・調整を図るスクールソーシャルワーカーの地位と専門性が確立した（佐藤 2009）。

　日本では、1990 年代後半に香川県、兵庫県ほかで先駆的に導入されたが、国の制度として文部科学省がスクールソーシャルワーカー活用事業を開始したのは 2008 年である。スクールソーシャルワーカーは社会福祉士や精神保健福祉士等の福祉に関する専門的な資格を有する者が望ましいとされるが、地域や学校の実情に応じて、福祉・教育分野の専門的な知識・技術を有する者または活動経験実績がある者でもよい。職務内容は①問題を抱える児童生徒が置かれた環境への働きかけ、②関係機関等とのネットワークの構築、連携・調整、③学校内におけるチーム体制の構築、支援、④保護者、教職員等に対する支援・相談・情報提供、⑤教職員等への研修活動である（文部科学省 2013）。

　2008 年度は国からの委託調査研究事業であったため、経費は国が全額負担したが、翌年度からは国補助事業となっている（補助率1/3）。文部科学省は現在、スクールソーシャルワーカーを 1 万人に引き上げ、全中学校区に配置しようとしている。その身分は大半が非常勤・嘱託等であり、不安定である。人権と社会的公正を基盤とし、人と環境との相互作用に焦点を当ててクライエントの置かれている状況を改善していく高度な専門性をもったスクールソーシャルワーカーの養成と安定的な配置が求められている。

特別支援教育支援員　　2007 年 4 月に学校教育法が改正され、特別支援教育が開始された（第6章第4節参照）。特別支援教育の導入によって、小学校・中学校における特殊学級や通級指導の制度は、通常の学級に在籍した上で必要な時間のみ「特別支援教室」の場で特別の指導を受けることを可能とする制度に一本化された。各学校では特別支援教育に関する校内委員会が置かれ、障害のある児童生徒の実態把握と支援のあり方について検討が行われる。また学校内の関係者や福祉・医療等の関係機関との連絡調整および保護者に対する学校の窓口を担う者として特別支援教育コーディネーターが置かれた。これには通常、各校に在籍する特別支援教育主任

等の教諭、教頭、養護教諭等が指名され (柘植ほか 2010)、2012 年度では国公私立の幼小中高校・認定こども園の 87.1%、公立の 99.4% で置かれている (文部科学省 2016)。

　幼稚園、小中学校、高校において障害のある児童生徒に対し、食事、排泄、教室の移動補助等、学校における日常生活動作の介助を行ったり、発達障害の児童生徒に対し学習活動上のサポートを行ったりするため、特別支援教育支援員が配置されている。2007 年度より小中学校での配置に地方財政措置が開始され、2009 年に幼稚園、2011 年に高校での配置に対しても地方財政措置がなされるようになった。2015 年 5 月 1 日現在では、公立幼稚園約 6500 人、公立小中学校約 4 万 6800 人、公立高校約 500 人、計約 5 万 3800 人の特別支援教育支援員が配置されている (文部科学白書 2015 年度)。

　このほかに、発達障害等の判断や望ましい教育的対応等について専門的意見を示すことを目的とする専門家チーム (教育委員会関係者、教員、心理学の専門家、医師等) が教育委員会に設置され、教員に対して指導・助言を行う巡回相談員 (専門的知識をもった教員・指導主事等)、医療的ケアのための看護師、早期支援・就労支援・発達支援・合理的配慮に関する連携支援コーディネーター、理学療法士・作業療法士・言語聴覚士も配置されるなど、特別支援教育に関わる専門人材が多数配置されるようになっている。

2. 地域人材の活用

地域人材の活用　スクールカウンセラーやスクールソーシャルワーカーなどの専門職が新たに配置されるようになっただけでなく、近年多様な形で地域住民が学校教育に関わるようになっている。教員だけでは担いきれない活動や必ずしも教員が行う必要のない業務があり、それについて地域住民に任せることで教育環境の充実がもたらされるとともに、教員の負担が減り、教員は自らが本来果たすべき教育活動に専念できるようになる。また子どもたちが教職員以外の多様な大人、地域住民から学ぶ機会が増えることは、子どもの成長発達に資する。さらには、地域住民は学校教育に関わることで、自己の知識や経験を活かすことができ、住民の自己実現

や地域づくりにもつながる。このような観点から、多様な地域人材の活用が取り組まれている。

特別非常勤講師・学校支援ボランティア　地域人材の活用方法の1つは、授業への協力である。教員免許状を有しない者を非常勤講師に充てる特別非常勤講師制度がある。これは1988年の教育職員免許法の改正により制度化された。1998年の同法改正により対象が全教科に拡大され、都道府県教育委員会への届出で採用できるようになった。これにより芸術教科、体育、総合的な学習の時間、英語活動などに音楽家、スポーツインストラクター、社会福祉施設職員、英会話学校講師などを招き、教員では提供できない教育活動が実施されている。理科や社会など通常の教科でも、自然環境NPOや地域づくり団体などから人を招くといった活用も行われている。

　また地域住民や保護者が授業以外の教育活動や学校運営上の活動を支援するボランティア活動がある。たとえば、保護者組織や住民ボランティア団体などが学校図書館の図書目録づくりと配架、貸出業務、読み聞かせなどを行う例や、校内の花壇・樹木・芝生の手入れ、グラウンドの整備など校内環境の整備を行う例がある。地域住民や専門家に部活動の指導を依頼するケースや、土日などに子どもの学習活動や余暇活動を世話する学生ボランティアなども行われている。

スクールガード　児童生徒の登下校時の安全確保をはじめ、学校安全体制の整備は大きな課題となっている。文部科学省では、2005年度からスクールガード・リーダーの配置やスクールガードの養成・研修を行う事業を開始している。スクールガード・リーダー（地域学校安全指導員）は警察官OBや民間警備会社の社員など、各自治体の教育委員会から委嘱され、小学校の警備ポイントの指摘、定期的な学校巡回と安全体制の評価・指導・助言、スクールガードの指導、通学路における危険箇所についての指導を行う。2008年までは全額国庫補助により実施されたが、2009年度からは国庫補助事業（補助率1/3）として実施されている。スクールガードは各小学校に登録した地域住民が学校内や通学路などを巡回し、危険箇所の監視などを行う学校安全ボランティアである。

3.　チームとしての学校と教師の専門性

チームとしての学校　　　　　以上のように、学校は教科指導を行う教諭だけでなく、養護教諭や栄養教諭、司書教諭、事務職員、学校司書、学校栄養職員、給食調理員、スクールカウンセラー、スクールソーシャルワーカー、特別支援教育支援員、学校用務員、スクールガードなど、非常に多様な教職員によって担われている。また、外部からNPOなどのスタッフやボランティアが学校に関わるようになっている。他方、近年はアクティブ・ラーニングやデジタル機器を用いた授業など、新しい教育が求められ、いじめ・不登校、貧困問題など、学校に求められる役割も拡大しているため、教員の仕事がますます増大し、多忙化が大きな問題となっている（第8章参照）。そこで、国は教員に多くの業務を任せる従来の学校運営のあり方を見直し、「チームとしての学校」という方針を打ち出した。

　中央教育審議会答申「チームとしての学校の在り方と今後の改善方策について」(2015) は、日本の学校は、①日本の教員は教科指導だけでなく、生徒

図表9-8　「チームとしての学校」のイメージ

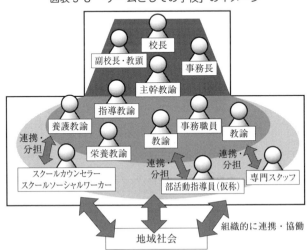

出典：中央教育審議会答申「チームとしての学校の在り方と今後の改善
　　　方策について（答申）概要」、2015年。

指導、部活動など、幅広く業務を担っている、②教員以外の専門スタッフが少ない、③教員の勤務時間が長いという特徴をもつが、これを見直し、スクールカウンセラーやスクールソーシャルワーカー、学校司書、部活動指導員、医療的ケアを行う看護師などの専門スタッフの配置を充実して、専門性に基づくチーム体制を構築するとしている。図表9-8は「チームとしての学校」のイメージ図である。

専門職・地域住民と教師の専門性

教科指導や生徒指導を中心的職務とする教員では対応できない課題が拡大しており、教員以外の専門職を置くことが必要である。さらに、それによって教員の勤務時間の削減ができるなら、「チームとしての学校」は非常に有意義である。ただ、それが機能するには、やはり十分な数の教員や専門職の配置が必要である。

　また、専門職の配置充実だけでなく、近年は開かれた学校づくりにより、地域住民や保護者が学校に関わる機会も増加している。教職員の多様化や専門職の配置、地域住民等との協働は、学校の活動の拡大と機能分化の進行を意味している。こうした動きは学校教育の質の向上や地域ニーズの反映のために不可避といえるが、他方で教師の専門性を揺るがしたり、これまで日本の教師が果たしてきた役割を弱めたりする可能性も考えられる。とりわけ日本の教師は子どもの成長発達を多面的に支えることをその特徴としており、教科指導を中心とする欧米の教職専門性とは異なる形でその専門性を発達させてきた。学校教育の機能分化が日本の教師の専門性に何をもたらすのかをしっかり見極めることが求められる。

〈考えてみよう〉
1. 様々な教職員のうち、教諭に分類されるものはどれか、整理してみよう。教諭とそうでない者ではその職務にどのような違いがあるのだろうか。
2. 「チームとしての学校」とはどんな構想か、確認しよう。これで教員の多忙を解消できるか、考えてみよう。

【引用・参考文献】
〈学校保健分野〉
数見隆生（2008）「養護教諭の保健室づくり」教育科学研究会・藤田和也編『保健室と養護教諭』国土社
数見隆生・藤田和也編（2005）『保健室登校で育つ子どもたち―その発達支援のあり方を探る』農山漁村文化協会
中央教育審議会（2008）「子どもの心身の健康を守り、安全・安心を確保するために学校全体としての取組を進めるための方策について（答申）」
中央教育審議会（2012）「第81回資料　学校及び教員を取り巻く状況に関する参考資料」
日本学校保健会編（2005）『日本学校保健会八十年史』日本学校保健会
日本学校保健会（2012）『学校保健の課題とその対応―養護教諭の職務等に関する調査結果から』日本学校保健会
日本学校保健会（2018）「保健室利用状況に関する調査報告書（2016年度調査結果)」
藤田和也（2008）『養護教諭が担う「教育」とは何か―実践の考え方と進め方』農山漁村文化協会
〈学校図書館分野〉
全国学校図書館協議会（2021）「第66回学校読書調査」
文部科学省（2020）「学校図書館の現状に関する調査」
〈学校給食分野〉
雨宮正子（1992）『学校給食』新日本出版社
雨宮正子・安藤まち子・小沢辰男ほか編（1997）『学校給食を考える―O-157はなぜおきるのか』青木書店
金田雅代編著（2009）『三訂　栄養教諭論―理論と実際』建帛社
内閣府（2008）『食育白書2008年版』
文部科学省（2017）「学校給食実施状況等調査―2015年度結果の概要」
文部科学省（2019）「学校給食実施状況等調査―2018年度結果の概要」
文部省体育局長通知（1985）「学校給食業務の運営の合理化について」
文部省体育局長通知（1986）「学校栄養職員の職務内容について」
〈学校事務職員分野〉
清原正義（1997）『学校事務職員制度の研究』学事出版
武田麻依（2017）「義務教育における公費私費負担区分に関する研究」『公教育システム研究』第16号
長谷川邦義編（2010）『学校経営を活性化する学校事務の実践』学事出版
藤原文雄（2011）『「学びの環境デザイナー」としての学校事務職員　教職協働で学びの質を高める』学事出版
文部科学省（2017）「義務教育諸学校等の体制の充実及び運営の改善を図るための公立義務教育諸学校の学級編制及び教職員定数の標準に関する法律等の一部を改正する法律等の施行について」（文部科学事務次官通知）
文部科学省（2020）「事務職員の標準的な職務の明確化に係る学校管理規則参考例等の送付について」（初等中等教育局通知）

柳澤靖明（2016）『本当の学校事務の話をしよう　ひろがる職分とこれからの公教育』太郎次郎社エディタス

柳原富雄・全国学校事務職員制度研究会編（2010）『教育としての学校事務──子どもの学習発達保障のために（改訂新版)』大月書店

〈新しい専門職分野〉

佐藤量子（2009）「アメリカでの取り組みとスクールカウンセラーとの連携」石川瞭子編著『スクールソーシャルワークの実践方法』青弓社

中央教育審議会（2015）「チームとしての学校の在り方と今後の改善方策について」（答申）

柘植雅義ほか編（2010）『はじめての特別支援教育』有斐閣

文部科学省（2009）「子どもと親の相談員等の配置について」

文部科学省（2013）「スクールソーシャルワーカー活用事業実施要領」

文部科学省（2016）「2015年度特別支援教育体制整備状況調査結果」

文部科学省（2017）「スクールカウンセラー等活用事業実施要領」

第3部

子ども・若者支援と権利保障

第10章

子どもの権利条約と学校の課題

<本章のポイント>
　子どもは自ら権利の認識・主張・行使を完全にはすることができない。そうした子どもにふさわしい特別の権利保障を謳った子どもの権利条約は、1989年に国連で採択され、日本も1994年に批准した。しかし国連は、批准後の子どもの権利侵害状況に対して、多くの改善を日本政府に求めている。子どもたちが安全に学校生活を送り、安心して学習するためにも、学校において子どもの権利を保障することが重要な課題となっている。

第1節　子どもの権利条約

1．子どもの権利とは

　子どもの権利は、子どもも人間であるのだから人権の主体であることを前提にしながら、子どもが子どもであるというだけで認められる、大人とは違った子ども固有の権利である。子どもの権利の中心には、まず子どもが生まれながらにもっている主体性、次いでそれに応答する大人との人間関係、さらに、両者の間の相互的な関係の中で現実のものとなる子どもの成長発達がある。

　現在の世代を超える発達可能性を秘めた次の世代である子どもの権利は、子ども自身だけで充足させることはできない。保護されケアされることを含んで、周りの人間関係の中で子どもは成長し発達する。逆にいうと、子どもに関わる人たち――保護者、保育者、教師、地域住民等――の人権が保障さ

れていないと、子どもの権利は守られない。子どもの権利は、他者との関係の中で、他者の権利の保障を求める、あるいは要求するという構造をもっている（堀尾 2007）。

2. 子どもの権利条約——成立、締約状況、理念・要点

┃ **成立過程と国際的な締約状況**　子どもの権利条約は、国際連合（以下、国連）・子どもの権利宣言 30 周年に当たる 1989 年 11 月 20 日、国連総会第 44 会期において、全会一致で採択された。人間誰もが通過する子ども期の権利保障なくしては、成人してからの権利の行使も不十分にしかできない。また、子どもは自ら権利を認識・主張・行使することが完全にはできないからこそ、子ども期にはそれにふさわしい特別の権利保障が必要になる。子どもの権利の包括的かつ現実的保障を目指す子どもの権利条約の成立は、こうした意味で意義深い。

　子どもの権利条約の直接の淵源は、1959 年の「子どもの権利に関する宣言」、さらには、1924 年の「子どもの権利に関するジュネーブ宣言」である。条約制定の要因として、世界の子どもたちが置かれている病気や栄養不良、貧困、暴力、搾取といった悲惨な現実があり、2 度の世界大戦で、何百万人もの子どもが犠牲になったポーランドが条約草案を提出するというイニシアティブや、ユニセフをはじめとする国際機関や NGO の活動があった（喜多ほか 2009）。

　2019 年 2 月現在で、196 の国・地域が子どもの権利条約を締約（条約に批准、加入、あるいは継承しており、条約の実行と進捗状況報告の義務がある）している[1]。日本は 1994 年 4 月 22 日に 158 番目の批准国となった。

┃ **国内教育法との関係**　批准・加入した条約は、憲法よりも下位ではあるが、法律よりも上位の効力をもつとされる。もし条約に反する法律（それ以下の政令・省令・条例等を含む）があれば、法律の方を改正するか、あるいは留保をして、違反している規定の国内適用を免れるかしなければならない（日本は 37 条〔c〕第二文の留保と、9 条 1 項、10 条 1 項の解釈宣言を

1　ユニセフホームページ（http://www.unicef.or.jp/about_unicef/about_rig_list.html）参照。

つけている)。なお、条約発効に先立ち、文部省は「本条約の発効により、教育関係について特に法令等の改正の必要はないところであります」と述べていた (文部事務次官通知「『児童の権利に関する条約』について」、1994年5月20日、以下、1994年通知)。

子どもの権利条約の内容　子どもの権利条約は、前文 (条約の背景・趣旨・原則、13段) と、第1部 (総則・個別的権利を含む実体規定、1条から41条)、第2部 (条約の国際社会における実施措置、42条から45条)、第3部 (発効・批准などの最終条項、46条から54条) で構成されている。

　条約は、あらゆる差別の禁止 (2条)、子どもの最善の利益の尊重 (3条)、生命・生存・発達への権利 (6条)、子どもの意見の尊重 (12条) を一般原則にしている。その上で、表現の自由・プライバシーの権利などの市民的権利、子どものケアや家庭環境に関わる権利、教育や福祉の権利、休息・余暇・遊びの権利、法に抵触した子どもの権利、難民・先住民の子どもや障害のある子どもの権利など、子どもが成長していく上で必要な権利を、ほとんど規定している。

　また、条約は、これまでもっぱら保護される客体として捉えられていた子ども観の転換を求め、独立した人格と尊厳をもち、権利を享受し行使する主体として子どもを捉えている。

　以下、4つの一般原則と、市民的自由権について要点を説明する。

あらゆる差別の禁止　2条の規定は、日本も批准している国際人権規約を基本的に踏襲している[2]。ただし、差別禁止事由として「民族的出身」と「障害」を明示したこと (1項)、および子ども本人のみならず、保護者の地位などを理由とする差別をも禁止したこと (2項) は、本条約の特色といえる。

2　国際人権規約の差別禁止条項は、社会権規約2条と自由権規約24、26条に規定されている。子どもの権利を述べた自由権規約24条には次の規定がある。「すべての児童は、人種、皮膚の色、性、言語、宗教、国民的若しくは社会的出身、財産又は出生によるいかなる差別もなしに、未成年者としての地位に必要とされる保護の措置であって家族、社会及び国による措置について権利を有する」。

| **発達への権利と意見表明権、最善の利益** | 12 条に規定された意見表明権は、大人同様の権利を認めた市民的自由の条項と異なり、発 |

達過程にある子ども固有の権利としての特質を有する。

　子どもを一個の人権主体として認めた上でも、大人同様に完全な自己決定に委ねられるものではなく、大人による援助・保護を必要とする。それゆえ、従来は大人による援助・保護措置を決定する過程から、子どもは排除され、大人たちだけによって考えられた「子どもの最善の利益」が、子どもたちに押しつけられることが少なくなかった。

　こうした状況に対し、意見表明権は、「子どもの最善の利益」の確定には、子ども自身の意見聴取が不可欠な手続き的権利であることを明らかにしている。

　さらに、子どもの意見の相応の考慮義務 (12 条 2 項) により、言いっ放し、聴きっ放しではなく、大人に誠実に応答してもらえる権利が導かれる。この考慮義務には、子どもの意見を受け入れるにせよ、受け入れないにせよ、その考慮過程および理由を子どもに説明する責任を含んでいる。子どもは、意見表明とそれに対する決定権者である大人の説明という過程に参加することで、権利行使のあり方や他者の権利との調整を、大人との関係性の中で学習していくことになる。このように意見表明権は、子どもの発達への権利と密接な関係性を有しているといえよう (市川 2007)。

| **市民的自由権** | 条約は、市民的自由として、表現の自由 (13 条)、思想、良心及び宗教の自由 (14 条)、結社の自由及び平和的な集 |

会の自由 (15 条)、プライバシー権 (16 条) をあげている。

　子どもの権利条約で子どもの市民的自由が初めて認められたわけではないが、本条約で注目されるのは、市民的自由の制約事由として子どもだからといって新たな事由が追加されることなく、大人とまったく同一の制約事由 (内在的制約[3]) にしか服さないことを明示したことである。それゆえ、本条約の市民的自由条項の意義は、子どもにも人としての市民的自由が認められる

3　他人の人権と衝突する場合の相互調整を目的とする制約。

ことを再確認したこと、同時に、子どもの市民的自由について、未成年だか
ら、発達過程にある子どもだからといって、大人よりも人権保障の範囲が狭
くてよいのではないことを明らかにした点である（市川 2007）。

　なお、条約 5 条は、国は子どもが権利行使に当たって、保護者が子どもの
能力の発達と一致する方法で指示・指導を行う権利を尊重しなければならな
いと定めていることから、子どもは市民的自由権の行使に際して、保護者の
指導・監督に服することになる。

child の訳語　　child の政府訳は、「児童」であるが、「児童」という用語
は、保護の対象としての子ども観に立脚するもので、権
利の主体として子どもを捉える同条約の基本理念を反映したものではない、
16、7 歳といった年長の未成年者をも「児童」と呼ぶのは不自然である等の
説がある（米沢 2011）。また、1994 年通知にも、「本条約についての教育指導
に当たっては、『児童』のみならず『子ども』という語を適宜使用することも
考えられる」とあることから、本章では、「子ども」と訳す。

第 2 節　国連の勧告と日本の子どもの権利侵害状況

1.　国連子どもの権利委員会の勧告

子どもの権利委員会とは　　国連は、締約国における条約の実施状況を審
査するために、10 人の専門家から構成される
「子どもの権利委員会」を設置している。締約国政府は、条約批准後 2 年以内
に、その後は 5 年ごとに報告書を提出し、本委員会の審査に服することにな
る[4]。

　国連は、審査の中に NGO からの代替的情報の提供を組み込むことを発展
させてきた。子どもの権利委員会の政府報告審査では、NGO が提出した問
題や事実と、政府報告書とを比較しながら当該国の子どもの状況を見極め、

4　政府報告書は、外務省ホームページ（http://www.mofa.go.jp/mofaj/gaiko/jido/index.
　html）で閲覧できる。

最終所見の採択、改善のための提案・勧告を行う。

5 回の最終所見の内容　子どもの権利委員会は、これまで日本政府に対して、5 回（1998 年、2004 年、2010 年、2019 年）「最終所見（懸念と勧告）」を送付しているが、残念ながら回を重ねるごとに、新しい内容が加わっている[5]。ここでは、第一回の「最終所見」以来、継続して指摘されてきた日本における子どもの困難（以下、伝統的な困難）と、各回の「最終所見」で指摘された懸念、さらにそれらの改善へ向けた提案を中心に述べてみたい。

　第一回の「最終所見」では、「過度に競争主義的な性格の教育制度が発達のゆがみをもたらしている（22 項）」こと、また「家庭や学校でいじめや体罰などの暴力にさらされている（24 項）」ことに懸念が表明された。

　また、「とりわけ、学校制度の中において、その参加の権利（12 条）を行使する際に直面している困難に、特別の懸念が表明（13 項）」された。

　さらに、子どもの権利保障の状況を監視し、救済するためのオンブズパーソン制度の設立も勧告されていた（32 項）。

　第二回の最終所見では、第一回に引き続き、過度の競争、暴力にさらされていること、意見表明の保障に関して懸念が表明された。また、公的部門の民営化施策が進められている状況に鑑み、「子どものために公的部門、私的部門、NGO 部門に支出された政府予算の金額と割合を明確にすること（16 項）」が勧告された。

　第三回の最終所見においては、第一、二回の「最終所見」で、過度に競争主義的な教育制度が、子どもの「発達のゆがみ」をもたらしていることが指摘されたのに対して、「高度に競争主義的な学校環境が、就学年齢にある子どもの間のいじめ、精神的障害、不登校・登校拒否、中退および自殺に寄与しうることを懸念する（70 項）」とより具体的な指摘がなされた。さらに、人格の全面的発達という目的に基づく幼稚園から大学に至る学校制度全体の見直しが明示的に求められ（71 項）、一歩踏み込んだものとなっている。

5　最終所見の政府訳は、外務省ホームページで閲覧できる。研究者による翻訳は、ARC 平野裕二の子どもの権利・国際情報サイト（https://w.atwiki.jp/childrights/）等を参照。

　また、第三回の最終所見では、新しい困難として、情緒的幸福度の低さ（孤独感）を指摘し、「その決定要因が子どもと親および子どもと教師との間の関係の貧困さにある（60 項）」とした。

　第四・五回の最終所見は、「社会の競争的な性格」が子どもの発達の阻害要因であると指摘し、「子ども期」を守り、「子どもがその子ども期を享受する」（20(a)項）ことを政府に求めている。条約 6 条「生命、生存、および発達に関する権利」に関わる勧告で、「発達」の課題を全面的に取り上げたり、「子ども期」という言葉が出てきたのは今回が初めてで、注目される（児玉 2019）。

　さらに学校教育に関しては、「あまりに競争的なシステムを含むストレスフルな学校環境から子どもを解放することを目的とする措置を強化すること」を求めている。

　子ども期と子どもの発達にとって、自由に意見を表明できる環境の確保が欠かせないという立場から、脅かしと罰から子どもを守り、「聴かれる権利を子どもが行使することを可能にする環境」を提供し、かつ、教育や家庭などのあらゆる育ちの場面で、子どもにとって「意義があり」、子どもの「力を伸ばし、発揮させるような」参加を積極的に促進すること（22 項）を、勧告は政府に求めている。

　これまで 3 回の勧告にもなかったこととして、第四・五回の最終所見は「子どもの保護に関する包括的な政策」と、その実施のための「十分な人的、技術的、財政的資源に裏打ちされた戦略を発展させること」（8 項）を政府に求めた。先進国に対しては異例の保護について具体的に指摘した課題は、子どもの自殺、施設の安全基準や重大事故の検証等、虐待・遺棄・性的搾取、体罰、生と性に関わる健康と安全、原発事故の環境的健康などである。

　「社会の競争的な性格」の下で起きているこうした問題に対して、勧告は、まず、仕事と家庭生活の適切なバランスを図るために家庭への支援を強化し（27(a)項）、家庭への普遍的現金給付をも実施すべき（38(a)項）であるとした。さらに、予算の変動が子どもの権利の享受の水準を低下させないようにすべきことと（10(c)項）、現物給付の現金給付化や最低基準の緩和や不在に対して、発達の必要を充足する基準を設定し、それを実施するための予算措置を行う

ことを求めている（32(c)・40(c)項）。

2. 子どもの権利侵害状況とそれに対する施策
——体罰、教育行政の問題

　ここでは、国連子どもの権利委員会によって指摘された子どもの権利侵害
状況として、とりわけ体罰を取り上げ、それに対する施策の問題点を明らかに
し、その改善策を指摘する。

| **学校における体罰** |

　学校における体罰については、学校教育法で禁止さ
れているが、実際には、学校現場において「体罰」を
理由として処分を受けた教育関係職員の数は、1995 年に 300 人を超え、さら
に 2000 年に 400 人を超えてから 7 年連続で 400 人を超え続けている。2007〜
2010 年は、400 人を下回っているが、依然として高い水準で推移していると
いわざるを得ない（図表 10-1）。

　それにもかかわらず、2007 年 2 月 5 日の文部科学省通知「問題行動を起こ

図表 10-1　体罰に係る懲戒処分等の推移（過去 18 年間）

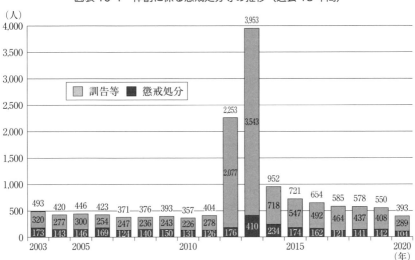

出典：文部科学省が毎年作成する「体罰に係る懲戒処分等の状況一覧」および「公立学校教職員の
　　　人事行政状況調査」より作成。

す児童生徒に対する指導について」（以下、2007年通知）において、「児童生徒に対する有形力（目に見える物理的な力）の行使により行われた懲戒」でも「その一切が体罰として許されないというものではな」いなどとして、「体罰」の基準を緩和するものと受け取られる恐れのある姿勢を打ち出している。

　さらに、2009年4月28日最高裁判所第三小法廷判決は、小学校2年生の子どもが、面識のない教師に負ぶさったのを振りほどかれ、教師の臀部を2回蹴って逃げるという行為に対し、教師が立腹して追いかけ、胸倉をつかんで壁に押しつけ、大声で「もうするなよ」と叫んですました事例について、有形力が行使され、子どもが病院に通院して治療をしなければならなくなっているにもかかわらず、体罰に当たらないと判断した。これは、地裁、高裁の判断を覆した上での判断であったが、2007年通知に呼応したものといえよう。

　だが、教師によるこのような有形力の行使は、子どもの権利委員会一般的注釈[6]（General Comments）8号（2006年）において採用されている体罰の定義「どんなに軽いものであっても、有形力が用いられ、かつ何らかの苦痛または不快感を引き起こすことを意図した罰」や、条約37条において禁止されている「品位を傷つける取り扱い」に該当するのではないだろうか。2013年1月に大阪・桜宮高校の生徒体罰自殺事件が表面化したのを受けて[7]、3月13日に文部科学省は、「体罰の禁止及び児童生徒理解に基づく指導の徹底について（通知）」を発出し、2007年通知のうち有形力の行使に関する部分を撤回した。体罰が社会問題化している今こそ、子どもの権利委員会がこれまで日本政府に勧告してきた、体罰に代わる積極的な懲戒の方法を、早急に開発すべきである（子どもの権利条約　市民・NGO報告書をつくる会2018）。

親の体罰禁止の法律上の明文化

2016年以降の相次ぐ虐待による子どもの死亡事件を受け、2019年6月に児童虐

6　より一般的に、すべての締約国に向けて、条約の規定された権利および条項の意義を具体的に明らかにするための注釈。

7　2012年度に体罰に係る懲戒処分等の件数が急増したが、本事件を受け、これまで指導の一環として見過ごされていたケースも、体罰として処分されるようになったためだと思われる。

待防止法が改正され、親権を行う者のしつけに際し体罰による懲戒禁止が法律上明記された。このとき、体罰を含む民法 820 条の親の懲戒権規定の削除は見送られたが、国会の付帯決議により「子どもの権利の擁護に関する国際的動向を踏まえ、規定の削除を含め、早急に検討を加え」るとされた。

　2022 年 2 月には、法制審議会が懲戒権規定を削除する要綱案をまとめるに至った。

第 3 節　自治体における子どもの権利保障の取り組み

1.　子ども条例——制定の動向と条例内容

　地方自治体においては、一般に子どもの保護や権利保障を地域・自治体レベルで行うための法的根拠となる子ども条例がつくられてきた。子ども条例は、健全育成型、子育て支援型、子ども支援・子どもの権利型の 3 種類に大きく分類できる。

健全育成型の条例　青少年健全育成に類する条例は、戦後当初から、一般に「保護の対象」としての子ども観に基づいて、自治体、地域住民の責務や営業等の取り締まりについて定めているところに特徴があり、18 歳未満の者を「青少年」として、有害な興行・観覧等の制限、有害な図画・文書の販売規制、みだらな性行為・猥褻な行為等の場所提供・斡旋の禁止、などが定められている場合が多い。健全育成型の条例に内在している「……してやる、させない」というような大人の価値観の子どもへの押しつけという側面の捉え直しが、子どもの権利の観点からは求められる。

子育て支援型の条例　子育て支援型の条例は、子育ての当事者を励まし、支援していく事業を、総合的かつ安定的に推進していくための根拠となるものである。少子化対策を背景とした次世代育成支援の行動計画策定を自治体に義務づけた「次世代育成支援対策推進法」が 2005 年に施行されて以降、急激に制定する自治体が増加した。

> **子ども支援・子どもの権利型の条例**

子どもの権利を総合的に保障しようとする具体的な施策や制度の実施を念頭に置いた条例（川崎市、北海道奈井江町、岐阜県多治見市、札幌市等）や、子ども施策の原則・理念等を定めた条例（箕面市、高知県等）、そして学校災害（さいたま市等）、いじめ防止（岐阜県可児市、大津市等）など、事件を契機として制定された、子どもの権利を個別的な施策・制度で実現していく個別条例がある。条例によっては、従来型の健全育成や子育て支援の理念が含まれていたり、独自の子どもの権利観が見られるものもある。

2. 学校外の相談救済活動としてのオンブズパーソン制度

　学校外の相談（救済）活動として、NPOが行っているチャイルドラインや、法務局が行う子ども人権110番、教育委員会が行ういじめ電話相談などがあるが、現在、条例に基づき子どもの人権オンブズパーソン制度をもつ自治体は、33ほどとなっている（兵庫県川西市、川崎市、岐阜県多治見市等）。

　子どもの人権オンブズパーソン制度とは、声を出しにくい子どもの声を受け止め、いじめ、体罰、虐待などの人権侵害から子どもを救済するための公的第三者機関である。

　本制度は、教育委員会から距離を置いて設置されることで独立性を保障し、子どもの困難に対処できる専門家を配置することで専門性を担保している。

　オンブズパーソンの職務は、個別救済と制度改善の2つである。

　個別救済は、子どもの声をまずしっかりと聞くことから始まる。気持ちをしっかりと受け止めてもらうだけで、子ども自身に力が戻っていき、自ら解決に向けて動き出す場合もたくさんある。子どもを励まし力づけることも本制度の重要な役割であるが、子どもの気持ちを聞いただけではどうにもならないような、関係に困難を抱えている子どもの問題解決のためには、子どもを取り巻く人間関係の変容が必要である。その場合、オンブズパーソンは、子どもに関わりのある大人（教員や保護者）などに子どもの心情を代弁し、建設的な対話に努める中で、子どもの最善の利益の実現のために、子どもにとってよりよい人間関係が新たにつくり直されていくように関係者に働きかけ、

救済を図る（桜井 2012）。

　さらに、オンブズパーソンは、制度改善の提案を、人間関係を調整し、調整された人間関係を常態化するために、また個別救済とはなじまない事例に対して行うことができる。本制度は、教育委員会から独立して権限が付与されているため、学校や教育委員会にも改善の意見を述べることができる。

　現在では、多くの国において、本制度は国が設置するオンブズパーソンとして普及しているが（たとえばノルウェー1981 年、スウェーデン 1993 年設置）、日本では自治体レベルでしかない。国の方針として、全国の地方自治体との協議、補助金や地方交付税交付金などの予算措置を施すなど、地方自治体が自らオンブズパーソンを設置することを促進する施策を実施すべきであると思われる。

虐待などを受けた子どもの意見表明権の保障　2016 年に発覚した相模原市児童相談所に保護を求めていた中学2年の生徒が自殺した事件や、2019 年 1 月に発生した千葉県野田市の小学 4 年の児童が父親から虐待を受け死亡した事件を受け、子どもの声を十分に汲み取れなかったことが問題化する。2019 年 6 月成立の改正児童福祉法は付則で施行後 2 年をめどに、意見を聴く機会の確保や支援のしくみを検討すると述べていた。

　2022 年 3 月には、児童福祉法改正案を閣議決定した。改正案には、児童相談所等が入所措置や一時保護等の際に児童の最善の利益を考慮しつつ、児童の意見・意向を勘案して措置を行うため、児童の意見聴取等の措置を講ずること、また都道府県は児童の意見・意向表明や権利擁護に向けた必要な環境整備を行うことが盛り込まれている。

第4節　学校安全

　学校は、子どもの教育を受ける権利を保障するための学習と生活の場だが、その前提として安全・安心な環境の確保が不可欠である。ところが、東日本大震災などの自然災害、外部の侵入者による殺傷事件、新型コロナウイルス（COVID-19）などの感染症、学校給食による食中毒、授業や部活動での事故、

体罰による負傷、いじめによる自死など、学校に関係する事件・事故・災害は多様化するとともに、深刻さを増しつつある。これらは、子どもの生命・身体を侵害するだけでなく、その対応を誤ったり、遅らせたりすると二次的な危機を招きかねず、子どもや保護者と学校・教師との信頼関係を壊すことにもなる。本節と次節では、学校での安全管理や安全教育と合わせて、学校事故やいじめ問題における重大事案への対応について考える。

1. 学校における安全管理とは

学校安全の概要　　学校安全に関する法令では、2008年に学校保健法が改正され、学校保健安全法（2009年4月1日施行）として、法の目的を、学校における保健管理に加えて、「教育活動が安全な環境において実施され、児童生徒等の安全の確保が図られるよう、学校における安全管理に関し必要な事項を定め、もつて学校教育の円滑な実施とその成果の確保に資すること」（1条）と定められた。

　同法では、学校の果たすべき役割として、施設および設備の安全点検、児童生徒等に対する通学を含めた学校生活その他の日常生活における安全に関する指導、職員の研修など、学校における安全に関する事項について計画（学校安全計画）を策定・実行することを求めている（27条）。また、児童生徒等の安全の確保を図る上で施設・設備等に支障があると認めた場合には、校長が必要な措置を講ずることが定められている（28条）。

　さらに、学校では危機管理マニュアル（危険等発生時対処要領）を作成するものとされている（29条）。危機管理マニュアルは、学校管理下で危険等が発生した際、教職員が取るべき措置の具体的内容および手順を定めたものであり、校長は教職員への周知等必要な措置を講ずること、実際に危害が生じた場合には、当該児童生徒および関係者の心身の健康を回復させるために、学校が必要な支援を行うものとされる。

　学校安全は、安全教育および安全管理とそれらの活動を円滑に進めるための組織活動から構成されている（図表10-2）。特に、組織活動については、安全教育と安全管理を相互に関連づけるものであり、全教職員による校内体制

図表 10-2　学校安全の構造

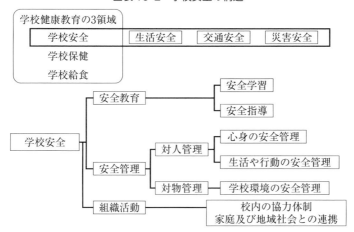

出典：文部科学省スポーツ・青少年局学校健康教育課「学校安全について」、
2014年。

の構築に加え、家庭や地域の関係機関等と連携・協力して取り組むことが求められている（30条）。

安全管理　学校における安全管理とは、子どもの安全を確保するための環境を整えることである。すなわち、危機管理の視点から、事件・事故の要因となる学校環境や子どもの行動等から危険を早期に発見し、それらの危険を速やかに取り除くとともに、万が一、事故等が発生した場合には、適切な応急手当や安全措置ができるような体制を確立して、家庭や地域の関係機関と連携して安全の確保を図るようにすることである。

　学校の安全点検では、学校保健安全法施行規則において、毎学期1回以上、子どもが通常使用する施設・設備の異常の有無について系統的に行わなければならないとされている。また、必要に応じた臨時の安全点検のほか、日常的な設備の点検によって、学校環境の安全確保を図らなければならない。

　また、子どもの安全を脅かす事故等は、学校管理下のあらゆる場面で発生することが想定されることから、学校および教職員は、日頃から、事故等の未然防止に努め、発生時には適切な対応を組織的に講じられるようにしておくことが必要となる。危機管理には、事前の危機管理（リスク・マネジメント）

と事後の危機管理（クライシス・マネジメント）があり、前者は日常の安全確保に向けた取り組みや危険の予知・予測など未然防止と事故等発生時の備えに重点が置かれる。後者では、緊急事態発生時の初期対応として、危機管理マニュアルに沿って子どもや教職員の生命や身体の安全を守るとともに被害を最小限度にとどめること、中長期的な対応として、教育活動再開の準備や再発防止対策、心のケアなど必要な対策を講じることが求められる。

2.　学校管理下における事件・事故、災害

　学校安全の3領域として、「生活安全」「交通安全」「災害安全」があげられる。「生活安全」は、学校生活で起こる事件・事故を扱い、誘拐や傷害などの犯罪被害防止も含まれる。「交通安全」は、様々な交通場面における危険の理解と安全確保が含まれる。「災害安全」は、地震・津波災害、火山活動、風水（雪）害のような自然災害に加え、火災や原子力災害に関する安全管理も含まれる。

学校事故　学校管理下で発生した事故等は学校事故と呼ばれる。独立行政法人日本スポーツ振興センターの統計によると、年間およそ100万件前後の学校事故が発生している。学校種別で見ると、2018年度は合計99万1013件で、小学校33万4000件、中学校31万9000件、高等学校25万6000件、高等専門学校2000件、幼稚園・保育所等6万9000件となっている。場合別に見ると、小学校では「休憩時間」に最も多く、中学校や高等学校では「課外指導」の体育的部活動での事故が多くなっている。また、各教科の授業等での事故の割合は、小学校で29.1％、中学校で26.5％、高等学校で25.2％を占めている。そのほか、「特別活動（除学校行事）」では、「給食指導」（小学校6463件、中学校1067件）や「日常の清掃」（小学校1万380件、中学校2774件）など、学校生活の様々な場面で事故が発生している。こうした発生状況の傾向に近年大きな変化はなく、同じような状況で繰り返し事故が起きているのが現状である[8]。

8　独立行政法人日本スポーツ振興センター「学校管理下の災害（令和元年版）」（https://www.jpnsport.go.jp/anzen/kankobutuichiran/tabid/1928/Default.aspx）。

　自然災害に関しては、2011 年 3 月に発生した東日本大震災では、地震と津波による死者・行方不明者合わせて約 2 万人という甚大な被害を受け、さらに津波による福島第一原子力発電所事故で生じた放射能汚染によって多くの人が長期間の避難生活を強いられることとなった。東日本大震災の津波で多くの児童と教職員の命が失われた宮城県石巻市立大川小学校をめぐる訴訟では、2019 年 10 月に最高裁が市と県の上告を棄却して、学校や教育委員会の過失を認めた控訴審の判決内容が確定した。この裁判では、災害発生時の対応だけでなく、震災前の備えに過失があったとして損害賠償を命じたことから、自然災害に対する学校現場の危機管理体制を問い直すものとなった。全国の学校においても、学校安全計画や危機管理マニュアルの点検とともに、実効性を伴った対策が取れるよう定期的に見直すこと、家庭や地域・関係機関等との連携・協働の体制強化など、これまで以上の取り組みが求められる。

交通安全　　子どもの交通事故は減少傾向で推移しているものの、2016 年では 15 歳以下の死者 74 人、死傷者 4 万 1526 人 (警察庁調べ) と、依然として多くの子どもが犠牲になる状況が続いている。小学生 (特に低学年) では歩行中の事故が、中学・高校生では自転車乗車中の事故が多い傾向にあるが、いずれも登下校の時間帯に多く発生しており、登下校中の安全を確保することは学校安全における重要な課題となっている。一方で、学校における働き方改革に関する中教審答申 (2019 年) では、「登下校の通学路における見守り活動の日常的・直接的な実施については、基本的には学校・教師の本来的な業務ではなく、地方公共団体や保護者、地域住民など『学校以外が担うべき業務』である」と示されており、学校の役割としては、通学路の指定や安全点検、交通安全教育などが求められる。また、教職員は必ずしも学校周辺の地域環境に精通していない場合もあるため、交通安全の領域では特に保護者や地域住民と連携した取り組みが不可欠である。

災害共済給付制度と学校事故の法的責任　　学校事故に関する救済制度としては、国、学校の設置者および保護者の互助共済として、災害共済給付制度が設けられており、独立行政法人日本スポーツ振興センター法に基づいて、学校側の故意・過失を問わずに、学校管理下における児童生徒の災

害であれば給付を受けることができる。2018 年度では、医療費 197 万 9619
件、障害見舞金 403 件、死亡見舞金 74 件となっており、少子化にかかわらず
給付件数は高い水準で推移している。災害共済給付の実施によって得られた
災害事故情報を有効に活用することで、学校事故が発生した際の十分な原因
究明とそれに伴う再発防止策が求められる。

　また、学校側の故意または過失があった場合には、国家賠償法 1 条に基づ
く損害賠償の対象となる。学校・教師には、保護者から子どもを預かって教
育活動を行っている以上、いかなる場合も最善を尽くして子どもの安全を守
らなければならないという安全配慮義務（注意義務）がある。教師に求められ
る注意義務の程度は、子どもの年齢や教育活動の危険度に応じて高くなり、
事故発生時の個々の状況によって十分な注意義務が果たされたか判断される。
なお、公立学校の教師は、国家賠償法 1 条にいう「公権力の行使に当る公務
員」として、過失による事故の場合には、教師個人は損害賠償請求の対象と
はならず、国や地方公共団体がその責任を負うことになる。ただし、教師は
職務義務違反による懲戒処分など行政上の責任を問われうる。

　学校施設設備の欠陥に基づく事故については、事故の原因となった営造物
が通常有すべき安全性を欠いていれば、教師の故意・過失の有無にかかわら
ず営造物の設置・管理者に、国家賠償法 2 条に基づく賠償責任が生じる。

3. 学校における安全教育と再発防止の取り組み

**安全教育とリスク・
コミュニケーション**　　安全教育とは、日常生活全般における安全確保の
　　　　　　　　　　ために必要な事項を実践的に理解するものであり、
「『生きる力』をはぐくむ学校での安全教育」（文部科学省 2019）では、安全教
育の目標に加えて、各領域における安全教育の具体的な内容や進め方が示さ
れている。また、安全教育を効果的に進めるためには、教科等における指導
のみならず「朝の会、帰りの会などの短時間での指導や休み時間などその場
における指導及び個に応じた指導にも配慮し、計画的な指導と関連付けるこ
とも大切である」として、学校教育全体を通じて行われるものと位置づけて
いる。

　一方で、文部科学省の有識者会議によって作成された「学校事故対応に関する指針」(2016 年) では、事故発生の未然防止のための取り組みとして、①教職員研修の充実、各種マニュアルの策定・見直し、②安全教育の充実、安全管理の徹底、③事故事例の共有、緊急時対応に関する体制整備、④保護者や地域住民、関係機関等との連携・協働体制の整備、⑤学校の設置者として必要な指導・助言の実施、があげられている。安全教育と安全管理は一体のものとして密接に関連させて進めていくことが重要であり、教育活動を通して聴き取った子どもの意見を踏まえて安全管理の体制を見直すなど、安全教育においても子どもの主体性を尊重した取り組みが求められる。

　また、安全管理の徹底によって事故等の発生リスクを減らすことは重要であるが、想定外の事態も生じうることを踏まえて、関係者とリスクに関する情報を共有することで、学校組織としてリスクを管理する視点も必要となる。関係者 (教職員、子ども、保護者、関係機関、地域住民など) が情報や意見を交換する「リスク・コミュニケーション」を通して、リスク (危険・不安) に関する認識を共有した上で対応を検討することによって、問題点の発見・可視化、マニュアルの改善、個人の意識や行動変容、信頼関係を構築などが期待される (平川ほか 2018)。

■ 再発防止の取り組み　「学校事故対応に関する指針」では、重大事故の発生時において、初期段階で学校主体による「基本調査」を速やかに行うとともに、その後に専門家による調査委員会を立ち上げて「詳細調査」をすることが示されている。この指針において、事故の調査・検証作業の目的は、①日頃の安全管理の在り方等、事故の原因と考えられることを広く集めて検証し、今後の事故防止に生かすため、②被害児童生徒等の保護者や児童生徒等及びその保護者の事実に向き合いたいなどの希望に応えるため、とされる。そのため、調査では、事故の兆候 (ヒヤリハットを含む) なども含め、当該事故に関係のある事実を可能な限り明らかにして、今後の再発防止への課題を考え、学校での事故防止の取り組みのあり方を見直すことが目指される。

　学校安全には事前の危機管理が重要であるが、万一事故が発生してしまっ

━━━━━━━━━━━━━━━━━ **コラム：柔道事故** ━━━━━━━━━━●

　2008 年度の学習指導要領の改訂による中学校における武道の必修化に伴い、柔道事故に対する危機感が表明されてきた。指導者不足の問題だけでなく、柔道の指導および安全管理のあり方が問われている。

　柔道は、児童生徒の体格差や経験の違いなど個人差の大きいスポーツであり、リスクも高い。学校管理下の柔道（部活動・保健体育等）による死亡事故の件数は 118 件（1983〜2011 年度）で、投げ技・受け身の衝撃によって頭部外傷（脳振盪や急性硬膜下血腫）が生じた場合がほとんどである（内田 2013）。頭部外傷は中学校と高校いずれも 1 年生で多発している。中高それぞれの熟達段階における「初心者」に事故が起きやすいと見るべきであり、これは柔道関係者の間で周知の事実となっている。そのため、生徒の技能の上達や程度等を踏まえ、相手をどう組ませるのか、指導者のきめ細かな安全管理が必要とされる。

　柔道事故は、その大半が部活動時に発生しているが、文部科学省は「部活動は学校教育の一環であるため、校長、教頭等の管理職は、部活動顧問に全て委ねることなく、その指導を適宜監督し、教育活動としての使命を守ることが求められる」（「体罰の禁止及び児童生徒理解に基づく指導の徹底について（通知）」）としており、学校に部活動の安全配慮の責任があることは明らかである（添田ほか 2015）。

　実際の教育活動の中で教師が行うべき配慮の内容・程度については、「予見可能性」「回避措置」によって異なる。危険が予見可能であった場合、それを防ぐための回避措置を考え、その措置を取ったかが問われることになる。意識が薄れた状態で乱取りを続けた結果、重大な障害を生徒が被ることになった事故で、柔道部顧問の過失を認定した判例がある（横浜地裁　平 23、12、27）。

　学校管理下の柔道死亡事故は、2012 年から 2014 年の 3 年間で 0 件であった。武道必修化が 2012 年 4 月からの実施段階を迎えるに当たり、柔道関係者、教育関係者、医療従事者、報道機関が警鐘を鳴らし、指導の現場が安全に留意してきたからといえるだろう。柔道を危険なものではなく、安全なものにする私たちの取り組みが切に求められている。

【引用・参考文献】
内田良（2013）『柔道事故』河出書房新社
添田久美子・石井拓児（2015）『事例で学ぶ学校の安全と事故防止』ミネルヴァ書房

た場合には、事実にしっかりと向き合い事故の教訓を真摯に受け止め、今後の事故防止のための安全管理や安全教育に生かしていくことが求められる。

第 5 節　いじめ問題と第三者調査委員会

いじめの実態と定義の推移　　いじめに関しては、2005 年度までの発生件数は、1995 年度の 6 万 96 件（小中高特殊教育諸学校合計）以降 10 年にわたり減少傾向にあり、2005 年度には 2 万 143 件（同上）まで減少してきた（図表 10–3）。

　しかし、2006 年に、それまでいじめを「①自分より弱い者に対して一方的に、②身体的・心理的な攻撃を継続的に加え、③相手が深刻な苦痛を感じているもの。なお、起こった場所は学校の内外を問わない」として調査していたのを改め、いじめを「当該児童生徒が、一定の人間関係のある者から、心理的、物理的な攻撃を受けたことにより、精神的な苦痛を感じているもの。

図表 10-3　いじめの認知（発生）件数の推移

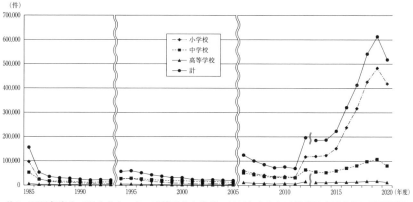

注1：1993年度までは公立小・中・高等学校を調査。1994年度からは特殊教育諸学校、2006年度からは国私立学校を含める。
　2：1994年度及び2006年度に調査方法等を改めている。
　3：2005年度までは発生件数、2006年度からは認知件数。
　4：2013年度からは高等学校に通信制課程を含める。
　5：小学校には義務教育学校前期課程、中学校には義務教育学校後期課程及び中等教育学校前期課程、高等学校には中等教育学校後期課程を含む。

出典：文部科学省「令和2年度児童生徒の問題行動・不登校等生徒指導上の諸課題に関する調査結果」、2021年。

なお、起こった場所は学校の内外を問わない」として調査されることになった。「いじめ―いじめられの関係」がしばしば入れ替わるという認識のもとで調査した結果、2006年度のいじめの認知件数は12万4898件に上っている。

　2012年度にいじめの認知件数は急増しているが、これは大津市の中学生のいじめ自殺事件[9]を受け、学校や教育委員会が積極的に把握に努めたためだと思われる。2019年度のいじめの認知件数は合計61万2496件であったが、小学校（48万4545件）の約6割がアンケート調査などの学校の取り組みによって発見されたものである。一方で、いじめにより児童生徒の生命等に重大な被害が生じたり、相当の期間学校を欠席することを余儀なくされたりする「重大事態」は、2019年度に723件（2013年度は158件）発生しており、いじめ対策の取り組みにもかかわらず、なお深刻な状況にある[10]。

　また、学校管理下における暴力行為は、2019年度で小中高等学校合わせて約7万8787件発生しており、児童生徒数の減少にもかかわらず、発生件数の合計は増加傾向にあり、特に近年の小学生の暴力行為の増加は著しい。児童生徒間暴力には、いじめの加害行為も相当数含まれると予想される。

いじめ防止対策推進法と政府の基本方針　大津市の中学生いじめ自殺事件を契機とした学校・教育委員会のいじめ対応への批判の高まりを背景に、2013年6月、いじめ防止対策推進法が議員立法によって成立した。この法律では、国が定める「いじめ防止基本方針」（11条）、地方公共団体の「地方いじめ防止基本方針」（12条）を参酌して、各学校が「学校いじめ防止基本方針」（13条）を作成するものとされた。また、学校現場には、早期発見のための定期的調査（16条1項）、相談体制の整備（同条3項）、いじめの防止等の対策のための組織（22条）、いじめに対する措置（23条）、重大事態への対処（28条）が求められている。

9　2011年10月に、大津市の中学2年生が飛び降り自殺した事件。2012年7月に、市教育委員会が全校生徒へのアンケート調査に「自殺の練習をさせられていた」との記述があったことを認めつつ、「自殺との因果関係は特定できない」と説明した会見への社会的批判が高まり、大津市長が外部調査委員会を設立して再調査するに至った。
10　2020年度のいじめの認知件数は大幅に減少したが、その背景には、コロナ禍の臨時休校による授業日数の減少や、授業・部活動などの活動制限の影響があると考えられる。

　一方で、同法では、いじめ問題に対する基本方針として、道徳教育の充実や、懲戒・出席停止制度の適切な運用、警察との連携などが謳われているが、これらは従来型の対応方針が引き継がれたものである。2007 年 2 月 5 日の文部科学省通知「問題行動を起こす児童生徒に対する指導について」では、「問題行動を起こす児童生徒に対し、毅然とした指導を行う」として、具体的には、「問題行動の中でも、特に校内での傷害事件をはじめ、犯罪行為の可能性がある場合には、学校だけで抱え込むことなく、直ちに警察に通報し、その協力を得て対応する」「いじめや暴力行為など問題行動を繰り返す児童生徒に対し、正常な教育環境を回復するため必要と認める場合には、市町村教育委員会は、出席停止制度の措置を採ることをためらわずに検討する」とある。こうしたいじめ加害者を含む子どもたちの問題行動に対する施策推進の結果、学校管理下で起きた児童生徒の問題行動に対し、警察が関与する事例が増加している。

政府の施策の問題点と改善の方向　しかし、この警察との連携を強調した施策は、2 点において問題を指摘できる（日本弁護士連合会 2011）。第一に、子どもが問題行動を起こす背景に配慮していない点である。子どもたちが問題行動を起こす背景には、自身が別の場所で虐待などの人権侵害を受けていたり、育ちの過程で自己肯定感を養う機会が不十分であったり、心身の疾患に影響されたものであったり、様々な要因が考えられる。問題行動を起こす子どもの一部について、警察による処遇が功を奏することがあったとしても、多様な課題を抱えたすべての子どもの立ち直りを有効に促しうるものではないだろう。

　第二に、子どもたちの間で起きているいじめの複雑さへの理解不足である。2006年に、文部科学省がいじめの定義を変更したことからも明らかなように、現在、子どもたちの間で起きているいじめは、上下関係にある特定の子ども間関係だけで起こるのではなく、誰もがいじめのターゲットとなり、ターゲットは次々と変わっていく。そのため、子どもたちは本心ではいじめを嫌いながらも、いじめに加担しなければ次のターゲットとなることを恐れて加担を余儀なくされ、いじめをリードするグループ内部でも重層的ないじめが存

在し、いじめ─いじめられ関係が時間の経過で逆転するなど、単純に一部の子どものみを罰すれば解決する問題ではなくなっている。国立教育政策研究所は、いじめに関する継続的な調査を実施し、データに基づいてこのことを明らかにしている（国立教育政策研究所ほか 2006）。

　こうした現状の中では、一部の加害者のみを切り捨てるような対応では、いじめ行為の原因解明をする上で功を奏さず、かえって子どもたちがさらなるストレスを抱える要因となりうる。

　こうした問題点を指摘できる一方、大津市の中学生のいじめ自殺事件に関する学校関係者の「心ない」対応[11] や、警察による中学校と市教委への家宅捜索が2012 年7 月に報道されて以降、いじめの被害届を警察に出す動きが全国で続いている。これは残念ながら、教師がいじめられている思春期の子どもに心を寄せて、自分の屈辱を認められない苦悩を理解しようとする観点が弱いことに原因がある。

　こうした状況を改善する方策として、教師集団で子ども理解を共有することと、それを支えるための条件整備を進めることがあげられる。いじめられている子どもに寄り添ってその安全を確保し、孤立感を消す手厚い取り組みを行うことは、一人の教師の力量を超える場合が多い。単なる情報の共有ではなく、子どもが一番分かって欲しいことを教師同士で理解し合う深い語り合いの機会を通して、教育実践を生み出すことが切に求められる（福井 2012）。

　また、2006 年報告書は、子どもが教師、友人、保護者から受けるストレスがいじめの原因になっていると指摘しているが、文部科学省は、この研究成果を活かして、高度に競争主義的な教育制度や施策を改め、子どもと教師の間に十分な応答関係が成立するように学級定数を減少させるなどの条件整備を行い、子どもにストレスを与えない教育実践や、教師集団による子ども理解の実践を収集して学校現場に提供すべきであろう。

11　2011 年6 月に、文部科学省通知「児童生徒の自殺が起きたときの背景調査の在り方について」が出されているが、遺族は、全校生徒を対象にしたいじめに関するアンケート結果を口外しないよう学校側から誓約書を取られていた。なお、遺族や被害者の声として「全国学校事故・事件を語る会」ホームページ（http://katarukai.jimdo.com/）参照。

第三者委員会による調査　いじめ防止対策推進法では、学校設置者や学校は、重大事態に対処し、同種の事態の発生の防止に資するため、速やかに、適切な方法により事実関係を明確にするための調査を行うものと定めている。しかしながら、法の制定後も、いじめの重大事態が発生しているにもかかわらず適切な調査が行われず、学校等の不適切な対応によって、児童生徒に深刻な被害を与えたり、保護者等に対して大きな不信を与えたりした事案が発生している。

　こうした状況を踏まえて策定された「いじめの重大事態の調査に関するガイドライン」（2017年、文部科学省）では、重大事態の調査の目的は、民事・刑事上の責任追及や争訟等への対応ではなく、いじめの事実の全容解明、当該いじめの事案への対処および同種の事案の再発防止であるとして、学校の設置者および学校は、被害児童生徒・保護者の「いじめの事実関係を明らかにしたい、何があったのかを知りたいという切実な思いを理解し、対応に当たること」「学校として、自らの対応にたとえ不都合なことがあったとしても、全てを明らかにして自らの対応を真摯に見つめ直し、被害児童生徒・保護者に対して調査の結果について適切に説明を行うこと」を求めている。

　重大事態の調査に当たっては、公平性・中立性が確保された組織が客観的な事実認定を行うため、弁護士、精神科医、学識経験者、心理・福祉の専門家等の専門的知識および経験を有するものであって、当該事案の関係者と直接の人間関係や特別の利害関係を有しない者（第三者）について、職能団体や大学、学会からの推薦等により参加を図るよう努めるものとされる。ただし、第三者のみで構成する調査組織（第三者委員会）とするか、学校や設置者の職員を中心とした組織に第三者を加える体制とするかなどは学校設置者の判断によって決定される。そのため、教育委員会においては、不十分な調査によって中立性・公平性に疑義が生じることがないように、初期段階からガイドラインの趣旨を踏まえ、重大事態の認定を躊躇することなく、適切な調査が行われるよう調査組織を構成することが求められる。

　また、再発防止のためには、起きてしまった悲しい事件に対して真摯に向き合い、子どもたちの声を丁寧に聴き取りながら事実を明らかにするとともに

に、その教訓を今後の教育実践に活かしていかなければならない。調査結果や検証作業を踏まえた提言の内容を学校現場で共有して、子どもの権利を保障する教育活動を追求していくことが求められている。

〈考えてみよう〉
1. 日本における子どもの権利の侵害状況に対して求められる施策を、国連子どもの権利委員会の勧告を踏まえて確認してみよう。
2. 子どもの権利（特に意見表明権）の視点から、学校安全やいじめ防止に関する具体的な取り組みについて考えてみよう。

【引用・参考文献】

市川須美子（2007）『学校教育裁判と教育法』三省堂

喜多明人・森田明美・広沢明ほか編（2009）『［逐条解説］子どもの権利条約』日本評論社

喜多明人・浅見洋子編著（2016）『みんなの学校安全—いのちを大事にする社会へ』エイデル研究所

国立教育政策研究所・文部科学省（2006）『子供を問題行動に向かわせないために—いじめに関する追跡調査と国際比較を踏まえて』国立教育政策研究所

児玉洋介（2019）「国連子どもの権利委員会『日本政府第4・5回統合報告に関する最終所見』をどう受けとめるか」クレスコ編集委員会・全日本教職員組合『クレスコ』No.224、大月書店

子どもの権利条約　市民・NGO報告書をつくる会（2018）『日本における子ども期の貧困化—新自由主義と新国家主義のもとで』子どもの権利条約　市民・NGO報告書をつくる会

桜井智恵子（2012）『子どもの声を社会へ—子どもオンブズの挑戦』岩波書店

住友剛（2017）『新しい学校事故・事件学』子どもの風出版会

戸田芳雄編著（2017）『学校・子どもの安全と危機管理（第2版）』少年写真新聞社

日本弁護士連合会編（2011）『子どもの権利条約・日弁連レポート—問われる子どもの人権：日本の子どもたちがかかえるこれだけの問題』駒草出版

平川秀幸・奈良由美子（2018）『リスクコミュニケーションの現在—ポスト3.11のガバナンス』放送大学教育振興会

福井雅英（2012）「『大津市いじめ自殺事件』と子ども理解」教育科学研究会『教育』第800号、かもがわ出版

堀尾輝久（2007）『子育て・教育の基本を考える—子どもの最善の利益を軸に』童心社

文部科学省（2019）「『生きる力』をはぐくむ学校での安全教育（改訂2版）」

米沢広一（2011）『憲法と教育15講（第3版）』北樹出版

第 11 章

子どもの成長・発達を支える行政

〈本章のポイント〉

　子どもに関連した行政組織といえば、学校が真っ先にイメージされるかもしれない。しかし、保育所や児童相談所といった児童福祉関連の組織も忘れることはできない。また、子どもが非行や犯罪に関与した場合には警察や裁判所の役割が重要になってくる。この章では、学校以外で子どもに関わる取り組みをしている行政組織や活動にどのようなものがあるのかを整理したい。

教育と福祉の融合　現代の子どもたちが成長する過程においては、いじめや不登校、家庭の貧困、家庭内暴力や児童虐待、さらには少年非行問題など、数多くの困難が存在している。こうした困難は、学校単独の力で解決できる類のものではなく、教育行政以外の行政活動と連携した対応が不可欠である。子どもの生活を支援し、その成長と発達を保障するためには、学校教育の分野と、社会教育、児童福祉・子育て支援、貧困対策、非行防止活動など様々な関連行政分野との間で、いかに連携や総合化を図っていくかが重要な課題となっている。

第1節　児童福祉行政・非行防止活動と教育行政

1．就学前教育・保育と幼保一元化の動向

　幼稚園と保育所はいずれも就学前の幼児を対象とする施設だが、設置の目

図表 11-1　幼稚園の施設数と在園児数（設置者別内訳）

| 区分 | 総数 | 国立 | 公　　立 | | | | | 私　　立 | | | | | |
			計	都道府県立	市(区)立	町立	村立	計	学校法人立	財団法人立	宗教法人立	その他の法人立	個人立
施設数	9,418	49	3,103	1	2,573	461	68	6,266	5,679	3	289	3	290
在園児数	1,008,815	4,902	128,534	45	128,489			875,379	819,533	165	23,748	259	31,674

注　：施設数は本園と分園の合計を示した。
出典：文部科学省「学校基本調査」（2021年12月22日公表）より作成。

的や歴史的経緯の違いから制度上は二元化されてきた。2006年には幼稚園と保育所の機能や特長を併せもつ認定こども園が発足した。その後2015年4月の「子ども・子育て新制度」施行により認定こども園のさらなる普及が促進され、就学前教育・保育は改革期を迎えている。

幼　稚　園　幼稚園は学校教育法の定める「学校」で、文部科学省の管轄である。学校を設置できるのは原則として[1]国（国立）、地方公共団体（公立）そして学校法人（私立）だが（学校教育法2条）、幼稚園については社会福祉法人や宗教法人等にも設置が認められている（同法附則6条）。全国の幼稚園数は本園と分園を合わせて9418園であり、在園児総数は100万8815人となっている（図表11-1）。

　歴史的には、1872年公布の学制により「幼稚小学」として法制化されたのが始まりで、1876年には東京女子師範学校に附属幼稚園が設置される。戦後も学校教育法に基づく学校として位置づけられた（同法1条）。

保　育　所　保育所は児童福祉法の定める「児童福祉施設」で、厚生労働省の管轄である。歴史的に見ると幼稚園制度が官主導で整備されたのに対し、保育所は民間の託児所を出発点に貧児救済のための社会事業として発展した。戦後もその流れを引継ぎ、児童福祉法に基づく児童福祉施設として位置づけられた（児童福祉法39条ほか）。

　運営形態は認可保育施設（公立保育所および認可を受けた私立保育所）と認可外保育施設とに区分される。従来より認可保育施設は厚生労働省令である「児

1　構造改革特別区域法12条および13条の規定により、株式会社と特定非営利活動法人（NPO）にも学校の設置が認められている。

童福祉施設の設備及び運営に関する基準」により運営水準の維持が図られてきた。しかし、2015 年施行の子ども・子育て支援法により、小規模保育施設や家庭的保育事業などが「地域型保育事業所」というくくりで国の認可事業として位置づけられた。小規模保育施設は 0〜2 歳児までを預かる定員 19 人以下の施設で A 型、B 型、C 型と 3 つの区分があり、設置基準は各市町村が定める（同法 36 条の 16）。また、認可外保育施設については規制の緩やかな「認可外保育施設指導監督基準」（厚生労働省通達）が適用されることから保育の質の維持が課題といえる。

　施設数は認可保育施設のうち保育所等が 2 万 9474 カ所であり、在所児数は 262 万 4335 人となる。地域型保育事業所は 6857 カ所、在所児数は 9 万 8824

図表 11-2　認可保育施設である保育所等の施設数（設置区分別内訳）

		総数	公立				私立					
			計	国	都道府県	市区町村等	計	社会福祉法人	医療法人等	営利法人（会社）	その他の法人	その他
保育所等		29,474	8,660	1	11	8,648	20,814	15,282	72	2,765	2,586	109
内訳	幼保連携型認定こども園	5,721	859	—	11	848	4,862	3,214	1	—	1,644	3
	保育所型認定こども園	1,049	357	—	—	357	692	566	16	51	53	6
	保育所	22,704	7,444	1	—	7,443	15,260	11,502	55	2,714	889	100

注 1：保育所等には地域型保育事業所を含めない。（—）はゼロの意味。
　　2：「市区町村等」には「一部事務組合・広域連合」を含める。
　　3：「医療法人等」には「公益法人及び日赤」を含める。
出典：施設数は厚生労働省統計情報部「社会福祉施設等調査報告」（2021 年 12 月 22 日現在）より作成。

図表 11-3　国の認可事業である地域型保育事業所の施設数（設置区分別内訳）

	総数	公立				私立					
		計	国	都道府県	市区町村等 2）	計	社会福祉法人	医療法人等 3）	営利法人（会社）	その他の法人	その他
地域型保育事業所	6,857	191	13	1	177	6,666	1,118	162	2,966	1,246	1154
内訳 小規模保育事業所 A 型	4,467	80	—	—	80	4,387	817	29	2,289	986	266
小規模保育事業所 B 型	794	21	—	—	21	773	91	4	382	153	143
小規模保育事業所 C 型	87	3	—	—	3	84	12	—	28	10	34
家庭的保育事業所	868	63	—	—	63	805	28	—	40	34	703
居宅訪問型保育事業所	11	—	—	—	—	11	2	—	6	2	1
事業所内保育事業所	630	24	13	1	10	606	168	149	221	61	7

注・出典：図表 11-2 に同じ。

図表 11-4　保育所と幼稚園の制度上の違い

		保育所			幼稚園		
(1)	施設	児童福祉施設			学校（教育機関）		
(2)	所管	厚生労働省			文部科学省		
(3)	運営形態	認可保育施設		認可外保育施設	国立	公立	私立
		公立	私立（認可有り）	私立（認可無し）			
(4)	設置主体	市町村	社会福祉法人ほか	社会福祉法人ほか	国	地方公共団体	学校法人等
(5)	運営基準	「児童福祉の設備及び運営に関する基準」（厚生労働省令）		「認可外保育施設指導監督基準」（厚生労働省通達）	「幼稚園設置基準」（文部科学省令）		
(6)	保育内容の基準	「保育所保育指針」（厚生労働省告示）			「幼稚園教育要領」（文部科学省告示）		
(7)	対象年齢	0〜5歳児			3〜5歳児		
(8)	保育時間	1日8時間を原則とする			1日4時間を標準とする		

図表 11-5　認可保育施設と認可外保育施設の運営基準（一部抜粋）

	認可保育施設	認可外保育施設
運営基準	「児童福祉の設備及び運営に関する基準」（厚生労働省令）	「認可外保育施設指導監督基準」（厚生労働省通達）
設備	乳児又は満2歳に満たない幼児のための乳児室又はほふく室、医務室等、満2歳以上の幼児のための保育室または遊戯室、野外遊技場等のほか、調理室、便所等の設備を設けること。	乳幼児の保育室のほか、調理室及び便所があること。乳児の保育を行う場所は、幼児の保育を行う場所と区画されており、かつ安全性が確保されていること。
保育者	保育所には職員として保育士、属託医及び調理員を置かなければならないこととする（ただし調理業務を外部委託する場合を除く）。	「保育に従事する者」の概ね3分の1以上は保育士または看護師の資格を有する者であること。
職員配置	○保育士の数 乳児　　　　おおむね3人につき1人以上 3歳未満児　おおむね6人につき1人以上 3歳児　　　おおむね20人につき1人以上 4歳以上児　おおむね30人につき1人以上	○保育に従事する者の数 保育に従事する者の数は、主たる開所時間である11時間については最低基準で定める数以上であること。ただし、常時2人を下回ってはならない。11時間を超える時間帯については、原則として常時2人以上配置すること。

人である（図表11-2、11-3参照）。また届出対象の認可外保育施設は1万9078
カ所であり、在所児数は24万3882人となっている（2020年3月現在）。幼稚園
が約1万カ所、在園児が約100万人であるのに対し、保育施設の総数は約5
万5000カ所、在所児は約290万人であり利用ニーズが高いことがうかがえる。

待機児童対策　2006年6月、「就学前の子どもに関する教育、保育等の
総合的な提供の推進に関する法律」が成立し「認定こど
も園」が発足した。認定こども園は保育所と幼稚園の機能と特長を併せもつ
施設で、地域の子育て支援機能を担うことが期待されており、幼保連携型、
幼稚園型、保育所型、地方裁量型の4類型がある。2015年4月には①認定こ
ども園のさらなる普及、②地域型保育の新設を二本柱とする子ども・子育て
支援新制度（以下、新制度）がスタートした。この背景には少子化の進行と共
働き等世帯の増加による保育所の待機児童問題がある。1990年代後半より保
育所の待機児童は都市部を中心として高い水準で推移してきた（図表11-6）。

図表 11-6　保育所待機児童数と共働き等世帯数の推移（1995〜2016年）

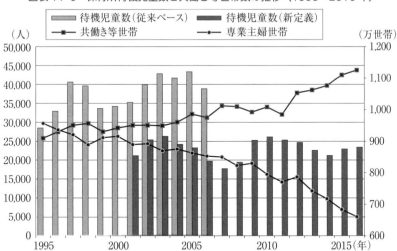

注：　各年4月1日現在。2001〜2006年度は、保育所入所待機児童の定義の変更を受け
　　従来ベースと新定義の数値を並記。2007年度以降は従来ベースの数値は公表さ
　　れていない。新定義では①特定の保育所を希望している場合、②認可外施設等
　　で対応している場合、を除き待機児童数としている。

出典：「共働き世帯」および「専業主婦世帯」について2001年以前は総務省「労働力
　　調査特別調査」を、2002年以降は総務省「労働力調査（詳細集計）」により作成。

2019 月 4 月現在の潜在的待機児童数は 7 万 3927 人であり、待機児童の約 77％を 1、2 歳児が占める（厚生労働省雇用均等・児童家庭局保育課「保育所待機児童数」2020 年 4 月 1 日現在）。一方、待機児童の増加と並行して幼稚園の在園児数については 1980 年以降減少傾向が続く。こうした状況下で国は子育て支援の拡充とともに効率的な施設運用の必要に迫られ、幼稚園と保育所の機能を併せもつ認定こども園の推進に軸足を置くこととなる。

2006 年度時点では幼保連携型認定こども園は、幼稚園部分を文部科学省、保育所部分を厚生労働省が管轄しシステムにも煩雑さがあった。しかし 2015 年の新制度からは幼保連携型認定こども園が内閣府所管となり、併せて「幼保連携型認定こども園—教育・保育要領」が内閣府、文部科学省、厚生労働省より示された。認定こども園は 2011 年には全国 762 カ所であったが、2021 年現在では全国 8585 カ所にまで増加している。しかし、認定こども園の認定基準は幼稚園と保育所のうちで低い方の基準に合わせて設定されており、保育の質を維持しうるのかという懸念の声もある（日本保育学会 2016）。さらに、2015 年より地域型保育事業所が国の認可事業となり、従来の認可保育所よりも低い基準で運営される保育施設が急増している。また保育施設の種類や運営基準は多様かつ複雑であり、利用者が内情をしっかり理解した上で選択することが困難な現状がある。たとえば同じ小規模保育事業所であっても、A 型はすべて保育士を配置することになっているが、C 型は所定の研修を受けた無資格者が保育を行うことができる。

待機児童対策においては「数の解消」が議論の中心となりがちだが、規制緩和の進行が保育水準の低下を招いては本末転倒である。子どもの権利保障の観点から「保育の質向上」を目指す抜本的な待機児童の解決策が望まれる。

2. 子どもたちと放課後の居場所

放課後児童クラブ　教育行政と児童福祉行政との連携が求められる分野は、就学前だけではない。小学校に進学してからも、保護者が労働等により家を不在にしている場合には、放課後の子どもの遊びや生活の場をいかに確保するかが課題となる。そうした子どもを対象とする

児童福祉事業の 1 つに「放課後児童クラブ」がある。

　放課後児童クラブは、一般には「学童保育」とも呼ばれ、「学童クラブ」「児童クラブ」「留守家庭児童会」「児童育成会」「子どもクラブ」など地域によって様々な名称（全国学童保育連絡協議会ホームページより）で呼ばれている。元来、これらの取り組みは民間組織によって自主的に展開されてきたが、1998 年に児童福祉法および社会福祉法が改正され、「放課後児童クラブ」として法的な位置づけがより明確になった。現在では、共働き家庭の増加などを背景とする学童期の保育ニーズの高まりもあり、これまで「おおむね10歳未満」とされてきた対象が 2015 年 4 月からは「小学校に就学している子ども」に拡大された。その影響もあり、放課後児童クラブの数・登録児童数は、2000 年時の 1 万 999 カ所・39 万 2893 人から、2021 年時点の 2 万 6925 カ所・134 万 8275 人へと過去最高値を更新している。

　「放課後児童クラブガイドライン」（厚生労働省雇用均等・児童家庭局 2007）では施設内に子ども専用の生活スペース、静養のためのスペースを備えることが望ましいとされており、大半の放課後児童クラブでは 20〜55 人程度の子どもを対象として事業を展開している。放課後児童クラブの開設時間帯については「保護者の就労状況を考慮」することとされ、多くの場合は放課後以降 19 時頃まで開設されているほか、土日や長期休業期間中も運営されている（厚生労働省 2012）。

　放課後児童クラブの大半は学校の余裕教室や学校敷地内の施設を利用しているが、後述する児童館・児童センターといった施設を利用するケースもある（厚生労働省 2012）。放課後児童クラブでは、こうした環境の中でゲームや図画工作活動のほか、誕生日やクリスマスのパーティなどが催され（厚生労働省 2009）、子どもたちの遊びや交流の機会が提供されている。

　一方、放課後児童クラブをめぐっては、就学前と同様、待機児童問題が深刻で、2012 年は学童保育の利用を希望しながら結果的に利用できなかった児童が 7521 人に上った。このような状況のもと、2012 年の「子ども・子育て関連 3 法」の成立を受け、省令で放課後児童クラブ事業の最低基準が定められ、市区町村の条例でも独自の基準を策定することとなった。

| 児童館・児童センター

放課後児童クラブ以外に子どもたちの遊び場や居場所の役割を果たしている児童福祉施設として、児童館や児童センターがある。厚生労働省の統計によると、2020年時点で日本国内には児童館や児童センターが4398カ所設置されている（厚生労働省「令和2年社会福祉施設等調査」より）。

これらの施設は、18歳未満のすべての子どもを対象にした遊びと生活の援助や子育て支援を行う施設（厚生労働省2011）であり、放課後児童クラブとは施設の役割や規模、対象年齢も異なっている。児童館では、各種の遊びの場や居場所の提供のほか、子育て支援や児童虐待防止、健全育成を目指した活動が実施されている。これらの活動を行うために、児童館は集会室、遊戯室（遊び場）、図書室などが備えられている（児童福祉法45条3）。

さらに、児童館に健康と体力づくりの機能を加えた児童センターと呼ばれる施設もある。児童センターでは、遊びを通して体力増進を図ることを目的とした指導が行われている。そして、児童館や児童センターのこれら一連の活動を支えるために、「児童の遊びを指導する者」として教員免許や保育士資格、社会福祉士などの資格を有した児童厚生員が配置されている。

ところで、遊びと生活の場である児童館・児童センターや放課後児童クラブを訪れる子どもたちは、時として親や教師には見せない一面を表すことがある。その結果、これら児童福祉施設に勤務する関係者によって、家庭内暴力や児童虐待、子どもの発達上の困難などの課題がいち早く察知・発見されることも少なくない。また、学校だけでは対応が難しい子どもの生活習慣の改善のために、児童福祉の領域からアプローチを図ることもできる。教師をはじめとする学校関係者には、こうした児童福祉関係とのネットワークを積極的に築くとともに、情報を共有していく意識と姿勢が求められる。

| 教育行政と児童福祉

子どもの放課後の活動を対象にしているのは、厚生労働省が所管する児童福祉の分野だけではない。文部科学省も2004年から、学校の空き教室を居場所として放課後や週末の体験活動、さらには地域との交流活動を行う「地域子ども教室推進事業」をスタートさせ、すべての児童を対象にした学習、スポーツ、文化活動などの

社会教育活動を展開してきた。

　しかしながら、文部科学省が主導する地域子ども教室推進事業と、厚生労働省が所管してきた放課後児童クラブ事業は、いずれも空き教室を利用したり放課後の子どもを対象とする点で類似性が高く重複する事業が見られるなど、縦割り行政による弊害とも取れる事態が生じてきた。そのため、2007 年に文部科学省と厚生労働省とが共同で「放課後子どもプラン」を策定し、放課後児童クラブ事業との連携と一体化を図ってきた。

　なお、同プランは現在、「新・放課後子ども総合プラン（2019 年〜2023 年）」へと形を変えながらも続いており、教育と児童福祉の枠にとらわれず、子どもの育ちに関わる施策をより一体化、総合化しようとする動きも徐々に見られるようになっている。

3.　少年非行とその防止に向けた活動

┃少年非行の動向　　子どもたちの成長と発達を支えるに当たっては、学校教育、社会教育、児童福祉の分野だけでは対応できない領域もある。その一例が、少年非行などの逸脱行動をした子どもへの対応である。

　少年法が対象とするのは 20 歳未満の少年である。刑事責任が問われるのは 14 歳以上であるため、非行少年は、（1）14 歳以上で罪を犯した「犯罪少年」、（2）14 歳未満で罪を犯した「触法少年」、さらには（3）怠学や家出などを繰り返して、将来的に罪を犯したり、または刑罰法令に触れる行為をする恐れのある「虞犯少年」の 3 種類に区別される。

　少年による非行や犯罪については、ときとしてマスコミなどで凶悪化が進んでいるかのように取り上げられることもあるが、実際には少年の刑法犯は減少の傾向にある。警察によって検挙された刑法犯少年の数は、2008 年に 10 万人を下回ってから減少の一途をたどっており、2020 年は 1 万 7466 人となっている。同様に、殺人、強盗、放火などの凶悪犯の件数についてもこの 10 年間は概ね減少傾向にある（警察庁 2021）。

　また、校内暴力により検挙・補導された子どもたちは、2013 年には 1771

人にまで増加し、警察が認知する校内暴力事件は増加傾向にあった。しかしその後は減少に転じ、2020 年には 549 人となり、近年は最少を記録している（警察庁 2021）。一方、再び少年が犯罪に関わり検挙される率（いわゆる再犯率）は高止まりの傾向にあることから、いかに非行少年らの立ち直りを支援するかが課題となっている。

　なお、民法が改正され 2022 年に成人の年齢が 18 歳に引き下げられることに伴い、少年法の対象年齢も同様に 18 歳未満に引き下げるべきだとする主張を目にすることもある。実際、2021 年に少年法の一部が改正され、対象年齢は 20 歳のまま変わっていないが、18 歳・19 歳の者を「特定少年」として、成人と同様の刑事処分を下したり、実名報道をしたりすることが可能となった。しかしながら、少年法は罰を加えるのではなく、少年の「健全育成」や「矯正」、さらには「保護」を主たる目的としたもの（少年法 1 条）である。非行少年に対しては、この後見るように保護や立ち直りの支援といった教育的な関わりが不可欠であり、大人と同じような罰を科すことが最善の結果をもたらさないケースもある。それゆえに、少年法の対象年齢の引き下げをめぐっては慎重な判断が求められる。

少年非行の予防活動

少年非行・犯罪については予防的な対応をしていくことも重要である。そこで近年は、各都道府県警察に「少年サポートセンター」が設置され、警察職員のほか教育委員会、児童相談所、精神保健福祉センター、そしてボランティアなどの関係者がチームをつくり、当事者である子どもはもちろん保護者も対象としながら少年非行の防止に向けた取り組みを行っている。

　少年サポートセンターは非行防止活動として、一般に補導と呼ばれる「街頭補導活動」を行っている。補導活動は「不良行為少年などを発見して、その少年に注意助言等を行うことにより、少年の非行や被害を防止すること」（警察庁 2007）を目的としており、補導員や補助スタッフが街頭に出向き、子どもたちの飲酒・喫煙、深夜の徘徊、家出、万引きなどの非行行為に対応している。また、少年サポートセンターでは補導活動のほか、専門の臨床心理士（少年心理専門官）を配置し、非行問題や犯罪被害、さらにはいじめ問題な

どの子どもを取り巻く困難に対する相談も実施している。

| 立ち直り支援と学校教育との連携

非行により一度つまずいてしまった子どもを学校や社会へと復帰に導いていくためには、子どもの立ち直りを継続的に支援することが重要である。そこで、少年サポートセンターでは、非行少年の立ち直りに向けた居場所を提供している。たとえば北海道の場合は、「少年が居場所をつくる（Juvenile Make Place）」を意味する JUMP と呼ばれる事業を 2004 年から展開し、家庭、学校をはじめとする関係機関、ボランティアと連携しながら、スポーツ教室や料理教室、農業体験などを行っている（北海道警察ホームページより）。

　なお、非行問題は個人的でデリケートな要素を含むため、組織間で情報共有が図られにくい面もある。そこで、学校と警察が少年の非行や犯罪に関わる情報を共有する学校警察連絡制度を設け、情報交換が行われることもある。何より重要なことは、一度問題を起こした子どもを排除したり別の組織に押しつけるのではなく、保護者や関係組織と連携を図りつつ、子どもの成長と発達を見通しながら立ち直りに向けた継続的な支援を行うことである。

第 2 節　就学援助制度と子ども保護

1. 子どもの貧困と就学援助

| 子どもの貧困

日本社会において家庭の経済格差・二極化が問題視されるようになって久しい。家庭の経済格差によって生じる、子どもの生活への影響が懸念される。

　厚生労働省「令和元年国民生活基礎調査の概況」では、18 歳未満の子どもの相対的貧困率の 1985 年から 2018 年にかけての推移が掲載されている。ここでの相対的貧困率とは、経済協力開発機構（OECD）の定義に基づいており、これは世帯所得を世帯人員数で調整した値が社会全体の中央値（一番標準的な値）の 50％ 未満の世帯を「貧困」と定義するものである。ここで定義された貧困世帯に属している 18 歳未満の子どもが、子ども全体の中で占める割合を、

ここでは「子どもの貧困率」として推計をしている。日本の子どもの貧困率は、1980 年代から 2000 年代にかけて上昇し、2012 年は 16.3％だった。2015年は 13.9％に減少し、最新値の 2018 年は 13.5％と微減傾向にある（なお、OECD の所得基準に基づく新定義で算出した数値は、2018 年で 14.0％となっている）。近年になり、上昇傾向には歯止めがかかったものの、高止まりの状況にあると見るべきだろう。かつての子どもの貧困率の上昇の要因はいくつか考えられ、経済状況の悪化によって子どもの属する世帯で親の所得が低下したことや、一人親世帯の増加により世帯の所得を支える稼得者が少なくなったこと、さらには社会保障制度における防貧機能の低下などがあげられる（阿部 2009）。

子ども・家庭に対する社会保障政策　日本の政策は、子どものある世帯に対して、給付が少ないばかりか、負担も多く課している。日本の子ども・家族分野への社会支出の対 GDP 比（2017 年）は 1.58％である。ドイツ（2.28％）、フランス（2.93％）、イギリス（3.46％、以上いずれも 2017 年度）、スウェーデン（3.54％、2015 年度）など、日本は欧州諸国と比べて低水準となっており、現金給付、現物給付を通じた家族政策全体の財政的な規模が小さいことが指摘されている（内閣府ホームページ）。

　財政的措置・社会保障政策による所得再分配の結果、子どもの貧困率はどのように変動するのだろうか。OECD は、各世帯における就労や金融資産によって得られた所得である「再分配前所得」と、それから税金と社会保険料を引き、児童手当や年金などの社会保障給付を足した「再分配後所得」を推計し、その差を確認することで、各先進国の政府による「貧困削減」の効果を調べている。それによると、2000 年代半ばの時点まで日本は OECD 諸国の中で唯一、再分配後の貧困率が再分配前の貧困率を上回っており、これは政府の政策による所得再分配によって、むしろ子どもの貧困が悪化している状況を示していた。2006 年を最後に、日本における所得再分配の「逆転」現象は解消されたが、その値は小さく、日本の貧困削減政策の効果は、たいへん弱いといわざるを得ない（松本 2016）。

子どもの貧困対策法と子どもの貧困対策大綱　子どもの貧困が深刻化していく事態を受けて、2014 年に「子どもの貧困対策の推進に関する法

律」（通称：子どもの貧困対策法）が施行された（以下、中嶋 2016 参照）。この法律によって、政府は毎年 1 回、子どもの貧困の状況を公表することが義務づけられ、国は子どもの貧困対策を総合的に策定し、実施する責務を負うこととなった。子どもの貧困対策法に基づいて定められた「子どもの貧困対策に関する大綱」（通称：子どもの貧困対策大綱）では、対策の具体的な内容（①教育の支援、②生活の支援、③保護者に対する就労の支援、④経済的支援その他）等が列挙されている。以上のような法制度化の動きによって、日本における子どもの貧困対策が前進したことはたしかである。しかし、子どもの貧困対策法及び大綱では、貧困削減に関する数値目標は盛り込まれておらず、さらにあげられた施策を裏づける財源の保証もないため、その実効性を疑問視する声もある。また、あげられた対策は学習支援や就労支援といった自立支援が中心で、経済的困窮へ直接手を差し伸べる施策が不十分である点も懸念される。

貧困の子どもを対象にした学習支援

さらに、根拠法が子どもの貧困対策法とは異なるが、貧困の子どもを対象にした学習支援の取り組みもいくつか登場している。1 つは、2015 年に施行された「生活困窮者自立支援法」に基づく、「子どもの学習・生活支援事業」（以下、学習生活支援事業）である。この学習生活支援事業の所管は厚生労働省で、対象は主に生活保護世帯と生活困窮世帯の中学生であり、目的は「貧困の連鎖の防止」にあるとする。ただし、この事業は地方自治体の任意事業であって、実施には地方自治体が自主財源として事業費の 50％を負担しなければならない。そんな中でも、2020 年度に学習生活支援事業を実施した自治体は 576（全体の 64％）と、一定の広がりを見せている（厚生労働省ホームページ）。

　子どもの学習支援の取り組みとしては、上記の動きと別なものもある。文部科学省（学校支援地域本部）の推進する「地域未来塾」という取り組みが、2014 年度から開始されている。対象は主に中学生で、目的は「学習機会の提供によって、貧困の連鎖を断ち切る」こととされている。2018 年 11 月時点での実施取り組み数は 2995 であり、2019 年度までには 5000（全体の 50％）の中学校区にまで実施数を増やす見込みであるという（文部科学省ホームページ）。

ただし、この「地域未来塾」の取り組みも、国からの補助率は低い。

　厚生労働省の学習生活支援事業も、文部科学省の「地域未来塾」も、ともに原則無償で提供されるものである。実施主体は、学習塾などの教育産業や、その地域で子どもの教育的・福祉的実践を行ってきた民間団体が、委託方式によって担うことが多くなっている。具体的な実施に当たっては、基本的に学生や元教員、地域住民などのボランティアに協力を仰ぐこととなる。子どもの学習支援の取り組みの充実を左右する要素としてあげられるのは、学習支援の取り組みを中心的に担い、ボランティア等を継続的・組織的にコーディネートできるような活動体が、その地域に存在しているか否か、という点もある。

子どもの貧困対策と法制度

子どもの学習支援のほか、民間発の取り組みとして、「子ども食堂」の実践も広がりつつある（以下、朝日新聞 2016 参照）。これは、経済的な事情から家庭で十分な食事がとれなくなった子どもに、無料もしくは安価な食事や居場所を提供する活動である。この活動が「子ども食堂」と呼ばれたのは 2012 年以降であるが、2014 年に子どもの貧困対策法が施行され、支援の機運の高まりもあり、その活動が調理や食事提供、遊び相手など身近で参加しやすいものだったという背景もあって、子ども食堂の数は 2014 年度以降に急増している。NPO 法人「全国こども食堂支援センター・むすびえ」（東京）と全国のこども食堂地域ネットワークが実施した調査によると、2021 年の時点で、全国には 6007 カ所の子ども食堂が存在している。小学校数に対する食堂数の割合（充足率）は 22.1％で、全国的に見ても、小学校 5 校に子ども食堂が 1 カ所ある計算となっている。一方、最も高い沖縄（52.9％）と最も低い秋田（9.4％）では大きな開きがあり、地域差も明らかになっている（むすびえホームページ）。

　以上の通り、国の定める法制度が想定しなかった形での、子どもの貧困対策の動きも広がりつつあるが、それらはあくまでも対症療法として捉えるべきだろう。子どもの貧困は、2000 年代後半に社会問題として注目され、それが政策や民間の諸活動として反映されつつあることはたしかである。しかし、子どもの貧困解消のための有効な諸施策をめぐる議論は、いまだに途上の段

階にあるといえ、今後のさらなる実践とその調査研究が待たれる（阿部 2014）。

　各地で行われている子どもの学習支援や、「子ども食堂」のような子どもの生活支援の取り組みは、貧困状態にある子どもたちへ意義ある時間や関係を提供するかもしれない。しかし、それらによって社会に広がる「子どもの貧困」が解消していくとは限らない。貧困を生み出している社会構造、その法制度を改善し、再構築していく視点を忘れてはならない。特に子どもの貧困とは、子どものいる多くの世帯で立ち現れている、経済的困窮がその底にある。それら世帯に対する所得保障を可能にする、法制度の具体的なあり方も、今後問われていくことになるだろう。

就学援助制度の概要

　以下では、子どもの就学に関する所得保障制度の一例として、就学援助制度を紹介する。就学援助制度とは、公教育にかかる費用のうち、授業料や教科書代以外にかかる費用の一部を、市町村が小中学生のいる家庭に給付する制度である。

　法的根拠の面から詳しく確認すると、憲法26条は教育を受ける権利を定め、義務教育の無償制を規定する。これを受けて教育基本法 5 条で、公立小中学校の授業料の無償を明示しており、小中学生の授業料と教科書代の無償までが、現行の義務教育無償制の内容となっている。しかし公立学校といえども、子どもが学校に通うと様々な費用がかかる。学校教育法 19 条は、「経済的理由によって、就学困難と認められる学齢児童又は学齢生徒の保護者に対しては、市町村は、必要な援助を与えなければならない」としており、これに従って市町村で制度化されているものが就学援助制度である。市町村が行う就学援助に国は「就学困難な児童及び生徒に係る就学奨励についての国の援助に関する法律（就学奨励法）」等により必要な経費の一部を補助している。

　就学援助の対象は、生活保護基準に該当する「要保護者」と「要保護者に準ずる程度に困窮している者」である「準要保護者」となっている。生活保護と就学援助における給付の関係について整理したものを図表 11-7 に示した。

　まず、生活保護世帯に属する小中学生の場合（これが「要保護者」に当たる）、義務教育に伴う学校給食費等は生活保護の給付の 1 つである「教育扶助」の対象となるため、生活保護によって支給される。就学援助制度とは、生活保

図表11-7　教育扶助と就学援助の関係

		保護者が義務教育のために支出する主な経費			
		学校給食費	通学用品費	学用品費	修学旅行費
要保護者	生活保護法の教育扶助を受けている小中学生	教育扶助			
	保護を必要とする状態にあるが、教育扶助を受けていない小中学生	就学援助（国庫補助）			
準要保護者	要保護者に準ずる程度に困窮している小中学生	就学援助（国庫補助廃止、市町村の一般財源化）			

注　：「保護を必要とする状態にあるが、教育扶助を受けていない小中学生」には、主に
　　　教育扶助以外の扶助を現に受けている者が該当する。
出典：鳫咲子「子どもの貧困と就学援助制度」参議院調査室『経済のプリズム』第65号、
　　　2009年。

護世帯の小中学生（要保護者）に対して、教育扶助の対象とならない修学旅行費などを支給するとともに、教育扶助を受けていない要保護者、生活保護の対象に準ずる程度に困窮している小中学生（準要保護者）へ、図表11-8の通りの費用の一部を給付している（高津2009）。

　準要保護者、すなわち「要保護者に準ずる程度に困窮している者」の認定については、市区町村がそれぞれの基準で行っている。多くの自治体では、準要保護の客観的な認定基準として、「前年の所得が生活保護基準の1.3倍以下」といったような世帯の所得と生活保護基準との比較や、「市町村民税所得の課税額が6万3600円未満」「4人家族ならば所得が270万円未満」といった所得の数値基準がつくられている（高津2009）。

　就学援助による支給品目・金額は、国が市区町村へ就学援助分の費用を補助する基準として、前掲の就学奨励法のほか、学校教育法、学校保健安全法、「要保護児童生徒援助費補助金および特殊教育就学奨励費補助金交付要綱」に基づき、あらかじめ定められている。その品目・金額は図表11-8の通りである。この基準を参考に、各自治体では保護者に対する就学援助額を決定しているようである（高津2009）。

　就学援助受給者数・率はともに増え続けてきた。文部科学省が行った2021年度の就学援助の調査結果（文部科学省ホームページ）によると、就学援助受給

図表 11-8　就学援助の対象品目と金額（金額は 2009 年時のもの）

対象品目		金額（全額の場合）	
		小学校	中学校
1 学用品費等	(1) 学用品費等	11,100 円	21,700 円
	(2) 通学用品費等	2,170 円	
	(3-ア) 校外活動費（宿泊なし）	1,510 円	2,180 円
	(3-イ) 校外活動費（宿泊あり）	3,470 円	5,840 円
	(4) 通学費	38,200 円	77,200 円
	(5) 修学旅行費	20,600 円	55,700 円
	(6) 体育実技用品費	スキー：25,300 円	柔道：7,300 円 剣道：50,500 円 スキー：36,300 円
	(7) 新入学児童生徒学用品費等	19,900 円	22,900 円
2　医療費		治療費	
3　学校給食費		実費	

出典：高津圭一「就学援助制度の実態と課題」藤本典裕・全国学校事務職員制
　　　度研究会編『学校から見える子どもの貧困』大月書店、2009 年。

者の数は 1995 年（77 万人）から 2011 年（157 万人）まで一貫して増え続けており、2 倍以上にまで増加したことが分かる。就学援助率も同様の増加傾向を取り、2012 年には 15.6％となった。その後は減少傾向にあるが、その値はごく僅かで「高止まり」の状況にあり、2020 年の就学援助率は 14.4％となっている。この数値は、全国で約 7 人に 1 人の小中学生が、経済的理由により就学困難と認められている状況を示している。

就学援助制度の課題と学校に求められること　就学援助制度の課題として、まず就学援助制度の財源保障が縮小する傾向にあることがあげられる。いわゆる三位一体改革により、2005 年度以降準要保護者に対する国庫補助が廃止され、一般財源化された。就学援助者数の増加によって市町村の財政負担は増えることとなり、一般財源化によって準要保護者への就学援助は市町村の裁量に委ねられる程度が強くなったため、市町村によっては認定基準を厳格化したり、支給内容を縮減するなどの動きを取っているところも出てきている。2005 年度以降、就学援助受給者数や就学援助支給額の伸びは鈍化しており、多くの市町村においては国庫補助額の廃止分を補うような市

町村給付額の増額が行われず、これが一人当たりの支給額の削減につながっている（鳫 2009）。そのほかの就学援助制度の課題としては、申請方法や認定基準、給付内容が具体的な規定で全国共通に決められていないため、市町村で違いが生じている点、就学援助制度に関する住民への広報・説明が不十分な市町村がある点、市町村によっては申請の際に民生委員の関与が求められるなど申請しにくい制度になっている点があげられる（高津 2009）。

　子どもの就学保障をより十全に達成するため、国や自治体でさらに別の施策が採られていく必要はあるが、一方で学校現場において、教員や学校事務職員にできることはいったい何だろうか。まず、就学援助制度の存在が必要な子ども・家庭に十分に知られていない可能性もあるため、教員や学校事務職員がこの制度の存在を知らせる役割を果たすことができる。学校で制度説明のプリントを作成し年度当初に配布したり、説明会を開催することも可能である。学校教員が保護者と会話した際などに、必要に応じて制度の存在を個別に知らせる手段も有効であろう。様々な理由から、制度のことを知っていても申請が難しいようなケース（たとえば、保護者の特性上の要因から申請することが難しい場合や、就労や疾患等により申請に費やす時間的・精神的余裕がない場合など）も考えられるため、学校教職員が単に制度のことを知らせるだけでなく、伴走的に申請のサポートまで手伝ったり、それが可能な支援者につなぐことができると、よりよいだろう。この制度をきっかけにして、支援が必要な家庭と、学校の教職員やその他の支援者とのつながりができることも想定される（学校事務職員ができることについて、詳しくは藤本ほか 2009、全国学校事務職員制度研究会 2012 参照）。あらゆる子どもたちが等しく安心して学校で学ぶことができるように、就学援助制度が様々な形で十全に活用されていくことが望ましい。

2.　子育ての困難と子ども保護

子ども虐待の増加と虐待概念の広がり　日本における児童虐待の件数は、増加傾向が続いている。厚生労働省は、全国の児童相談所が受けた養護相談のうち虐待を主訴とした相談件数について 1990 年から経年的に調査しているが、1990 年度には 1100 件、1999 年度に 1 万件を超え、2005 年

度には約 3 万 5000 件、2010 年度に 5 万件を超えた。その後も増加幅は止まらず、2015 年度（速報値）は 10 万 3260 件と、ついに 10 万件を超えるまでに急増している（中央法規出版編集部 2016）。さらに、2020 年度は 20 万 5044 件であり、増加傾向はとどまるところを知らない（厚生労働省ホームページ）。

　この急増の背景・理由について、そもそも日本社会が子ども虐待へと目を向けたのが 1990 年前後であったという事情がある。90 年代は子どもに関わる民間団体・行政機関の現場関係者の自主的な活動の中で、特に乳幼児虐待への関心が高まっていき、保健医療機関と児童相談所との連携が図られていった。2000 年に児童虐待防止法が施行されて以降は国の指導による成果が大きく、法制化に伴って早期発見・通告・初期対応の動きが全国隅々まで広まっていった。2004 年の岸和田中学生虐待事件[2] 以降には、教育現場での取り組みも始まったことが、件数の増加に影響したといわれている（小林 2007）。このように、それまで潜在していた子ども虐待のケースが、1990 年代に社会的に発見され、次第に社会の人々の関心も高まっていき、子ども虐待防止に関する法制化を通じて対応の体制も整い、公式統計の調査なども通じて急速に問題が表面化されてきたものと見ることができる。そして、特に近年、件数が急増していることの要因として、考えられるものをあげてみる（以下、中央法規出版編集部 2016 参照）。近年で特に増加しているのが心理的虐待（2014 年度 3 万 8775 件→ 2015 年度 4 万 8693 件）である。それと並行するかのように、児童が同居する家庭における配偶者に対する暴力がある事案（面前 DV）について、警察への通告も増加しており（2014 年度 2 万 9172 件→ 2015 年度 3 万 8522 件）、そこに関連があるとする見立てもある。また、児童相談所全国共通ダイヤルの 3 桁化（189）の広報の影響や、マスコミによる児童虐待の事件報道等によって、国民や関係機関において児童虐待に対する意識が高まったことが背景にあるとする説もある。

　諸外国の統計でも、社会が子ども虐待に関心を寄せ始める初期には同様の

2　岸和田中学生虐待事件とは、大阪府岸和田市で当時中学 3 年の長男が餓死寸前まで虐待された事件。保護されたとき、長男は身長 155 センチに対し、体重が 24 キロと餓死寸前にまで追い込まれていた。

急増期があり、その大きな理由は、潜在していた虐待の発見による表面化と、虐待の定義の拡大である。諸外国の例を見ると、虐待対応・子ども保護の制度はまず、身体へのはなはだしい暴行と極端なネグレクト（養育放棄）状態への対応というごく狭い範囲から始まって、次第にあまり激しくない暴行やネグレクト、さらには深く潜伏して表面化しにくい性的虐待、外から見えがたく定義も難しいが広く存在する心理的虐待・心理的ネグレクトまで含むように、定義が広がっていく。虐待の要因も心理的・経済的・社会的諸要素が複合して起こるものとして捉えられ始めると、その対応も単純な介入・保護という手段だけではなし得ず、より多様で複合的な支援策が必要となることが判ってくる。日本の場合も、今まで取り組んできた早期発見の対象は主に身体的虐待と身体的ネグレクトであったが、近年はさらに虐待概念が広がって、心理的虐待等がその対象に含まれ始めた段階にあると見ることもできる。

子ども保護に関わる行政機関とその対応体制

以下では主に峯本（2007）を参照して、児童虐待に関わる行政機関の役割分担やその対応に関する留意点について確認していく。虐待が疑われるケースがあった場合、通告先機関として定められているのは、児童相談所・福祉事務所・市町村となっている。状況が深刻であって、子どもの安全のために親子の分離がなされた方がよいとみなされるような、いわゆる困難ケースについては、親子分離の措置権限を有する児童相談所が責任を負う。そして、いわゆる在宅支援ケースについては児童相談所の後方支援のもとに市町村が第一次的な責任を負うこととなっている。

　児童相談所は虐待の危険性を判断して強制的な介入を行う権限を有しており、さらに先述の通り親子分離の措置権限ももっている。必要に応じて一時保護所、児童養護施設等への入所措置や、里親への委託措置を取る。入所施設についてそれぞれ説明を加えると、一時保護所とは、虐待や家出など緊急の場合などに 18 歳未満の子どもを一時的に保護する施設であり、大半が児童相談所に併設されている。児童養護施設とは、親の養育が難しいと判断された 18 歳未満の子どもが養護を受けながら生活するために利用する施設であり、一時保護後にこちらへの入所措置が取られることもある。

　虐待の状況をつかみ、通報する役割を担いやすいのは、子どもと接する機会の多い関係機関である。たとえば、出産から乳幼時期の子育てに関わる保健センター・保健所、幼児期の子育てに関わる保育所・幼稚園、医療措置を行う病院、そして学齢期の子どもの教育に関わる学校などの存在があげられる。

　2005年の児童福祉法改正により、各市町村における要保護児童対策地域協議会が法定化され、さらに、2007年5月の同法改正により、協議会の設置が地方自治体の努力義務とされた。この要保護児童対策地域協議会は、被虐待の子どもや非行等の問題を抱えた要保護児童に関して、関係機関が情報の共有を行い、支援計画を立てることを目的とするものである。

　先に要保護性の高い困難ケースを児童相談所が、在宅支援ケースを市町村が、それぞれ第一次的な責任を担うと述べたが、この役割分担は単純に捉えるべきではない。たとえば虐待による死亡事件等の重大事件は、突然発生するわけではなく、その出発点には普通の子育て上のストレスや不安、孤立感があることが珍しくない。早い段階において、家事・育児に関する相談や助言・具体的な支援を受けることができる環境があれば、防止できたケースが多いと思われる。重大事件はあくまでも在宅支援が必要なケースの延長線上に存在する。単純に困難ケースか在宅支援ケースかを線引きできるものでもなく、また一時点ではなく継続的な観点をもつことが重要である。

　そのため、そもそもの発見の段階での、要支援のレベル・緊急性の判断などは、関係する機関がそれぞれ抱え込みすることなく連携して判断し、その後も複数の関係機関による継続的な支援体制が組まれる必要がある。すなわち、①発見・通報の役割を担い、その後も子どもを見守り続けることができる子どもに関わる関係機関、②在宅支援のケースに一次的な責任を担う市町村、③要保護性の困難ケースに関わる児童相談所、といった以上の三者が情報を共有し連携してリスク判断を行い、支援計画を立てながら継続的に振り返り・計画の見直しを行って、その支援体制を維持していくことが望ましい。要保護児童対策地域協議会はそのような連携の動きのマネージメントを期待された制度枠組みであるといえる。現状では各自治体によって、協議会そのものや児童相談所、市町村の担当部署の体制などがまちまちな状況である。

2016年の児童福祉法改正と児童虐待防止対策

先に見た通り、2015年には虐待件数が10万件を超え、虐待による死亡事例も後を絶たない状況を鑑みて、2016年に「児童虐待防止対策強化プロジェクト」が策定され、同年に児童福祉法も再び改正された。これらの法整備は、児童虐待の発生予防から被虐待児への自立支援まで、一連の対策のさらなる強化を図るものであり、具体的には「子育て世代包括支援センター」の法定化や、児童相談所等の体制の整備（関係機関等の情報提供の仕組みの見直し、児童相談所・要保護児童対策調整機関への専門職の配置）などが定められた。

この2016年度の法整備は、虐待対応における関係機関の連携・調整に難しさがあること、対応体制・支援水準に地域格差があることなどを、現状の課題として明確に捉えている。また、今回の改正法では、子ども保護だけに限らず、親支援（若年者の妊婦等への支援）にもねらいを定めている点が注目に値する。「子育て世代包括支援センター」（法律上の名称は「母子健康包括支援センター」）がその担い手として想定されており、同センターは、現状様々な機関が個々に行っている妊娠期から子育て期にわたるまでの支援を、切れ目のない支援にしていくためのワンストップ拠点として設置されるものである。同センターには保健師、ソーシャルワーカー等が配置される予定で、概ね2020年度末までに全国展開を目指していくこととなっている（中央法規出版編集部2016）。その効果が今後期待されるが、若者支援・高齢者支援・障害者支援・困窮者支援等の分野で、すでにこうしたワンストップ拠点は設置されて稼働しており、設置・稼働後も支援機関の間の連携や調整が課題として残っている現状にある。子ども保護・子育て支援の分野として、地域に再び新たなワンストップ拠点が設置されることで、それぞれの地域ですでに活動している関係機関やその調整機関などが、それぞれで出方をうかがうような「お見合い状態」になることなども懸念される。子ども保護・親支援へと効果的につながっていくような、支援機関・社会資源をコーディネートしていく力量が、今後さらに各地域で問われていくことになるだろう。

子ども虐待と学校に求められること

さて、学校現場に焦点を絞ると、学校は虐待対応に関してどのような役割が望まれているのだろう

か。子ども保護に関して何より重要であるのは、子どもに接する機会の多い専門職のリスク判断と支援計画作成の力量であるといわれる。しかし学齢期の子どもと接する機会の多い学校という現場においては、教員の多忙化や虐待に関する知識の不足、生徒指導などを必要とする学校文化の特徴などから、学校自体がどうしてもこの力量をもちがたい傾向にある。近年では格差や貧困が広がる現状を憂慮して、虐待対応を意識し力を入れようとする学校の動きも見られ始めているが、せっかくリスク判断して通報に動いても、学校が望むような対応を児童相談所ができないようなケースも見られる。児童相談所は現在膨大な通報件数に追われ、入所施設の収容能力にも限界があるといった事情もあるため、学校側には現在の子ども保護システムの限界に対して一定の理解をしつつ、リスク判断の意識を常にもちながら、子どもを日常的に暖かく見守る役割が求められており、学校には難しくも重要な役割が課せられているといえよう。2014 年に定められた子どもの貧困対策大綱において、学校は子どもの貧困対策のプラットフォームとして位置づけられ、それを受けて文部科学省でも「チームとしての学校」政策（文部科学省 2015）を打ち出している。2016 年度以降は、スクールカウンセラーやスクールソーシャルワーカーといった教員以外の専門職を、現状よりも多く学校へと配置していく予算措置がとられていく見込みとなっている。子ども保護・虐待防止のためには、教員以外の専門職を学校に多く配置する方が有効であるのか、それとも、そもそも学校で日常的に子どもたちと関わり見守っている教員の数を増加すべきであるのか、そこには議論の余地がある。政策としての有効性を今後も議論していく必要はあるが、現状の政策が多様な専門職を学校に配置していく方針を取っている以上、現場においては、教員同士だけでなく、教員以外の様々な専門職とも適宜協働を図っていく必要がある。そして、学校内での教職員同士のチーム対応、学校外との関係機関との連携も密にして、学校現場における判断力と支援計画作成力を高め、学校も子ども保護システムの一端としての役割をさらに担っていくことが望まれている（学校・教育委員会などの虐待対応に関する対応方法や実践例については、峯本 2010 参照）。

子ども保護と家庭への支援

子ども虐待に注意を向け子どもの安全を優先するあまり、虐待をするリスクのある家庭を監視して発見し、そこへの介入や親子分離を優先しようとする方向に議論が行きすぎると、結果として支援を必要としている子ども・家庭へ支援の手立てが講じられなくなる、という事態が起こり得る。

　子育てや家事への不安は、親になった誰しもが、多かれ少なかれ感ずるものである。雇用の不安定やその他の困難を家庭の中で抱え、さらに相談できる人が周囲に少なく孤立しがちな状況であればあるほど、その不安はさらに増すだろう。子育てをしている人々に、相談先や助言相手、その他何らかのサポートが自然につながっていく回路が社会の中にできてさえいれば、子育てへの不安は少なくなり、ストレスも解消されやすくなるだろう。

　子どもの安全を守ることが重要であることはいうまでもない。しかし、最も根本に置く必要があるのは、子育ての困難を社会全体でどのようにカバーしていくか、という視点である。子ども保護の対象を「虐待を受けている子ども」と狭く捉えて、その範囲を限定して線引きをし、そこへの手段のみを講じることは、かえって家庭を孤立させ、対応する機関も虐待を予防するような働きかけを全くなしえなくさせてしまう。対象を広く「支援を必要としている子ども・家族」と捉えて、その支援策を前提として手段を講じていくことで、初めて狭い意味での介入と保護も有効に機能するといえる。

〈考えてみよう〉
1. 教育行政に加えて児童福祉行政、少年司法の活動の根拠となっている法律を整理するとともに、それらの法律に基づいた活動の重なりや隔たりについて考えてみよう。
2. また、教育行政とそれ以外の子どもに関連した行政との連携を深めるために、教育行政関係者や学校関係者にはどのような知識や行動が求められるか考えてみよう。

【引用・参考文献】

朝日新聞（2016）「『子ども食堂』全国に 300 カ所　開設急増、半数が無料」朝日新聞デジタル 2016 年 7 月 1 日

阿部彩（2009）「データでみる現代日本の子どもの貧困」子どもの貧困白書編集委員会編『子どもの貧困白書』明石書店

阿部彩（2014）『子どもの貧困Ⅱ─解決策を考える』岩波書店

NPO 法人全国こども食堂支援センター・むすびえ公式ホームページ「『地域みんなの食堂』となった『こども食堂』　コロナ禍でも増え続け、6,000 箇所を超える」（https://musubie.org/news/4524/）

OECD 編著（2011）『OECD 保育白書　人生の始まりこそ力強く─乳幼児期の教育とケア（ECEC）の国際比較』明石書店

亀谷和史・宍戸健夫・丹羽孝編（2006）『現代保育論』かもがわ出版

鳶咲子（2009）「子どもの貧困と就学援助制度─国庫補助制度廃止で顕在化した自治体間格差」参議院調査室『経済のプリズム』第 65 号

警察庁（2007）「研修教材　少年警察ボランティアについて」

警察庁（2021）「令和 2 年中における少年の補導及び保護の概況」

厚生労働省（2012）「平成 24 年 放課後児童健全育成事業（放課後児童クラブ）の実施状況（5 月 1 日現在）」（厚生労働省ホームページ）

厚生労働省ホームページ「令和 2 年度児童虐待相談対応件数」

厚生労働省ホームページ「生活困窮者自立支援法等に基づく各事業の令和元年度事業実績調査集計結果」

厚生労働省雇用均等・児童家庭局（2007）「放課後児童クラブガイドライン」

厚生労働省雇用均等・児童家庭局（2009）『放課後児童クラブ実践事例集─子どもたちの心豊かな育ちを求めて』

厚生労働省ホームページ「児童館について」

子どもの貧困白書編集委員会編（2009）『子どもの貧困白書』明石書店

小林美智子（2007）「子どもをケアし親を支援する社会の構築に向けて」小林美智子・松本伊朗朗編著『子ども虐待　介入と支援のはざまで─「ケアする社会」の構築に向けて』明石書店

近藤充夫（2007）「遊びを通じた健康・体力増進指導（児童センターの役割）」『児童館 理論と実践』財団法人児童健全育成推進財団

逆井直紀（2011）「幼稚園の現状と課題」全国保育団体連絡会・保育研究所『保育白書』ひとなる書房

杉山隆一・田村和之編著（2009）『保育所運営と法・制度─その解説と活用』新日本出版社

全国学校事務職員制度研究会編、「なくそう！　子どもの貧困」全国ネットワーク編集（2012）『元気がでる就学援助の本─子どもの学びを支えるセーフティネット』かもがわ出版

全国保育団体連絡会・保育研究所編（2016）『保育白書』ひとなる書房

全国保育問題研究協議会編集委員会（2016）『季刊保育問題研究』第 280 号

全国民間保育園経営研究懇話会（2016）『経営懇』第 13 号

高津圭一（2009）「就学援助制度の実態と課題」藤本典裕・全国学校事務職員制度研究会編『学校から見える子どもの貧困』大月書店

棚村政行（2012）『子どもと法』日本加除出版

中央法規出版編集部（2016）『改正児童福祉法・児童虐待防止法のポイント（平成 29 年 4 月完全施行）―新旧対照表・改正後条文』中央法規出版

内閣府（2011）『子ども・子育て白書』勝美印刷

内閣府ホームページ「令和 2 年版　少子化社会対策白書」

内閣府・文部科学省・厚生労働省（2016）『幼保連携型認定こども園―教育・保育要領解説』フレーベル館

中嶋哲彦（2016）「子どもの貧困対策法とは？」「なくそう！　子どもの貧困」全国ネットワーク編『子どもの貧困ハンドブック』かもがわ出版

中山徹・大阪保育運動連絡会編（2011）『これならできる待機児童解消―「新システム」じゃムリ！』かもがわ出版

橋本宏子（2006）『戦後保育所づくり運動史―「ポストの数ほど保育所を」の時代』ひとなる書房

藤本典裕・全国学校事務職員制度研究会編（2009）『学校から見える子どもの貧困』大月書店

保育研究所（2015）『子ども・子育て支援新制度―活用・改善ハンドブック』ちいさいなかま社

保育研究所（2017）『月刊保育情報』No. 486

松本伊智朗（2016）「私たちの社会は、どんな社会？」「なくそう！　子どもの貧困」全国ネットワーク編『子どもの貧困ハンドブック』かもがわ出版

峯本耕治（2007）「介入・支援と連携―子どもの成長と発達を保障するために」小林美智子・松本伊智朗編著『子ども虐待　介入と支援のはざまで―「ケアする社会」の構築に向けて』明石書店

峯本耕治（2010）「学校教育から見る子ども虐待と貧困」松本伊智朗編著『子ども虐待と貧困―「忘れられた子ども」のいない社会を目指して』明石書店

日本保育学会編（2016）『保育を支えるしくみ』（保育学講座 2）東京大学出版会

文部科学省（2015）「チームとしての学校の在り方と今後の改善方策について」中央教育審議会答申

文部科学省（2021）「令和 2 年度就学援助実施状況等調査」「就学援助制度について（就学援助ポータルサイト）」

文部科学省ホームページ「地域未来塾の概要」

文部科学省・厚生労働省放課後子どもプラン連携推進室ホームページ「放課後子供教室について」

第12章

進路を拓く若者支援と学校の取り組み

〈本章のポイント〉

　日本では、高度経済成長以降、産業構造の転換やグローバル化の進展により、雇用のあり方は大きな変化を遂げてきた。そして雇用のあり方の変化と不安定化の問題は、若者の進路に大きな影響を与えることとなった。この章では、高校中退や、フリーター、ニートそして社会的ひきこもりの状態にある若者に対する支援がどのように展開してきたのかに着目しながら、それら支援の特徴と課題について見ていきたい。

第1節　学校から仕事への移行

1. 学校から仕事への移行過程の変容

　わが国では、第二次世界大戦の敗戦後、朝鮮戦争による特需を経て、いわゆる高度経済成長期が到来することとなる。高度経済成長に伴う企業活動の活発化は都市部における労働力不足を深刻なものとし、農村部から都市部へと労働人口の移動が急速に進んでいった。

　この時期に多くの企業では離職率の低下を目的として、終身雇用、年功序列、企業別労働組合に代表される日本型の雇用システムが採用されていった。さらには学校の卒業と同時に新入社員を採用する新卒一括採用や、採用後に職場で経験を積ませる OJT（On the Job Training）も、日本企業における雇用労働システムを特徴づけるものとなっていった。戦後、こうした日本型雇用システムは企業と労働者側の双方にとってメリットのある制度として広く普

及していく。

　また、この日本型雇用システムが確立していく中で学校が果たした役割も大きかった。学校は進路指導の名のもとで就職斡旋の機能を発揮し、数多くの卒業生を次々に企業へと送り出していった。だが、このような学校と雇用とが直結した間断のない採用システムの確立により、学校というレールから一度離脱すること——中卒、高校中退、不登校の状態にあること——の困難は、いっそう深刻さを増すこととなった。

2.　経済・雇用環境の変化と非正規雇用の増大

産業構造の転換と非正規雇用の増大　オイルショックにより高度経済成長が終わりを告げ、その後の1980年代以降は、アメリカ合衆国との間に生じた貿易摩擦の進展、円高の進行、新興工業国の躍進、貿易のグローバル化の進行などによって、わが国の産業構造の転換が大きく進行していく。特に、円高の進行の結果、国内の多くのモノづくり企業が比較的安価な労働力を得られる中国や東南アジア諸国に工場を相次いで移転させる動きを見せるようになる。産業の空洞化とも呼ばれるこの動きは、国内製造業に従事する雇用者数の減少を招くとともに、学校卒業後の採用の間口を縮小させていくこととなった。

　以上のような国内外の変化に伴い、日本型の雇用システムは転換を余儀なくされる。そしてこの転換に大きな影響を与えたのが、1995年に当時の日経連によって公表された『新時代の「日本的経営」』であった。「雇用・就業形態の多様化と今後の雇用システムの方向性」を唱えたこの文書が公表された90年代後半以降、国内の雇用形態の多様化・非正規化が急速に進行し、派遣労働者や契約社員などが増加していく。

若者の非正規雇用と失業　日本型雇用システムの変容に加え、バブル経済崩壊以降の「失われた10年」とも表現された日本経済の長期停滞は企業の新規採用の手控えを招き、結果として若者の失業問題を深刻化させる一因ともなった。特に、1990年代半ばから2000年代中盤の就職活動は困難を極め、この時期は後に就職氷河期と呼ばれることとなる。

　その後、人口減少に伴う人手不足の影響などもあり、2021 年の失業率は全年齢平均が 2.8％、15 歳から 24 歳の年代では 4.6％と、2000 年代中盤の数値に比べると改善の兆しを見せている。しかしながら、若者の失業率が他の年代と比べると高い傾向にある点は依然として変わっていない。

　さらに近年では、多くの職種で契約職員や派遣職員が導入されており、役員を除く正規・非正規職員の合計に占める非正規職員の割合は 36.7％（2021 年平均）と 4 割に迫る値で高止まりしており、雇用の不安定化や流動化が進行している（総務省統計局 2022）。

第 2 節　高校中退と学校の取り組み

1.　高校中退をめぐる動向

| 高校中退者の数と中退理由　以上のように学校から仕事へ移行するケースの中でも、特に不安定な状況に陥る確率が高くなるのが中卒あるいは高校を中退した若者たちである。

　文部科学省の統計によると、高校中退者数はピーク時の 1990 年には 12 万3529 人であったのに対し、2020 年度は 3 万 4865 人と年々減少傾向にある。また、高校在籍者に占める中途退学者の割合についても、1982 年以降は 1.9～2.6％の間で推移してきたが 2009 年以降は低下傾向に転じ、2020 年は 1.1％と1982 年以降で最も低い水準となった（文部科学省 2021）。

　一見すると、この 2％にも満たない中退率は小さい数値のように感じられるかもしれないが、入学者が 3 年あるいは 4 年後に高校を卒業した割合を示す「卒業率」で見ると、その見え方は大きく変わってくる。たとえば東京都の場合 2011 年の中退率は 1.6％だが、2008 年 4 月の全入学生徒数（全日制）4万 66 人のうち卒業以前に中途退学した生徒数は 2212 人なので、未卒業率で見ると 5.5％となる[1]（東京都教育委員会 2013）。

1　なお、都立の定時制高校の未卒業率は 38.9％（東京都教育委員会 2013）と全日制と比べ顕著に高い数字となっている。

　そもそも、なぜ彼らや彼女らは中途退学を選択したのだろうか。文部科学省の調査（文部科学省 2012）によると、国公私立高校の中退理由として最も多いのが学校生活・学業不適応の38.8％、次いで進路変更の34.1％となっている。また過去2年以内に高校を中退した若者を対象に実施された追跡調査（内閣府 2011）によると、高校を辞めた主な理由のうち、「欠席や欠時がたまって卒業できそうになかった」が最も多い54.9％、次いで「校則など校風が合わなかったため」が52.0％、「勉強が分からなかった」が48.6％、「人間関係がうまくいかなかった」が46.3％と続いている。

　さらに、中退の理由として経済的な問題も見逃すことはできない。文部科学省の調査（文部科学省 2012）によると、中退の理由として経済的理由をあげている者は1.8％であるのに対して、内閣府による追跡調査（内閣府 2011）によると、16.0％の者が「経済的な余裕がなかった」ことを中退の理由として回答している。この2つの調査結果には10倍近くの数値の開きがあるが、これは内閣府の選択肢が複数回答であるのに対して、文部科学省の調査は単数回答であることに起因するためであり、複数回答を採用している内閣府の調査結果の方がより実態に近い数値を示していると考えられる。

　このほか、家庭内の暴力や放任、生徒自身の低学力や発達障害、在学中の妊娠といった困難など、公的機関による統計調査では捉えきれない理由によって高校を中退していくケースがあることも指摘されている（青砥 2009）。

┃ 高校中退後の進路　　中退を選んだ若者は、その後どのような道を歩むのであろうか。先ほどの調査（内閣府 2011）によると、高校を辞めた後の進路決定時に最も困ることとしては、「適切な情報を得る方法が分からない」「地元に仕事がない」「仕事をしていく自信がない」といった項目が上位に並んでいる。また、将来に対しては、「正社員になりたい」と回答する若者が35.9％を占め、続いて「大学進学」を希望する者が12.9％となっている。その一方で、将来に対して「やや不安がある」「大変不安」と答える若者が合計で69.5％となっていて、「不安はない」「あまり不安はない」を合計した29.8％を大きく上回っている。このことから、中退を経験した多くの若者は、将来を楽観視しているわけではなく、将来に不安を抱きつ

つ、その不安を解消してくれるような情報を提供してくれる場や、働ける場を求めていることが分かる。

　中退者の追跡調査（内閣府 2011）によると、中退後に教育機関に在学していると回答した者の割合は 30.8％となっている。具体的な進路は、全日制・定時制高校（在学者のうち 33.1％）や通信制高校（同 49.7％）への再入学であり、特に通信制高校への進学ニーズが高いことが示されている。また、専門学校（同 5.8％）に進学したり、高卒資格を取得した上で大学（同 10.8％）へと進むケースもある。

　およそ 3 割の者が中退後 2 年以内に再び教育機関へ通う道を選択する一方、56.2％の者が仕事に就く道を選択している（内閣府 2011）。しかしながら、高校中退者は非正規雇用など不安定な就業を余儀なくされるケースも多い。ある調査（労働政策研究・研修機構 2009）によると、学歴と雇用形態との関係を見た場合、中卒、高卒、大卒（高校等の中退者を含む）の順でフリーターになる率が高いことが明らかにされており、学歴が卒業後の雇用形態に少なからず影響していることが分かる。

2.　中退予防のための取り組み

学校教育に対する経済的支援　先ほど触れたように、中退の背景には経済的な問題、すなわち家庭の貧困の問題も存在しており、それゆえ中退防止のためには家庭への経済的な支援を行うことが重要である。そこで、経済的な支援を必要とする家庭に対しては、各都道府県で奨学金制度が用意されている。たとえば北海道では高校生の希望により、「人物・学力・健康・家計を総合的に審査」（北海道教育委員会ホームページより）した上で、規定の額の奨学金が給付される。また、奨学金制度以外にも、準要保護世帯に学用品などの費用の全部または一部を補助する就学援助制度も存在している（就学援助の詳細については第 11 章参照）。

　このほか、2009 年の民主党政権下では高校授業料無償化が実施され、高校生のいる全世帯を対象にした経済的支援のしくみが整備されることとなった。だが、2012 年に政権が自民・公明党へと交代してからは、所得制限の条件が

設けられるなど高校無償化政策の一部が変更された。

中退防止のために求められる学校の取り組み

不本意な高校中退を予防するためには、経済的な支援に加えて、学校教育のあり方や教育内容の充実と改善を図ることが肝要である。そのための具体的な取り組みとしては、大きく分けて3つの方策があると考えられる。

その1つ目は、高校中退の原因を生徒の学習ニーズと高校教育との間のミスマッチにあると考え、多様な高校をつくるとともに柔軟な対応を図り、生徒たちの高校進学の際の選択肢を広げることで高校中退を減少させようという方策である。たとえば東京都教育委員会は、2002年に「都立高校改革推進計画　新たな実施計画」(東京都教育委員会2013)を策定し、「生徒一人一人の多様性に対応した弾力的な教育改革を実施」するために、総合学科高校やチャレンジスクール、エンカレッジスクール、さらには新たなタイプの昼夜間定時制高校などの多様な高校を設置して中退の防止に向けた対応を行ってきた。

しかしながら、学校の種類を増やして生徒の選択肢を広げるだけでは中退に関わる問題を根本的に解決することは難しい。それゆえ、中退防止に向けた方策の2つ目として、授業の内容をより分かりやすいものに改善していくとともに、将来を見据えた進路指導の充実を図ることが求められてくる。たとえば、長野県教育委員会は、『中退防止に向けて──いま、学校ができること』(生徒指導総合対策委員会ほか2008)の中で、新入生の人間関係づくり、生徒の学習意欲と基礎学力を高める授業改善、学校の居場所づくり、発達障害の生徒への支援、校内の意識改革と研修を伴う相談体制と指導体制の見直しなど、9つの項目を中退の減少に向けた取り組みとして具体的に例示している。

また、神奈川県にある田奈高校では生徒を支援する視点に立ち、情報交換に基づく生徒対応、規律と対話を重視する生徒指導、教育相談・学習支援体制、体験的なキャリア教育など様々な教育実践を充実・改善させた結果、2006年頃までは7〜8%台で推移してきた中退率を、2009年には3.0%まで低下させるなどの成果が得られた(吉田2010)。

そして、中退防止のために考えられる3つ目の方策としては、学校内外における組織的な連携の強化を図ることがあげられる。たとえば、先に紹介し

た田奈高校は、教育相談コーディネーターやスクールカウンセラー、養護教諭、生徒指導担当者が週に1回コアミーティングを開催することにより学校内部で情報を共有しているほか、外部機関の児童相談所、保健所、精神科医、中学校、警察署などと連携しながら問題の解決に当たっている。中退防止には、学校の内部と外部の担当者がチームを組みながら情報と目標を共有し、生徒の困難に向き合いながら解決に当たることが求められる。

━━━━━━━━━ **コラム：高校内居場所カフェ** ━━━━━━━●

　最初の高校内居場所カフェが大阪府立西成高校で生まれたのは 2012 年である。これを始めたのは、大阪でひきこもりなどの若者支援をしていた NPO のスタッフであった。ひきこもりの若者たちには高校中退者が多く含まれており、高校中退を防ぐことが重要だと考えて高校への支援を始めたのである。

　今、社会格差や貧困の拡大により、家計が厳しい家庭に暮らす子どもも多い。近年では様々な NPO や団体が高校に入り、就職支援などを行うようになっている。しかし、進路相談に乗ろうと待っていても、生徒たちが進んで相談室に来るわけではない。改まって相談室に行くことを好まない生徒が多く、また自分がどんな問題状況にあるか、相談しなければならない状態に置かれているのかどうかが自分でも分かっていない場合も多い。

　そこで考え出されたのが、学校内で生徒との関係づくりから始める「交流相談」という手法である。誰もが自由に出入りできるオープンな場所で、相談員は生徒と何気ない日常会話を通して人間関係を育み、その信頼関係を通じて相談に乗り、必要があればサポートに結びつけていく。

　西成高校の居場所カフェは空き教室を利用しているが、神奈川県立田奈高校は図書室を使い、また札幌市立札幌大通高校は市民交流スペースを利用するなど、学校によって様々であるが、自由に出入りできること、飲み物やお菓子などが出され、くつろげる場であることは共通している。ただお茶を飲みに来るだけでもよく、友だちや NPO スタッフなどと他愛ない会話を楽しんだり、ゲームなどで遊んだり、教科書や参考書をもって勉強してもいい。カフェによっては七夕祭りなど、イベントを催すこともある。

　重要なことは、高校内居場所カフェは文字通り高校内にあるが、学校から相対的に自律した場だという点である。運営する NPO のスタッフによると、それは学校とも家庭とも違うサードプレイスなのだという。そういう場だから、生徒たちは安心して自分を表出することができ、スタッフはそこから生徒の気持ちや悩み、置かれている状況を知ることができる。

　　ひきこもりと中退の予防のために生徒を社会資源につなぐという点では、高校内居場所カフェの活動はソーシャルワークといえるが、そこでなされている活動は会話であり、関係づくりを通して若者の声を引き出すことである（横井2020）。対話と関係づくりを通じて生徒たちの生き方の幅を広げる方法を探る実践、それが高校内居場所カフェである。

【引用・参考文献】

居場所カフェ立ち上げプロジェクト（2019）『学校に居場所カフェをつくろう！　生きづらさを抱える高校生への寄り添い型支援』明石書店
横井敏郎（2020）「高校内居場所カフェという実践」『教育』No.893

第 3 節　学校から仕事への移行に困難を抱える若者たち

フリーターと呼ばれる若者たち　次に、学校を卒業して仕事や社会へと移行していく若者たちが直面する困難に焦点を当ててみたい。その一例として、フリーターと呼ばれる若者たちの存在をあげることができる。

　一般に学校卒業後にアルバイトを続ける若者はフリーターと呼ばれることが多いが、そもそもフリーターとはフリー・アルバイターの略称としてバブル期につくり出された和製英語であり、フリーターについての厳密な定義は存在していなかった。

　しかしながら2018年時点では、国の定義として厚生労働省が以下のように定めている。「15〜34歳で、男性は卒業者、女性は卒業者で未婚の者のうち、以下の者の合計。1　雇用者のうち『パート・アルバイト』の者。2　失業者のうち探している仕事の形態が『パート・アルバイト』の者。3　非労働力人口で、家事も通学もしていない『その他』の者のうち、就業内定しておらず、希望する仕事の形態が『パート・アルバイト』の者」。この定義に従うなら、2018年のデータ（厚生労働省 2019）では全国で143万人がフリーターの状態にある。

無業状態の若者たち　また、仕事をしているフリーターとは別に、仕事をもたないニート（若年無業者）と呼ばれる若者たちの存在も話題にあがることがある。このニートの語源となった NEET (Not in Education, Employment or Training) は、もともとは英国において、重点的な就労支援が必要となる「教育も職業訓練も受けず就労していない」14 歳から 19 歳の若者たちを把握するために政府が用いてきた言葉であった。

　一方、わが国においても厚生労働省の統計資料（厚生労働省 2005）などで「15〜34 歳の非労働力人口のうち、通学、家事を行っていない」若年無業者が 60 万人余り存在していることが取り上げられて以降は、国内でもその存在が徐々に認知され始め、無業の状態にある若者たちの実態の把握と支援の必要性が認識されるようになった。

ひきこもりの若者たち　さらには、社会との接点をもたず自宅や自室に長期間ひきこもる若者も存在している。厚生労働省が 2010 年に公表した「ひきこもりの評価・支援に関するガイドライン」によると、ひきこもりの定義は「様々な要因の結果として社会的参加（義務教育を含む就学、非常勤職を含む就労、家庭外での交遊など）を回避し、原則的には 6 カ月以上にわたって概ね家庭にとどまり続けている状態（他者と交わらない形での外出をしていてもよい）を指す現象概念」とされている。

　社会との接点が少ないため、ひきこもり状態にある若者がどれくらいいるのかを正確に示すデータを得ることは難しい。しかしながら、ひきこもりに関する実態調査によると、「過去にひきこもりを経験したことがある」と答えた者が約 1.1％おり、「現在もひきこもり状態にある」と答えた世帯が 0.56％いたことから、全国でおよそ 26 万世帯にひきこもりの状態にある者が居住していると推計されている（川上ほか 2006、あるいは内閣府 2015）。

働かない若者か、働けない若者か　ところで、これらフリーターや若年無業の状態にある若者たちは、自らの意思でこのような状態になることを望み選択したのであろうか。たとえばフリーターについては、自分の希望するライフスタイルを追求した結果、あえて正社員とならず不安定な雇用の道を選択した若者であるかのような、バブル

期につくられたフリーター像が現在も根強く残っている。また、若年無業者
についても、ある若者が発した「働いたら負け」といった言葉がマスコミや
ネット上でセンセーショナルに取り上げられるなど、働くことを積極的に拒
む若者たちが大半を占めているかのようなイメージで語られることもある。

　しかしながら、フリーターや無業状態にある若者たちが増加する要因が、
あたかも本人たちの「希望」や「やる気」の問題にあるかのように考えるの
は、事実を正確に捉えきれていない。たとえば、若者の働き方に関するある
調査に示されているように、フリーター状態にある若者のうちの 7 割以上が
正社員になることを希望しており、その多くは非正規労働者として働くこと
を強く望んでいるわけではない（労働政策研究・研修機構 2012）。

　また、「平成 27 年版子ども・若者白書」（内閣府 2015）によると、若年無業
者が求職をしない理由としてあげた回答のうち「病気・けがのため」とする
ものが最も多く、その他「学校以外で進学や資格取得に向けた勉強をしてい
るため」とする回答も一定数あり、働かないというよりも働けない要因によ
るものが多くを占めている。これら各種の調査に示されているように、フリ
ーターや若年無業者の増減は、経済状況や企業の採用行動あるいは本人の健
康状態に起因する面が大きいことを理解しておかなければならない。

雇用形態による経済的格差の拡大と雇用環境の悪化

　また、雇用形態による経済的な格差、すなわち非正規雇用と正規雇用との間に生
じている賃金の格差も顕著である。男性の場合、正規雇用にある者の生涯賃
金の平均は 2 億円を超えるのに対して、非正規の場合は 1 億 5000 万円に、パー
トは 1 億円にそれぞれ届かないなど、雇用形態による収入の格差が激しい
（内閣府 2009）。さらに、「ワーキング・プア（働く貧困層）」と呼ばれる低水準の
賃金体系の中での労働者の存在が、社会問題として取り上げられることもあ
った。こうした経済的な格差の拡大に歯止めをかけるために、ILO（国際労働
機関）憲章の前文に掲げられている「同一価値の労働に対する同一報酬の原
則（同一労働同一賃金）」の徹底を求める声もある。

　ところで、正規雇用労働者として働く若者たちは、非正規労働者よりも恵
まれた環境にあるといえるのであろうか。たしかに一見すると、正規雇用の

職を得た若者は定年まで勤めることができ、長期的に給与の上昇も見込める
など、恵まれた職場環境に置かれているかのようにも思える。

　しかしながら近年は人件費や社内教育費の削減が進み、企業による人材育
成の余裕が失われつつある。また、近年ではICTや外国語に関する知識や技
能を使いこなす必要性が高まるなど、即戦力の名のもとで若手の正規雇用労
働者に求められる力量と負担が高まりを見せている。実際、国の統計による
と週60時間以上働く20代や30代の正社員たちが20%近くいるなど（総務省
統計局 2008）、若手の労働者の長時間勤務が深刻な状況にある。

　さらに近年では、法令に定められている労働基準を守ろうとせず、違法な
残業や業務を従業員に課して社員を使い捨てにする風潮のあるブラック企業
の存在が問題視されるようになってきた。ブラック企業という言葉の誕生に
象徴されるように、雇用環境の不安定化は、非正規雇用の若者に限らず正規
雇用の若者にも幅広く及んでいるのである。

第4節　若者支援政策の展開と行政組織間の連携に向けた取り組み

政府による若者自立支援政策の展開

　これまで見たように1990年代以降
の若者を取り巻く雇用環境がより困
難さを増したこともあり、若者の就労に対しては様々な公的機関による支援
が求められるようになった。国の政策として若者の就労支援が本格化してき
たのは、「若者自立・挑戦プラン」の策定以降のことである。このプランは、
2003年の小泉政権時に、「若者の職業能力の蓄積がなされず、中長期的な競
争力・生産性の低下といった経済基盤の崩壊や、社会不安の増大等、深刻な
社会問題を惹起しかね」ないという認識に基づき、文部科学省、厚生労働省、
経済産業省、内閣府の1府3省にまたがって策定された。

　このプランの策定を受けて、2004年に経済産業省が主導してフリーター対
策施設としての「ジョブカフェ」が都道府県に設置されたほか、厚生労働省
は若者向けのハローワークを設置することで職業安定システムの構築が図ら
れていった。

　その後は、第一次安倍政権（2006〜2007年）下で「再チャレンジ支援総合プラン」が打ち出され、雇用の安定化と就業者の増加を目指した施策が打ち出されていく。具体的には、フリーターを減少させるとともに、女性や障害者、高齢者の労働力人口を増加させることが提唱され、雇用対策法、パートタイム労働法、学校教育法、労働契約法の見直しが図られてきた。

**｜地域若者サポート
　ステーションの設置**　以上のように2000年以降本格的に展開されてきた若者就労支援であるが、その一方で課題も多かった。その1つに、省庁の縦割りシステムによる施策や事業の重複と分断の存在があげられる。これまで見たように、困難あるいは不安定な状態にある若者を支援するためには、単独の省庁──雇用、教育、福祉、医療・保健など特定の行政領域──だけでは対応しきれないケースも多い。それゆえ、若者支援行政については、各省庁間の連携や調整が不可欠なものとなる。

　そこで、組織・施設間の分断や重複の問題を克服し、より効果的で効率的な支援を提供する必要性が叫ばれ、2006年には厚生労働省が主導する「地域における若者自立支援ネットワーク整備モデル事業」がスタートした。同事業の開始によって、「若者の置かれた状況に応じた専門的な相談を行うとともに、地域の若者支援機関のネットワークの中核として各機関のサービスが効果的に受けられるようにすることにより、ニート等の自立を支援する」ことを目的とした地域若者サポートステーションが全国各地に設置された。

　地域若者サポートステーションはサテライトも含めると2017年時点で全国に約170カ所を超える地域に設置されており、雇用、教育、福祉、NPOなどの民間団体とのネットワークを構築しながら、就労に関する相談業務や、訪問支援事業（アウトリーチ）活動を行い、若者の就労支援や社会参加に向けた支援を担う中核的な組織となっている。

**｜子ども・若者育成支援推進法と
　子ども・若者支援地域協議会**　また、2009年にはニート・ひきこもりなどの困難を抱える青少年の支援と対策を目的とした「子ども・若者育成支援推進法」が成立し、地方自治体レベルで公的な関連組織が連携して若者支援に当たる体制がつくられてきた。子ども・若者育成支援推進法には、地方自治体レベルにおいて、「教育、福祉、

保健、医療、矯正、更生保護、雇用その他の子ども・若者育成支援に関連する分野の事務に従事するもの」を関係機関とする「子ども・若者支援地域協議会」の設置に努めることが定められている。この、子ども・若者支援地域協議会の設置によって、地方レベルで若者支援に関わる様々な行政機関や民間団体同士が情報や目標を共有するとともに、それぞれの地域で若者支援のためのネットワークの整備が進められてきた。

若者たちの仕事への移行に向けて学校が果たす役割　最後に、進路を拓くための若者支援に関わって学校が果たす役割について、具体的な事例をもとに改めて考えてみたい。

　札幌市立の昼間定時制高校であった札幌星園高等学校（2010 年に札幌市立定時制高校の再編統合により閉校）は、進路探求学習を土台としながら「自立した札幌市民」を育成することを最終的な教育目標としたキャリア教育を展開し、教育課程の中に職場体験など多くのキャリア教育を取り入れてきた。同校の特徴的な取り組みの 1 つに、外部組織と連携したキャリア支援のしくみがある。若者の活動支援団体や人材派遣会社などの外部機関の職員らが定期的に高校を訪問して生徒と面談を重ねる機会をつくることで、生徒たちは仕事や社会といった学校の外の世界に対する意識を広げていった。その結果、それまでアルバイトや家事手伝い、さらには進路未定者が多数を占めていた卒業後の進路の実績は大きく改善し、2004 年度には就職希望者の就職率 100％を達成するに至った。こうした札幌星園高校の取り組みの多くは、同校を含む札幌市内にあった 4 つの定時制高校の統合によって誕生した札幌大通高校にも引き継がれることとなる。現在も地域若者サポートステーションなどの外部機関の職員による定期的なキャリア支援活動が大通高校内で積極的に展開されている（宮浦 2007 ならびに平野 2010）。

　以上の取り組みから、生徒たちの仕事や社会という学校の外の世界への移行をより円滑なものとしていくためには、キャリア教育活動をはじめとする学校内での教育活動の充実はもちろん、学校と外部機関との連携を深めていくことがきわめて重要であることを、私たちは学ぶことができるのである。

〈考えてみよう〉
1. この章で取り上げた各種の若者の雇用に関するデータと、自分や同世代の進学や就職時の進路の状況を比較し、両者間の共通点と相違点を考えてみよう。
2. 若者たちを支援するためのネットワークを構築するために、教育・学校関係者にはどのような知識やスキルが求められるかを考えてみよう。

【引用・参考文献】
青砥恭 (2009)『ドキュメント高校中退—いま、貧困がうまれる場所』筑摩書房
川上憲人・大野裕・竹島正ほか (2006)「こころの健康についての疫学調査に関する研究」国立精神・神経センター精神保健研究所
厚生労働省 (2005)「平成 17 年版　労働経済の分析—人口減少社会における労働政策の課題」『旬刊労働実務』第 1471 号
厚生労働省編 (2012)「厚生労働白書　平成 24 年版」
厚生労働省ホームページ「若年者雇用対策の現状等について」(今後の若年者雇用に関する研究会第一回 2019.9.20 資料)(https://www.mhlw.go.jp/content/11801000/000548637.pdf)
生徒指導総合対策委員会・長野県教育委員会 (2008)『中退防止に向けて—いま、学校ができること』
総務省統計局 (2008)「平成 19 年就業構造基本調査　結果の概要（速報）」
総務省統計局 (2022)「労働力調査（基本集計）2022 年（令和 4 年）4 月分結果」
東京都教育委員会 (2013)『「都立高校中途退学者等追跡調査」報告書』
内閣府 (2009)「年次経済財政報告」
内閣府 (2011)「若者の意識に関する調査（高等学校中途退学者の意識に関する調査）報告書」
内閣府 (2015)「平成 27 年版子ども・若者白書」
平野淳也 (2010)「札幌市立札幌大通高等学校の取り組み」（内閣府ホームページ）
宮浦俊明 (2007)「〈実践レポート〉札幌星園高等学校の進路探求学習・キャリア教育実践」『公教育システム研究』第 6 号、北海道大学教育行政学研究室
文部科学省 (2021)「令和 2 年度児童生徒の問題行動・不登校等生徒指導上の諸課題に関する調査結果について」
吉田美穂 (2010)「神奈川県立田奈高等学校の取り組み」（内閣府ホームページ）
労働政策研究・研修機構編 (2009)『若年者の就業状況・キャリア・職業能力開発の現状—平成 19 年版「就業構造基本調査」特別集計より』資料シリーズ No.61
労働政策研究・研修機構編 (2012)『大都市の若者の就業行動と意識の展開—「第 3 回若者のワークスタイル調査」から』労働政策研究報告書 No.148
若者自立・挑戦戦略会議 (2006)「若者の自立・挑戦のためのアクションプラン」

資料・年表

各国の学校体系図

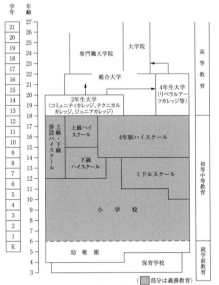

出典：文部科学省編『諸外国の教育動向2018年版』明石書店、2019年（以下、図表7以外同じ）。

（■部分は義務教育）

図表1　アメリカ合衆国の学校体系図

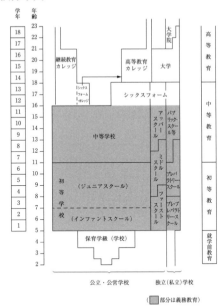

（■部分は義務教育）

図表2　イギリス（連合王国）の学校体系図

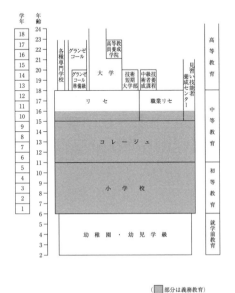

（■部分は義務教育）

図表3　フランスの学校体系図

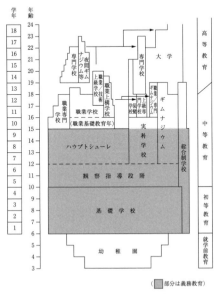

（■部分は義務教育）

図表4　ドイツの学校体系図

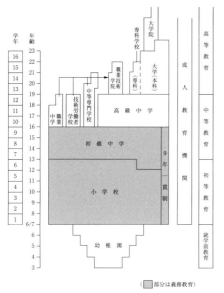

（　部分は義務教育）

図表 5　中国の学校体系図

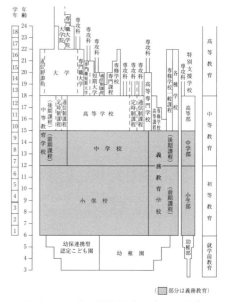

（　部分は義務教育）

図表 6　韓国の学校体系図

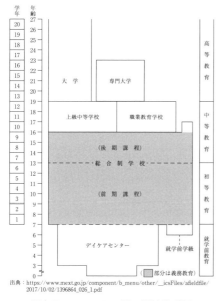

出典：https://www.mext.go.jp/component/b_menu/other/__icsFiles/afieldfile/
2017/10/02/1396864_026_1.pdf

図表 7　フィンランドの学校体系図

（　部分は義務教育）

図表 8　日本の学校体系図（2018 年）

戦後教育行政関連年表

西暦	教 育 事 項
1945	8.15 ポツダム宣言受諾、9.15 文部省「新日本建設ノ教育方針」発表、10.22～12.31GHQ 四大教育改革指令
1946	3.5 第一次米国教育使節団来日（3.31 報告書）、8.10 第一次吉田内閣「教育刷新委員会」設置、11.3 日本国憲法公布（47.5.3 施行）、12.11 文部・農林・厚生三省事務次官通達「学校給食実施の普及奨励について」
1947	3.20 文部省「学習指導要領一般編試案」発行、3.31 教育基本法制定・施行、学校教育法制定・施行、4.1 六・三制発足、5.23 学校教育法施行規則制定、6.8 日本教職員組合結成、12.12 児童福祉法公布（48.1.1 施行）
1948	1.27 高等学校設置基準制定、4.1 新制高等学校発足、7.10 市町村立学校教職員給与負担法公布・施行、教科書の発行に関する臨時措置法公布、7.15 少年法制定（49.1.1 施行）、教育委員会法公布・施行（公選制教育委員会、56.6.30 廃止）、12.10 国連「世界人権宣言」採択
1949	1.12 教育公務員特例法公布、5.31 文部省設置法公布・施行（99.7.16 廃止）、教育職員免許法公布（9.1 施行）、6.1「教育刷新委員会」は「教育刷新審議会」と改称（52.6.12 廃止）、6.10 社会教育法公布、9.15 日本税制使節団「シャウプ勧告（第一次勧告）」公表（50.9.21 第二次勧告公表）、12.15 私立学校法公布（50.4.1 施行）
1950	4.1 生活保護法改正（教育費扶助実施）、4.30 図書館法公布、6.25 朝鮮戦争勃発、8.27 第二次米国教育使節団来訪（9.22 報告書）
1951	5.5 児童憲章制定、6.11 産業教育振興法公布、9.8 サンフランシスコ対日講和条約、日米安全保障条約調印、12.1 博物館法公布
1952	3.27 私立学校振興法公布、5.20 文部省設置法改正（6.6 中央教育審議会令制定）、8.8 義務教育費国庫負担法公布（国庫負担 1/2、54.4.1 施行）、11.1 市町村教育委員会全国一斉設置
1953	8.5 学校教育法改正（文部大臣に教科書検定権限）、8.8 学校図書館法公布（54.4.1 施行）、8.14 青年学級振興法制定（99.7.16 廃止）、8.27 公立学校施設費国庫負担法公布（58.4.1 公立学校施設災害復旧費国庫負担法に改称）、10.31 学校教育法施行令制定
1954	6.1 へき地教育振興法、盲学校、聾学校及び養護学校への就学奨励に関する法律公布、6.3 義務教育諸学校における教育の政治的中立の確保に関する臨時措置法、教育公務員特例法改正（教育二法）、学校給食法公布
1955	8.8 公立小学校不正常授業解消促進臨時措置法公布、8.13 日本民主党「うれうべき教科書の問題」発行、11.15 自由民主党設立、12.5 高等学校学習指導要領改訂（「試案」の文字が消える）
1956	3.30 就学困難な児童及び生徒に係る就学奨励についての国の援助に関する法律公布（4.1 施行）、6.30 地方教育行政の組織及び運営に関する法律（以下、地教行法）公布・施行（教育委員会法廃止、任命制教育委員会等）、9.28 文部省、初の全国学力調査実施（抽出方式）、10.1 任命制教育委員会発足
1957	5.20 盲学校、聾学校及び養護学校の幼稚園部及び高等学校における学校給食に関する法律、12.4 学校教育法施行規則改正（教頭職制化）
1958	4.10 学校保健安全法制定（6.1 施行、一部 10.1 施行）、4.25 義務教育諸学校等の施設費の国庫負担等に関する法律公布・施行（国庫負担 1/2）、5.1 公立義務教育諸学校の学級編制及び教職員定数の標準に関する法（以下、義務教育標準法）公布・施行（学級定員 59 年 50 人、64 年 45 人、80 年 40 人）、10.1 文部省告示「小中学校学習指導要領」（「試案」表記が消え「官報告示」へ、法的拘束力をもつ）

1959	11.20 国連総会「児童の権利に関する宣言」採択
1960	1.19 日米新安保条約調印、10.15 文部省告示「高等学校学習指導要領」、12.24 公立中学校校舎新築等経費についての国負担に関する臨時措置法公布（生徒急増に対応）
1961	4.1「小学校新学習要領」全面実施、6.17 学校教育法改正（高等専門学校設置）、11.6 公立高等学校設置、適正配置及び教職員定数の標準等に関する法律公布・施行
1962	1.26 文部省「高等学校生徒急増対策」決定（63.1.22 改定）、3.31 義務教育諸学校教科用図書無償に関する法律公布、4.1「中学校新学習指導要領」全面実施
1963	4.1「高等学校新学習指導要領」全面実施、8.23 学校教育法施行規則改正（公立高等学校入学者選抜試験実施規定）、12.21 義務教育諸学校の教科用図書の無償措置に関する法律（以下、教科書無償措置法）公布・施行（広域採択制度）
1964	3.16 学力テスト事件福岡地裁小倉支部判決（学テ実施違法）、6.19 学校教育法改正（短期大学の恒久化）
1965	3.31 国立養護教諭養成所設置法公布、5.28 日経連「後期中等教育に関する要望」（高校教育の多様化、職業教育を重視した中高一貫等）、6.12 家永教科書訴訟第一次起訴
1966	10.5 ユネスコ政府間特別会議「教員の地位に関する勧告」採択、10.31 中教審答申「後期中等教育の拡充整備について」、11.22 文部省、1967 年度から全国一斉学力調査中止を決定、12.16 国連総会「国際人権規約（社会権規約・自由権規約）」採択（79.6.21 批准）
1967	7.3 中教審答申「今後における学校教育の総合的な拡充整備について」、8.11 理科教育及び産業教育審議会答申「高校教育における職業教育の多様化について」
1968	6.15 文化庁設置、7.11 文部省告示「小学校学習指導要領」
1969	9.18 日経連「教育の基本問題に関する提言」、10.31 文部省通知「高等学校における政治的教養と政治的活動について」
1970	5.18 日本私学振興財団法公布、12.1 日教組「教育制度検討委員会」設置
1971	4.1 小学校教育課程全面改正、5.28 国立及び公立の義務教育諸学校等の教育職員の給与等に関する特別措置法公布（72.11 施行、教職調整額支給）、6.11 中教審答申「今後における学校教育の総合的拡充整備のための基本的施策について」（46 答申）、7.1 文部省「教育改革推進本部」設置
1972	4.1 中学校新教育課程全面実施
1973	8.4 文部省、就学猶予・免除児童に関する初調査実施、8.9 教育職員免許法施行規則改正（憲法必修を削除）
1974	6.1 学校教育法改正（教頭職法制化）、6.22 義務教育標準法等一部改正（学校栄養職員配置定数制定）
1975	7.11 学校教育法改正（専修学校制度創設）、私立学校振興助成法公布（76.4.1 施行）、12.26 学校教育法施行規則改正（学校主任制度化）
1976	5.21 旭川学力テスト事件判決、5.25 学校教育法施行規則改正（独立大学院制度等）
1977	5.2 大学入試センター発足、9.22 教科用図書検定規則全部改正（学習指導要領改訂対応）
1978	12.15 東京都中野区議会「中野区教育委員会候補者選定に関する区民投票条例」可決（教育委員準公選制）
1979	1.13～14 国公立大学共通一次学力試験第一回実施（1989 まで）、4.1 養護学校義務教育制実施

1980	11.25 文部省初等中等教育局長・社会教育局長通知「児童生徒の非行防止について」、12.24 自民党『いま教科書は：教育正常化への提言』発行
1981	2.12 東京都中野区、全国初教育委員準公選制実施（1993 年まで計 4 回実施、1995 廃止）
1982	6.24 青少年問題審議会答申「青年の非行等問題行動への対応について」、8.26 教科書検定結果について政府が見解発表、11.16 教科用図書検定調査審議会答申「歴史教科書の記述に関する検定の在り方について」
1983	4.1 放送大学設置、6.30 中教審答申「教科書の在り方について」、12.5 文部省初等中等教育局長通知「公立の小学校及び中学校における出席停止等の措置について」
1984	7.20 学校教育法施行規則改正（公立高校入試弾力化）、8.21 中曽根内閣「臨時教育審議会」設置（87.8.20 解散）
1985	6.26 臨教審「教育改革に関する第一次答申」、6.28 児童生徒の問題行動に関する検討会議「いじめの問題について」緊急提言、8.28 文部省初等中等教育局長通知「公立小・中・高等学校における特別活動の実施状況に関する調査について」（国旗・国歌の扱い）、12.6 日本体育・学校健康センター法公布
1986	3.19 家永教科書第一次起訴東京高裁判決（鈴木判決・家永全面敗訴）、4.23 臨教審「教育改革に関する第二次答申」、6.7 日本を守る国民会議編『新編日本史』（高校用教科書）検定合格
1987	4.1 臨教審「教育改革に関する第三次答申」、8.7 臨教審「教育改革に関する第四次答申」
1988	4.1 学校教育法施行規則改正（単位制高校発足、定時制課程・通信制課程に設置）、5.31 教育公務員特例法・地教行法改正（初任者研修制度化）、11.15 学校教育法改正（高校定時制・通信制の就業年限弾力化）12.28 教育職員免許法改正（特別非常勤講師制度創設）
1989	4.4 教科用図書検定規則全部改正（審査基準簡素化）、6.27 家永教科書第二次訴訟差戻控訴審東京高裁判決（丹野判決・却下）、11.20 国連総会「子どもの権利に関する条約」採択
1990	1.13〜14 大学入試センター試験第一回、1.18 伝習館高校事件最高裁判決
1992	9.12 学校週 5 日制開始（第二土曜日が休日）
1993	1.28 学校教育法施行規則改正（障害児の通級指導）、4.1 学校教育法施行規則改正（単位制高校、全日制課程にも設置可）
1994	4.1 高校総合学科導入、4.22「子どもの権利に関する条約」批准（5.22 発効）、6.10　特別ニーズ教育世界会議「サラマンカ宣言」採択、7.1 法務省「子どもの人権専門委員」設置
1995	3.13 文部省初等中等教育局長通知「いじめ問題の解決のために当面取るべき方策等について」、4.1 文部省スクールカウンセラー導入、学校週 5 日制月 2 回、4.19 経済同友会「学校から『合校』へ」（学校スリム化）
1996	7.26 文部省初等中等教育局長・生涯学習局長通知「いじめ問題に関する総合的な取り組みについて」、11.21 橋本内閣「行政改革会議」設置（98.6.30 廃止、中央省庁再編、内閣機能強化、政治主導の行政構造改革）
1997	1.27 文部省初等中等教育局長通知「通学区域制度の弾力的運営について」、5.27 神戸児童殺傷事件発生、8.29 家永教科書裁判第三次訴訟最高裁判決（大野判決・家永一部勝訴）
1998	7.29 教育課程審議会答申「幼稚園、小学校、中学校、高等学校、盲学校、聾学校及び養護学校の教育課程の基準の改善について」（授業時間数削減、教育内容精選、「総合的な学習の時間」創設等）、9.1 中教審答申「今後の地方教育行政の在り方について」、11.7 学校教育法施行規則改正（高校入試弾力化）

1999	4.1 中高一貫教育制度導入、7.16 地方分権の推進を図るための関係法律整備等に関する法律公布（00.4.1 施行、機関委任事務制度廃止、学校教育法・地方教育行政法等改正）、8.13 国旗及び国歌に関する法律公布（01.4.1 施行）、12.16 中教審答申「初等中等教育と高等教育の接続改善について」
2000	1.21 学校教育法施行規則改正（民間人校長、校長による職員会議主宰、学校評議員制度）、3.24 小渕内閣「教育改革国民会議」設置（01.4.2 廃止）、3.28 経団連「グローバル化時代の人材育成について」、12.6 少年法改正（刑事罰適用年齢を 16 歳から 14 歳に）
2001	1.6 文部科学省発足（文部省と科学技術庁が統合）、3.31 義務教育標準法改正（学級編制基準弾力化）、地教行法改正（指導力不足教員認定制度）、7.11 地教行法改正（公立校通学区域条文削除、02.11.11 施行）、12.12 子どもの読書活動の推進に関する法律制定・施行
2002	4.1 道徳副教材「心のノート」を小中学校に配布、5.31 教育職員免許法改正（免許状失効基準）、6.12 教育公務員特例法改正（10 年経験者研修）、12.18 構造改革特別区域法公布・施行（株式会社・NPO 立学校）
2003	3.20 中教審答申「新しい時代にふさわしい教育基本法と教育振興計画のあり方について」、学校教育法施行規則改正（公立小中学校選択制）、3.31 義務教育費国庫負担法改正（国庫負担 1/3 へ削減、04.4.1 施行）4.1 構造改革特区第一弾（外国語教育特区、幼保一体特区等）、5.16 文科省初等中等教育局長通知「不登校への対応のあり方について」、7.16 次世代育成支援対策推進法制定（05.4.1 施行）、11.11「『教員の地位勧告』の適用に関する ILO・ユネスコ共同専門家委員会（CEART）報告」（指導力不足教員・教員評価制度について）
2004	3.31 児童福祉法改正（公立保育所運営費一般財源化）、4.1 義務教育費国庫負担金に総額裁量制導入、5.21 学校教育法等改正（学校栄養教諭制度創設）、6.9 地教行法改正（学校運営協議会制度創設）
2005	1.31 高等学校卒業程度認定試験規則制定、6.17 食育基本法公布（政令制定日施行）、10.26 中教審答申「新しい時代の義務教育を創造する」、12.8 中教審答申「特別支援教育を推進するための制度の在り方について」
2006	6.15 就学前の子どもに関する教育、保育等の総合的な提供の推進に関する法律公布（10.1 施行、認定こども園）、10.10 第一次安倍内閣「教育再生会議」設置（08.2.26 廃止）、12.15 新教育基本法制定（12.22 施行）
2007	2.5 文科省初等中等教育長通知「問題行動を起こす児童生徒に対する指導について」、4.1 特別支援教育開始、6.20 地教行法改正（教育委員会の責任体制明確化、教育委員数の弾力化等）、6.27 学校教育法改正（副校長、主幹教諭、指導教諭設置）
2008	2.26 福田内閣「教育再生懇談会」設置（09.11.17 廃止）、6.27 初等中等教育における外国人児童生徒教育の充実のための検討会「外国人児童生徒教育の充実方策について（報告）」、7.1 教育振興基本計画閣議決定
2009	4.1 教員免許更新制導入（10 年間の有効期間制定）、7.1 子ども・若者育成支援推進法成立（10.4.1 施行）
2010	1.29 政府「子ども・子育てビジョン」策定、3.31 公立高等学校に係る授業料の不徴収及び高等学校等就学支援金の援助に関する法律公布（4.1 施行）
2011	4.22 義務教育標準法改正（小学校 1 年生を 35 人学級へ、個別の学校の実情に応じた学級編成の弾力化）
2012	8.22 子育て関連三法（子ども・子育て支援法、認定こども園法改正、関係整備法）公布・施行

2013	1.15 第二次安倍内閣「教育再生実行会議」設置、6.26 障害を理由とする差別解消の推進に関する法律公布（16.4.1 施行）、6.28 いじめ防止対策推進法成立、11.27 公立高等学校に係る授業料の不徴収及び高等学校等就学支援金の支給に関する法律改正（所得制限導入）、12.13 中教審答申「今後の地方教育行政の在り方について」（教育委員会制度の見直し、教職員人事権・給与等）、国家戦略特別区域法公布・施行
2014	4.1 道徳副教材「私たちの道徳」を小中学校に配布（「心のノート」を全面改訂）、4.16 教科書無償措置法改正（採択地区単位を市町村に）、6.20 地教行法改正（教育委員会制度の改革、15.4.1 施行）、6.26 子どもの貧困対策の推進に関する法律公布
2015	3.27 小学校・中学校学習指導要領改訂（道徳教科化）、6.19 公職選挙法改正（選挙権 18 歳以上に）、9.16 公認心理師法公布、7.15 国家戦略特別区域法改正（国際人材育成を行う公立中学・高校等の民間委託）、12.21 中教審答申「チームとしての学校の在り方と今後の改善方策について」
2016	3.11 文科省初等中等教育局長通知「不登校重大事態にかかる調査結果の指針について」、4.1 義務教育学校導入、11.28 教育公務員特例法改正（教育委員会による教員研修計画、中堅教諭等資質向上研修）、12.14 義務教育の段階における普通教育の機会の確保等に関する法律公布（17.2.14 施行）
2017	2.13 文科省「フリースクール等に関する検討会議」報告書、3.31 新幼稚園教育要領・小中学校学習指導要領告示（社会に開かれた教育課程）、12.19 文科省「無戸籍の学齢児童生徒の就学状況に関する調査の結果」（同児童生徒数 201 人）
2018	3.8 中教審答申「第三期教育振興基本計画について」（6.15 閣議決定）、3.30 文科省新高等学校学習指導要領告示、6.5 文科省「Society5.0 に向けた人材育成」（報告書）、6.25 経済産業省「『未来の教室』と EdTech 研究会」第一次提言、9.14 厚生労働省・文部科学省「新・放課後子ども総合プラン」
2019	1.25 中教審答申「新しい時代の教育に向けた持続可能な学校指導・運営体制の構築のための学校における働き方改革に関する総合的な方策について」（変形労働時間制）、6.25 経済産業省「『未来の教室』と EdTech 研究会」第二次提言、6.28 日本語教育推進法公布・施行、9.27 文科省「外国人の子供の就学状況等調査結果」（不就学 2 万人の可能性）、12.19 文部科学省 GIGA スクール構想（小中学校生徒一人 PC1 台、高速大容量通信ネットワーク整備）
2020	2.26 北海道知事「新型コロナウイルス緊急事態宣言」、道内小中高校に休校要請、2.27 安倍首相、新型コロナウイルス感染防止のため全国の小中高校に春休みまで休校要請、3.27 文科省「外国人児童生徒等の教育の充実に関する有識者会議」報告書、4.7 安倍首相、7 都府県に「緊急事態宣言」、4.16 同宣言を全国に拡大
2021	1.26 中教審答申「『令和の日本型学校教育』の構築を目指して～全ての子供たちの可能性を引き出す、個別最適な学びと、協働的な学びの実現～」、4.1 義務教育標準法改正（小学校 2～6 年生年次進行で 35 人学級へ）、5.21 少年法改正（18・19 歳を「特定少年」とする、22.4.1 施行）

【参考文献】
阿部彰（2005）『戦後教育年表』風間書房、姉崎洋一・荒牧重人・小川正人ほか（2017）『解説教育六法（2017 年版）』三省堂、鈴木英一編（1992）『教育と教育行政―教育自治の創造をめざして』勁草書房、堀井雅道（2016）「教育法日誌 2016 年」『季刊教育法』第 189 号～第 192 号、エイデル研究所、文部科学省編『教育白書』（2007 年度～2015 年度）、文部省編（1992）『学制百二十年史』ぎょうせい、日本教育学会『教育学研究』掲載の各年「教育改革・調査報告等」（2015～2018 年度）、ほか。

索　　引

【編著者紹介】

横井敏郎（よこい・としろう）

現在　北海道大学大学院教育学研究院教授

主要著書

『教育機会保障の国際比較―早期離学防止政策とセカンドチャンス教
　育』勁草書房、2022 年（編著）

『公教育制度の変容と教育行政―多様化、市場化から教育機会保障の再
　構築に向けて』福村出版、2021 年（編著）

『危機のなかの若者たち―教育とキャリアに関する 5 年間の追跡調査』
　東京大学出版会、2017 年（共著）

『新基本法コンメンタール　教育関係法（別冊法学セミナーNo. 237）』
　日本評論社、2015 年（共著）

『教育機会格差と教育行政―転換期の教育保障を展望する』福村出版、
　2013 年（編著）

教育行政学（第 4 版）
　　―子ども・若者の未来を拓く―

2014 年 9 月 20 日　第 1 版 1 刷発行
2022 年 9 月 1 日　第 4 版 1 刷発行

編著者―横 井 敏 郎
発行者―森口恵美子
印刷所―美研プリンティング（株）
製本所―（株）グリーン
発行所―八千代出版株式会社

　　〒101
　　-0061　東京都千代田区神田三崎町 2-2-13

　　　TEL　03-3262-0420
　　　FAX　03-3237-0723
　　　振替　00190-4-168060

　＊定価はカバーに表示してあります。
　＊落丁・乱丁本はお取替えいたします。